NATIONALPARKS DER WELT

MALAYSIA

NATIONALPARKS DER WELT

MALAYSIA

TEXT: WWF MALAYSIA
FOTOS: GERALD CUBITT

Produziert in Zusammenarbeit mit dem
World Wide Fund For Nature Malaysia

KÖNEMANN

Übersetzung aus dem Englischen: Diethelm Hofstra für Verlagsbüro Schürmann
Redaktion: Verlagsbüro Schürmann, Wedel
Satz: Sally Johnson, Hamburg, für Verlagsbüro Schürmann

Projektkoordination: Dorit Esser
Herstellung: Ursula Schümer
Druck und Bindung: Star Standard Industries Pte. Ltd.
Printed in Singapore

ISBN 3 8290-3914-X

10 9 8 7 6 5 4 3 2 1

Hinweis des Herausgebers

Tier- und Pflanzenspezies werden in diesem Buch soweit möglich nicht mit ihren wissenschaftlichen, sondern mit ihren allgemein gebräuchlichen Namen bezeichnet. Nur wo es solche Namen nicht gab, wurden die wissenschaftlichen Bezeichnungen verwendet. Viele der unter »Literaturhinweise« (S. 174) genannten Titel führen alle wissenschaftlichen Namen der in Malaysia vertretenen Spezies auf.

Die Karten im Buch sollen nur zeigen, wo sich das jeweilige Gebiet befindet. Für einen Besuch vor Ort ist es unerläßlich, sich mit gutem Kartenmaterial zu versorgen. Wir weisen ausdrücklich darauf hin, daß sich Zugangsregelungen, Unterkünfte und Besucherprogramme mit der Weiterentwicklung der Infrastruktur rasch ändern können. Denken Sie auch daran, daß Trekkingpfade verlegt werden und Flüsse ihren Verlauf ändern können. Zudem kann sich der Wasserspiegel innerhalb von Minuten dramatisch erhöhen. Obwohl die Herausgeber und der WWF Malaysia alle Anstrengungen unternommen haben, korrekte Informationen zu liefern, kann keine Haftung für die Richtigkeit der in diesem Buch abgedruckten Informationen sowie die daraus für einen Leser möglicherweise entstehenden Schäden übernommen werden.

GLOSSAR

Die hier aufgelisteten malaysischen Wörter, die im Buch häufig vorkommen, sind z.T. Bestandteile von Ortsnamen.

Air panas	heiße Quelle
Air terjun	Wasserfall
Ampang, Ampangan	Damm
Batang	breiter Fluß
Batu	Stein
Bukit	Hügel
Bumbun	Versteck
Dusun	Obstgarten
Genting	Paßhöhe
Gua	Höhle
Gunung	Berg
Hilir	Fluß-Unterlauf
Hutan	Wald, Dschungel
Jambatan	Brücke
Jeram	Stromschnelle
Kampung	Dorf
Kerangas	Heidewald
Kota	Stadt, Festung
Kuala	Flußmündung
Labuhan	Hafen
Laut	Meer
Loagan	See (in Sarawak)
Lubuk	Wasserloch
Muara	Flußmündung
Negara	Bundesland
Negeri	Staat
Padang	offenes Gelände (in höheren Lagen)
Pantai	Strand
Pelabuhan	Hafen
Pengkalan	Landungssteg
Pulau	Insel
Rantau	gerade Küstenlinie
Rimba	Dschungel
Rumah rehat	Gästehaus
Seberang	gegenüberliegendes Flußufer
Selat	Meerenge
Semenanjung	Halbinsel
Sungai	Fluß
Taman	Park
Tanah	Boden, Erde
Tanjung	Kap, Landzunge
Tasik	Binnensee
Telaga	Teich, Quelle
Teluk	Bucht
Ujung	Kap
Ulu	Fluß-Oberlauf

Legende für die kleinen Karten Seite 23–168

(Linie)	Hauptstraße
(Linie)	Nebenstraße
(gestrichelte Linie)	unbefestigte Straße
(Linie)	Bahnlinie
BRUNEI	Staatsgrenze
(gestrichelte Linie)	Landesgrenze
(gestrichelte Linie)	Schutzgebiete
Kuala Lumpur ○	Stadt
Seremban ○	kleiner Ort
Besucher-zentrum □	Informationsstelle
Four Steps Waterfall ●	Sehenswertes
S. Teku	Wasserlauf
Gn. Rabung 2187m ▲	Berggipfel
✈	Flughafen
Laban Rata hut	Hütte
Melinau Camp	Camp
Ubah shelter	Unterstand

INHALT

Danksagung

Mitarbeiter

Der Text für dieses Buch wurde erarbeitet von Mitarbeitern des World Wide Fund For Nature Malaysia; besonderer Dank gilt:

Amlir Ayat • Balu Perumal • Daria Mathew • Dr. Dionysius Sharma • Dr. Geoffrey Davison
Hymeir Kamarudin • Dr. Isabelle Louis • Dr. Junaidi Payne • Justine Vaz • Khoo Ming Ghee
Lim Li Ching • Dato' Dr Mikaail Kavanagh Abdullah • Muhamad Nasir Abdul Salam
Pamela Fletcher • Dr. Rajanathan Rajaratnam • Reza Azmi • Shahril Kamarulzaman

Abbildungsnachweis

Zusätzlich zu den auf S. 9 genannten Personen und Institutionen dankt der Fotograf für die Unterstützung auf seinen Reisen durch Malaysia:

Hotel Istana, Kuala Lumpur • Taman Negara Resort, Pahang • Holiday Inn, Kuching
Holiday Inn, Miri • Promenade Hotel, Kota Kinabalu

Malaiische Halbinsel: Berjaya Redang Beach Resort, Pulau Redang • The Datai, Langkawi • Fully Inn, Gua Musang • Golden Sands Hotel, Penang • Jelai Highlands Resort, Fraser's Hill • Perdana Stong Hill Resort, Kelantan • Rumau Rehat, Kuala Lipis • Sutra Beach Resort, Terengganu

Sarawak: Batang Ai Longhouse Resort • Plaza Hotel, Bintulu • Royal Mulu Resort

Sabah: Borneo Rainforest Lodge, Danum Valley • Executive Hotel, Lahad Datu • Gunung Emas Highlands Resort • Sukau Rainforest Lodge

Danksagung des Fotografen

Der Fotograf dankt seiner Frau Janet, die ihn auf seinen Reisen durch Malaysia begleitet, ihm mit Rat und Tat zur Seite gestanden und ihn in künstlerischen Fragen beraten hat.

Abbildungsnachweis

Der World Wide Fund For Nature Malaysia, die Herausgeber und der Fotograf bedanken sich bei den folgenden Personen und Institutionen, die Bilder für dieses Buch zur Verfügung gestellt haben. Alle anderen Fotos stammen von Gerald Cubitt.

Michael Aw (*Ocean N Environment*): 166 (ol; r); 168 (u); p169 (beide) • *Chan Chew Lun* (*Natural History Publications*): 17 (r) • *Tommy Chang* (*Tommy Chang Image Productions*): 132 (or) • *Chew Yen Fook*: 38 (or); 48 (ul); 144 (Ml); 146 (or) • *Linda Dunk*: 78 (ol); 166 (Ml); *Martin Edge*: 26 (r); 57 (r); 80 (Ml); 134 (o); 135 (r); 167; 168 (ol) • *Fu§spuren*: 140; (*Philip Waldock*): 128/129; *Jill Gocher*: 93 (Mr); 96 (ul); 98 (ol); 99 (u); 102 (beide); 106 (ol; ul); 113 (M); 116 (ul); 118; 119; 120 (um) *Christopher Gow* (*Symbiosis Expedition Planning*): 4/5; 120 (or); • *Martin Harvey*: 13; 31; 34 (ol); 154 (ol); *Jack Jackson*: 26 (ul); 55; 78 (ul; r); 81 (r); 105 (u); 135 (ol); 153 (or); 166 (ul) • *A. Lamb*: 120 (ol); 126 (M); 132 (u); 138 (ul) • *Life File* (*Emma Lee*): 56/57; *Malaysian Tourism Promotion Board*: 68 (ml); 100 (ul) *Oceanic Impressions* (*Mark Strickland*): 26 (ol; Ml); 29 (ol; Mr); 56 (ol; Ml); 80 (ol; ul); 133; 153 (Mr) • *Photobank* (*Singapore: Tettoni, Cassio and Associates*): 25 (o); 82/83 • *Linda Pitkin*: 76 (ul); 142 (ul) • *Craig Potton* (*Craig Potton Publishing*): 144 (r) • *Jesus Cede Prudente* (*Wildlife Expeditions*): 6/7; 40 (ol; ul); 43 (ur); 44 (r); 60 (ol); 104 (u); 105 (or); 107; 115; 117 (r); 154 (ul); 158/159; 159 (ol; or); 162 (or) *Raleigh International*: 68 (ol); (*Ian Robinson*): 108 (o); *Radin Mohd Noh Saleh*: 37 • *Sarawak Tourist Board*: 89 (Mr); 98 (ul); 127 (ur) • *Morten Strange* (*Flying Colours Photography*): 43 (or; Mr); 46 (M); 103; 163; 164 (or; ur) • *Struik Image Library* (*Andrew Bannister*): 17 (l; M); 92 (l); 92/93; *Wayne Tarman* (*Travelcom Asia*): 87; 88/89; 94 (Ml); 96 (r); 104/105; 121 (r) • *Arthur Teng*: 68 (ul); 100/101; 142/143; 148/149 • *Albert Teo* (*Borneo Eco Tours*): 88 (l); 97; 110; 127 (o); 138/139; 139 (Mr; ur); 152/153; 153 (ur); 159 (ur) • *Tham Yau Kong* (*Borneo Endeavour*): 130 (r); 131; 132 (ol); 139 (or); 148 (ul) • *Henrietta Van den Bergh*: 16 (M); 24 (u); 25 (u); 27; 28/29; 29 (or); 32 (ol); 34 (ul; M); 34/35; 40 (r); 44 (ul); 58 (Ml); 60 (or); 61; 62 (ul; ur); 86 (ol); 157; 160 (ol; ul; ur); 162 (ul) • *Wilderness Photography* (*Jerry Wooldridge*): 120 (ul); 121 (l); 124 (r) • *Windrush Photos* (*Arnoud B. Van den Berg*): 45 • *Lawson Wood*: 15 (r); 28 (l); 56 (ul); 129 (r); 141; 142 (ol); 143 (ur); 150; 151 • *World Wide Fund For Nature Malaysia* (*Azwad M. N.*): 79; (*Yusof Ghani*): 49; (*S. H. Lim*): 52/53; (*Elley Lina*): 89 (or; ur); (*A. Maslennikov*): 48 (ur); (*Muhamad Nasir*): 73 (ur); (*Jesus Cede Prudente*): 122/123

o = oben; u = unten; M = Mitte; l = links; r = rechts

Abbildungen der ersten Seiten:
Seite 1: Silberner Haubenlangur mit Baby; Innentitel: Pulau Tiga, Sabah; Seite 4/5: Transportboot in Ulu Ai, Sarawak; Seite 6/7: Nashornvogel bei der Nahrungsaufnahme; Seite 8/9: Kokosnußpalmen in Setiu, Terengganu; Seite 10/11: Sonnenuntergang in Tanjung Aru, Sabah.

Danksagung

Der World Wide Fund For Nature Malaysia, die Herausgeber und der Fotograf bedanken sich für die Hilfe und Unterstützung bei der Produktion dieses Buches bei:

Dato' Sabbaruddin Chik, Minister of Culture, Arts and Tourism, Malaysia • Tan Sri Dato' Paduka Khir Johari, President, World Wide Fund For Nature Malaysia • Ministry of Culture, Arts and Tourism, Malaysia • Malaysia Tourism Promotion Board (Tourism Malaysia), Kuala Lumpur und London • Sarawak Ministry of Tourism • Sarawak Tourism Board • Sabah Ministry of Tourism and Environmental Development • Sabah Tourism Promotion Corporation • Department of Wildlife and National Parks • Musa Nordin, Director General of Wildlife and National Parks • Department of Fisheries • Sarawak Forest Department, besonders beim National Parks and Wildlife Office • Sapuan bin Ahmad, Forest Department, Sarawak • Sabah Forest Department • Sabah Parks • Sabah Wildlife Department • Francis Liew, Sabah Parks

Allen Leitern und Mitarbeitern aller Parks und Reservate für Hilfe und Fotoerlaubnis sowie für die Unterstützung durch den WWF Malaysia

Asian Overland Services, Kuala Lumpur • Emasewa Sdn. Bhd. National Car Rental • Jean-Fernand Wasser (vormals General Manager, Istana Hotel, Kuala Lumpur, jetzt Area Director der SMI Resorts)

Malaiische Halbinsel

Cindy L.C. Lim und Mohd. Salehuddin Zainuddin, International Marketing, Malaysian Tourism Promotion Board • Susan Abraham • Mark Anderson • Hazie Aris-Rafflee • Asian Overland Services: Anthony Wong und Mark Suppiah • Zain Sharer Awin • Othman Ayeb • Hafina Abu Bakar • Albert Chen • Joe Chong Fraser's Hill Development Corporation • David Goh, Penang Butterfly Farm • Mavis Hedrik • Mike Wong Wai Hong • K. Kaliyannan • Hymeir Kamarudin • Mitchell Kelly • Mitarbeiter des Kuala Lipis Tourist Office Langkawi Coral • Dr. Kevin Lazarus, Taiping Zoo • Foo Siew Lin • Malaysian Nature Society und deren Mitarbeitern sowie denen des Kuala Selangor Nature Park • Narelle McMurtrie • Robyn Marais • Hashim bin Man • Irshad Mobarak • En. Nasaruddin • Tumah Said • Mohd. Hanan Samsi • Mohd. Samsuddin b. Mohd Suri • Ken Scriven • Weuta Ah Rom Yazid Mohamed, Minister für Kultur, Kunst und Tourismus, Malaysia • Sulaiman Yahya, Renong Berhad • Peter Yeo • Masood Yusof • Zamiza Zainal • En. Zulkisli

Sarawak

Robert Basiuk, Sarawak Tourism Board • Adrian Cornelius • David Gibbs • Jong's Crocodile Farm • Fiona Kho • Walter J. Kohli • Nicholas Leong • Winston Anthony Marshall • Taman Tumbina Bintulu Wayne Tarman, Travelcom Asia • Darrell Tsen • James Wan • Christina Wendt • Joseph C. F. Wong • Philip Yong, Borneo Adventure

Sabah

Irene Benggon Charuruks, Nuredah Othman und Normegaurati bte. Sapian, Sabah Tourism Promotion Corporation • Wendy Hutton • Harry Lohok • Tulip Noorazyze • Nurul S. Abdullah • Dr. Junaidi Payne Jesus Cede Prudente, Wildlife Expeditions • Homathevi Raaman • Abd. Sail Hj. Jamaludin • Bulangai Sandor • Dr. Waidi Sinun • Tanjung Aru Tours and Travel • Albert Teo, Borneo Eco Tours • Tham Yau Kong, Borneo Endeavour • Yayasan Sabah, Tourism and Leisure Division

Singapur

Bernard Harrison, Singapore Zoological Gardens and Night Safari • Amanda Chew • Vasantha Nugegoda

Grossbritannien

Sharon Balding • Dr. Richard Bonser, University of Manchester • Colonel John Eliot • DDFE Resources • Christopher Gow, Symbiosis Expedition Planning • Robert Hodgkinson • Jack Jackson Malaysian Tourism Promotion Board (Tourism Malaysia), London: Amran Rahman • Natural History Museum, London: Dr. Jeremy Holloway • Fiona Nichols • Helen Oon, Sarawak Tourism Liaison • Raleigh International • Ian Robinson • Royal Botanic Gardens, Kew: Dr. John Dransfield, Jill Cowley, Dr. David Pegler, Jeffrey Wood • Royal Botanic Garden, Edinburgh: Professor Roy Watling, David Mitchell Henrietta Van den Bergh, Prospero Productions • Dr. David Wells

Besonderer Dank der Herausgeber

Die Herausgeber bedanken sich ausdrücklich bei Dato' Dr. Mikaail Kavanagh Abdullah und allen Mitarbeitern des WWF Malaysia – nicht nur bei jenen, die direkt an diesem Buch mitgearbeitet, sondern auch bei allen anderen, die zum Gelingen dieses Projekts beigetragen haben. Ein ganz besonderer Dank gilt Dr. G.W.H. Davison für die Koordination und die Endkontrolle.

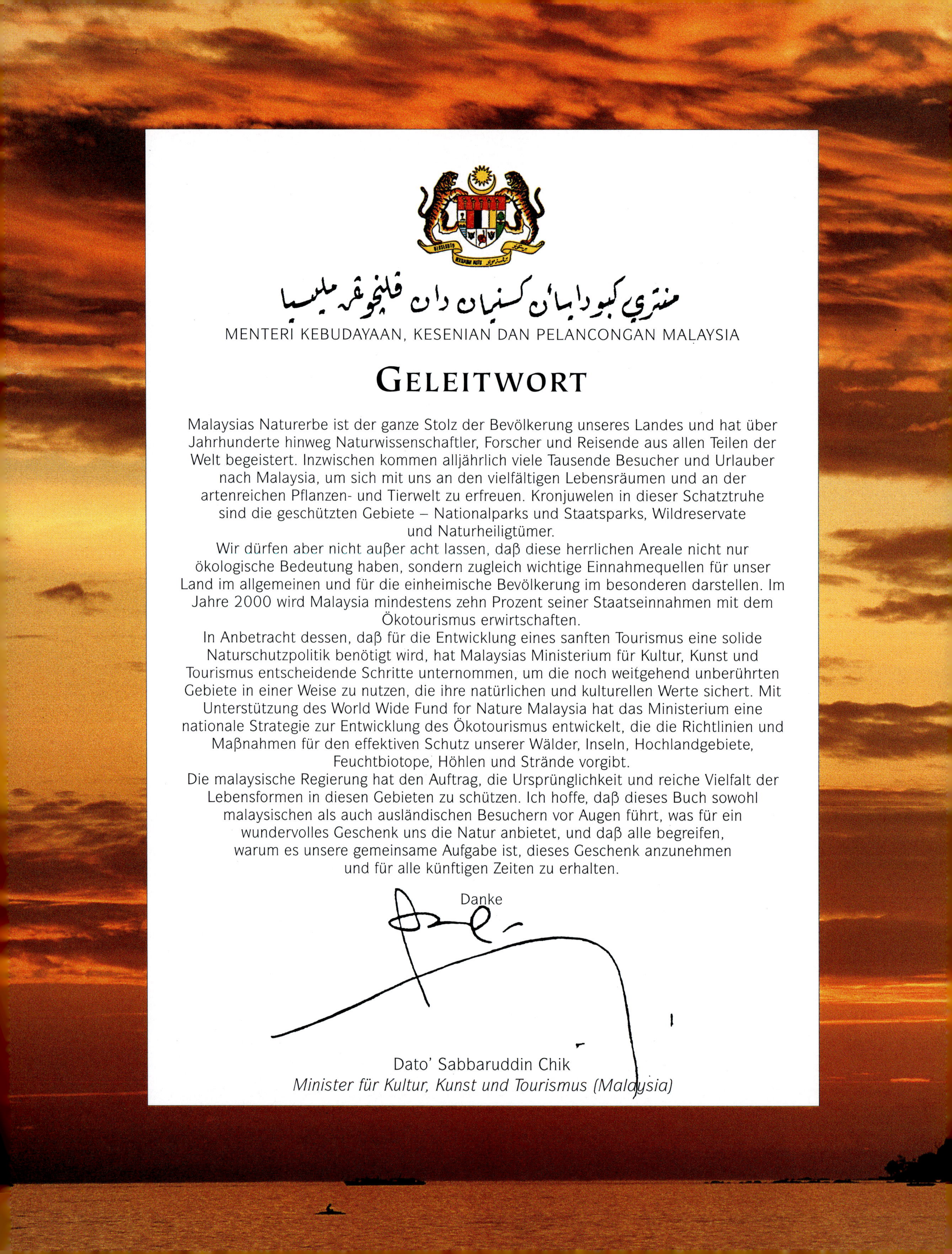

منتري كبوداياءن كسنين دان ڤلنچوڠن مليسيا

MENTERI KEBUDAYAAN, KESENIAN DAN PELANCONGAN MALAYSIA

Geleitwort

Malaysias Naturerbe ist der ganze Stolz der Bevölkerung unseres Landes und hat über Jahrhunderte hinweg Naturwissenschaftler, Forscher und Reisende aus allen Teilen der Welt begeistert. Inzwischen kommen alljährlich viele Tausende Besucher und Urlauber nach Malaysia, um sich mit uns an den vielfältigen Lebensräumen und an der artenreichen Pflanzen- und Tierwelt zu erfreuen. Kronjuwelen in dieser Schatztruhe sind die geschützten Gebiete – Nationalparks und Staatsparks, Wildreservate und Naturheiligtümer.

Wir dürfen aber nicht außer acht lassen, daß diese herrlichen Areale nicht nur ökologische Bedeutung haben, sondern zugleich wichtige Einnahmequellen für unser Land im allgemeinen und für die einheimische Bevölkerung im besonderen darstellen. Im Jahre 2000 wird Malaysia mindestens zehn Prozent seiner Staatseinnahmen mit dem Ökotourismus erwirtschaften.

In Anbetracht dessen, daß für die Entwicklung eines sanften Tourismus eine solide Naturschutzpolitik benötigt wird, hat Malaysias Ministerium für Kultur, Kunst und Tourismus entscheidende Schritte unternommen, um die noch weitgehend unberührten Gebiete in einer Weise zu nutzen, die ihre natürlichen und kulturellen Werte sichert. Mit Unterstützung des World Wide Fund for Nature Malaysia hat das Ministerium eine nationale Strategie zur Entwicklung des Ökotourismus entwickelt, die die Richtlinien und Maßnahmen für den effektiven Schutz unserer Wälder, Inseln, Hochlandgebiete, Feuchtbiotope, Höhlen und Strände vorgibt.

Die malaysische Regierung hat den Auftrag, die Ursprünglichkeit und reiche Vielfalt der Lebensformen in diesen Gebieten zu schützen. Ich hoffe, daß dieses Buch sowohl malaysischen als auch ausländischen Besuchern vor Augen führt, was für ein wundervolles Geschenk uns die Natur anbietet, und daß alle begreifen, warum es unsere gemeinsame Aufgabe ist, dieses Geschenk anzunehmen und für alle künftigen Zeiten zu erhalten.

Danke

Dato' Sabbaruddin Chik

Minister für Kultur, Kunst und Tourismus (Malaysia)

WWF®

Vorwort

Seit über 25 Jahren arbeitet der WWF Malaysia mit zahlreichen Partnern Hand in Hand, um die wunderschönen unberührten Gebiete, mit denen Malaysia gesegnet ist, zu erhalten. Die zahlreichen Parks, Naturheiligtümer und anderen Schutzgebiete, die wir heute besitzen, verdanken ihre Existenz den gemeinsamen Anstrengungen von Regierung, Privatinitiativen, Universitäten, Einzelpersonen und Naturschutzorganisationen.

Dieses Buch stellt eine Würdigung all dieser Anstrengungen dar und soll zeigen, was erreicht werden kann, wenn alle Seiten, denen unser natürliches Erbe am Herzen liegt, im Dienste der guten Sache an einem Strang ziehen.

Die Zukunft wird uns noch vor viele Herausforderungen stellen. Dennoch hoffe ich, daß wir uns auch weiterhin an der wunderschönen Natur der bis heute ursprünglichen und von Umweltverschmutzung verschonten Hochlandgebiete, Tieflandwälder, Mangroven und Riffe werden freuen können.

Tan Sri Dato' Paduka Khir Johari
Präsident, WWF Malaysia

Wunderbares Malaysia

Malaysia liegt dort, wo sich Südostasiens Wege kreuzen – aus allen Teilen der Welt leicht zu erreichen. Es ist ein faszinierendes Land mit vielfältigen Kulturen und Traditionen und einem unglaublichen Reichtum an Naturschätzen: von der Tiefe des Meeres über dichte Regenwälder bis zu den höchsten Berggipfeln.

Wer sich dieses exotische Land zum Ziel nimmt, wird die Natur von ihrer schönsten Seite erleben: Hier gibt es grünes Hügelland, Granitgipfel, weite Landstriche mit tropischem Regenwald und immer wieder Flüsse – von kleinen Wasserläufen bis zu breiten Strömen. Gibbons lärmen in den Baumkronen, über schmale Trekkingpfade legt sich der mächtige Schatten eines Elefanten, und eine ungeheuer reiche Vogelwelt setzt Farbtupfer und erfüllt die Wälder mit Geräuschen. Hier wachsen die größte Blume der Welt, seltene Orchideen und zahlreiche Palmenarten. In den warmen Küstengewässern gibt es Korallenriffe, zwischen denen sich tropische Fische und farbenprächtige Meeresbewohner aller Arten tummeln. Malaysia ist auch ein Paradies für alle, die gern tauchen und schnorcheln.

Eine weitsichtige Politik mit dem Ziel eines »sanften« Tourismus hat ein verzweigtes System von Parks und anderen Naturschutzräumen entstehen lassen. Diese Reservate bieten beste Voraussetzungen für den Artenschutz von Flora und Fauna und machen es dem Reisenden dennoch leicht, Tiere und Pflanzen zu beobachten. Malaysias Klima und das gut ausgebaute Verkehrsnetz gestatten ganzjährig den Besuch landschaftlich reizvoller Gebiete, in denen man fernab der Städte und übervölkerter Strände die Ruhe der Natur genießen kann.

Im Herzen Südostasiens

Die Malaiische Halbinsel hängt wie ein Schmuckstück an der Kette der südlichen Spitze von Asiens Festland. Die elf Bundesstaaten West-Malaysias, von denen acht Erbsultanate sind, grenzen alle ans Meer. Die meisten sind von einem größeren Flußsystem gleichen Namens geprägt – zum Beispiel Sungai Kelantan, Sungai Terengganu, Sungai Perak und Sungai Pahang. Über 600 km weiter östlich erstrecken sich jenseits des Südchinesischen Meeres die beiden ostmalaysischen Bundesstaaten Sarawak und Sabah, die 60 Prozent der Landesfläche ausmachen und das nördliche Drittel der Insel Borneo einnehmen.

Die Hauptstadt Kuala Lumpur ist nur eine von mehreren Großstädten in der westlichen Küstenebene, dem am dichtesten bevölkerten Landesteil. Alle Bundesstaaten haben ihre eigenen Landeshauptstädte. Auf Borneo sind es Kuching für Sarawak und Kota Kinabalu für Sabah.

Malaysias Bevölkerung setzt sich aus unterschiedlichen ethnischen Gruppen zusammen: Gut die Hälfte der Einwohner sind Malaien. Die Chinesen und Inder stellen jeweils große und die Angehörigen verschiedener Ureinwohnerstämme kleine Minderheiten. Zu den beeindruckenden Merkmalen des Landes gehört die Harmonie, in der die verschiedenen Gruppen miteinander leben. Viele sprechen drei oder vier Sprachen; am weitesten verbreitet und auch Schul- und Amtssprache ist *Bahasa Malaysia*. Besucher aus dem Ausland kommen aber selbst in abgelegenen Gebieten mit Englisch gut weiter.

Malaysias biogeographische Entwicklung

Geographisch und biologisch sind die Malaiische Halbinsel sowie Sarawak und Sabah Teil der kleinen tektonischen Platte des Sundaschelfs, das im Westen an Festlandasien und im Osten an den australasiatischen Sockel (Sahul) grenzt. Vor etwa 15 Millionen Jahren – im Miozän – sorgte ein starkes Absinken des Meeresspiegels dafür, daß die Malaiische Halbinsel (so der geographische Name) mit Sumatra, Borneo und Java zu einer einzigen Landmasse verschmolz. Später gab es zwar noch kleinere Pegelschwankungen, doch es ist geographisch bewiesen, daß der Meeresspiegel niemals höher als fünf Meter über dem heutigen Stand gelegen hat.

Wiederholte Verbindungen und Trennungen dieser Landmassen haben auf den großen Inseln und der Halbinsel zahlreiche Gemeinsamkeiten wie auch Unterschiede bewirkt. In Flora und Fauna

Die malaysischen Regenwälder (links) *bieten über 240 Säugetierarten Lebensraum, darunter auch dem Nasenaffen* (oben).

sind Borneo, die Malaiische Halbinsel, Sumatra und Java miteinander näher verwandt als mit irgendeinem Nachbarn wie etwa dem asiatischen Festland. Und doch leben überall auch ganz spezifische Arten mit einem begrenzten Verbreitungsgebiet.

Auch einige Ungereimtheiten hat die Naturgeschichte zu bieten: Zum Beispiel hat der Orang-Utan auf Borneo und Sumatra überlebt, nicht jedoch auf Java und der Malaiischen Halbinsel. Nur auf der Halbinsel und auf Java lebt hingegen der Grüne Pfau. Der Gibbon besiedelt drei voneinander isolierte Räume auf der Halbinsel sowie auf Sumatra und Borneo. Obwohl jedes dieser Phänomene wissenschaftlich erklärbar ist, vermittelt die Pflanzen- und Tierwelt mit ihrer unendlichen Artenvielfalt und den so unterschiedlichen Habitaten einen faszinierenden Einblick in die komplexen und nicht immer logischen Entwicklungen und Kapriolen der Evolution. Die Entwicklungsgeschichte ist aber nur ein Aspekt der biologischen Vielfalt: Dazu kommt die enorme Bandbreite der Biotope, in denen Regenmenge, Gefälle, Bodenbeschaffenheit, Höhenlage und andere Umweltfaktoren entscheidend dafür sind, welche Spezies sich jeweils ansiedeln.

Reichtum und Vielfalt der Natur

Genaue Zahlen über die in Malaysia vorkommenden Pflanzen- und Tierarten liegen bis heute nicht vor. Gut katalogisiert ist die Vogelwelt, und auch über die Bäume auf der Malaiischen Halbinsel weiß man sehr viel. In vielen anderen Bereichen jedoch offenbaren sich noch große Wissenslücken. So sind etwa die Überlappungen bzw. Unterschiede, die es zwischen artverwandten Spezies auf der Malaiischen Halbinsel und auf Borneo (Sarawak und Sabah) gibt, noch nicht erforscht. Anerkannt ist jedenfalls, daß Malaysia zu den zwölf biologisch diversifiziertesten Ländern der Erde gehört. So gibt es zum Beispiel im Kinabalu-Park rund 1 200 Orchideenarten. Auf der Halbinsel wurden 637 Vogelarten nachgewiesen, die zu drei Vierteln auch hier heimisch sind – beträchtlich mehr als in Ländern mit gemäßigtem Klima. Landesweit wurden 1 160 Farne registriert. Die Halbinsel bietet 216 Säugetierarten Lebensraum; in Sabah und Sarawak wurden 218 Arten gezählt, von denen 40 nur auf Borneo anzutreffen sind.

Die Bewahrung des Naturerbes

Malaysia blickt auf eine lange Tradition des aktiven Naturschutzes zurück. Das erste Forstreservat wurde im 19. Jahrhundert, das erste Tierreservat im Jahre 1902 gegründet (Chior in Perak, heute nicht mehr existent). 1938/39 wurden die amtlichen Schritte zur Einrichtung von Malaysias erstem Nationalpark unternommen: Taman Negara. In der Folgezeit wuchs die Zahl der ausgewiesenen Schutzgebiete beständig, und noch heute werden immer wieder neue Gebiete für Naturschutzmaßnahmen empfohlen.

Schutz und Verwaltung von Land- und Seegebieten sind komplexe Aufgaben. Fast der gesamte Waldbestand gehört dem Staat und unterliegt somit seiner Aufsicht. Nur wenige Wälder stehen auf bundesstaatlichem Boden – die meisten sind Teile von Landesforsten, die von den Forstministerien der jeweiligen Bundesländer verwaltet werden.

Die Forsten der Halbinsel sind entweder auf Produktivität – also den geregelten Abbau von Ressourcen wie Holz, Rattan und Bambus – oder auf Schutz und Erhalt ausgerichtet. Eine detailliertere Klassifizierung folgt dem Hauptzweck bzw. den Merkmalen des jeweiligen Areals: Ist es für Forschung und Lehre interessant, genießt der Bodenschutz Priorität, oder ist es als Wasser-Sammelgebiet von Bedeutung? Flora und Fauna unterliegen dem Schutz und der Verwaltung des *Department of Wildlife and National Parks* (Nationalparkamt), während das *Department of Fisheries* (Amt für Fischereiwesen) für die Meeresparks, für Schildkröten und Meeressäuger zuständig ist.

In Sarawak ist die Verantwortung für Naturschutz und Forstwirtschaft in einem Amt vereint. Das Klassifizierungssystem der Forsten ähnelt dem der Halbinsel, ist hier jedoch dreigeteilt in kommerziell genutzte, kommunale und geschützte Gebiete. Die Verwaltung des Nationalparks, der Schutzräume und Naturreservate liegt in der Verantwortung des *National Parks and Wildlife Office,* das dem *Sarawak Forest Department* untersteht. Für den Naturschutz ausgewiesene Gebiete können im allgemeinen besucht werden, nur die sogenannten Naturheiligtümer *(Wildlife Sanctuaries)* wie Lanjak-Entimau können nicht oder nur eingeschränkt besichtigt werden.

Das *Sabah Forest Department* unterteilte die ihm unterstehenden Forsten in sieben Kategorien, zu denen unter anderem Schutzwald (wie jener von Danum Valley) und Wildreservate gehören. Die letztgenannten unterstehen der Verwaltung des *Sabah Wildlife Department*, während die Parks, einige Inseln und die Meeresgebiete in die Zuständigkeit von *Sabah Parks* fallen.

Auch etliche nichtstaatliche Organisationen haben sich dem Schutz von Natur und Umwelt verschrieben und arbeiten im Rahmen ihrer Möglichkeiten konstruktiv und erfolgreich – oft in Kooperation mit staatlichen Stellen. Sie prüfen potentielle Schutzgebiete, untersuchen Lebensräume, erstellen Studien zu einzelnen Arten und geben Lehrmaterial heraus. Die bekanntesten landesweit agierenden Organisationen sind der *World Wide Fund For Nature (WWF) Malaysia*, die *Malaysian Nature Society* und die *Malaysian Society of Marine Sciences*. Die beiden erstgenannten Organisationen leisten sich zwar festangestellte wissenschaftliche Mitarbeiter, nehmen jedoch für bestimmte Projekte gern die Unterstützung durch freiwillige und ehrenamtliche Helfer in Anspruch. Informationen über die Möglichkeiten, sich zu beteiligen, erhält man bei den Adressen im Anhang dieses Buches (siehe »Nützliche Adressen«, S. 174).

Naturschutz heute

Fast die Hälfte der Malaiischen Halbinsel ist von immergrünem tropischem Regenwald überzogen. Er wurde zum überwiegenden Teil als Staatsforst ausgewiesen. Darin enthalten sind 80 kleinere Areale von meist nicht mehr als zehn Quadratkilometer Größe, die unter der Bezeichnung »Unberührte Dschungelreservate« als besonders ursprüngliche Regenwaldzonen strengen Schutz genießen – ähnlich den »Schutzwäldern« in höheren Lagen. Darüber hinaus umfassen 15 weitere Land- und Süßwasserzonen mit unterschiedlichem Schutzstatus eine Fläche von insgesamt 6 899 km^2. Die vier größten Schutzgebiete sind Taman Negara (4 343 km^2), Endau Rompin (beide Teile zusammen 789 km^2), die Cameron Highlands (649 km^2) und Krau (530 km^2). Rund um 38 Inseln sind die Gewässer bis etwa drei Kilometer weit ins Meer hinaus als Meeresreservate ausgewiesen.

Sarawak besteht zu mehr als der Hälfte aus Waldgebieten, die entweder bereits den Status von Waldreservaten besitzen oder noch zu solchen erklärt werden sollen. Es gibt bislang zehn Nationalparks, drei Naturheiligtümer *(Sanctuaries)* und einige Naturreservate, die gemeinsam eine Fläche von 2 901 km^2 aufweisen. Das mit Abstand größte Schutzgebiet Sarawaks, Lanjak-Entimau (1 688 km^2), grenzt an ein noch wesentlich größeres Naturschutzgebiet in Indonesien; beide zusammen schützen einen Naturraum von über 10 000 km^2.

Auch Sabah ist zu mehr als der Hälfte mit Wald bewachsen, der sich überwiegend auf Forstreservate sowie auf Parks und Wildreservate verteilt. Es gibt sechs Parks, sechs Wildreservate und Vogelschutzgebiete sowie diverse Gebiete mit anderem Schutzstatus, deren Fläche zusammen 5 270 km^2 beträgt. Die mit Abstand größten Schutzgebiete sind der Nationalpark Crocker Range (1 399 km^2) und das Wildreservat Tabin (1 205 km^2); unter geographischen Gesichtspunkten ist der Kinabalu-Park (754 km^2) am interessantesten. Manche Parks dehnen sich auch auf Meeresgebiete um vorgelagerte Inseln aus. Die Gewässer um drei kleinere Inseln, die dicht vor Sabahs Küste das Gebiet von Labuan bilden, sind als Meerespark ausgewiesen – Labuan wird mit dem Status eines Bundesterritoriums von Kuala Lumpur aus verwaltet.

Der Besuch von Malaysias Naturschutzgebieten

Dieses Buch stellt Parks und andere Schutzgebiete von allgemeinem oder speziellem Interesse vor, die in der Regel öffentlich zugänglich sind. Dennoch sollte man sich vor einem Besuch unbedingt bei den zuständigen Behörden informieren (siehe S.174), da Anmeldungen erforderlich sein können. Nicht alle der hier vorgestellten Gebiete sind staatliche Parks, denn auch andere Gegenden haben herrliche Natur und faszinierende Reiseerlebnisse zu bieten.

Von links nach rechts: *Malaysias Natur ist vielgestaltig und abwechslungsreich: Hier gibt es traumhafte Strände, felsige Wildbäche, die spektakulären Granitgipfel von Südostasiens höchstem Berg Gunung Kinabalu und weltweit als Tauchparadiese gerühmte Tropeninseln wie Pulau Sipadan.*

In vielen Parks gibt es Unterkünfte, Wanderwege und gute Informationszentren. Die den einzelnen Kapiteln zugeordneten Infokästen stellen den Park und seine Angebote in Kurzform vor. Da die meisten Schutzgebiete im Landesinneren bewaldet sind, sollten Besucher Kleidung mitbringen, die zwar leicht ist, aber dennoch vor Dornen schützt. Feste Wanderstiefel werden nur für Bergbesteigungen benötigt; robust und wasserabweisend sollte das Schuhwerk aber auf jeden Fall sein. Nur wenige Parks stellen Campingausrüstungen zur Verfügung, und in den meisten ist freies Campen ohnehin untersagt.

Große Wildtiere, Skorpione oder Schlangen stellen normalerweise keine Gefahr dar. Die meisten Besucher bekommen keine Schlange zu Gesicht, selbst wenn sie ein oder zwei Wochen im Urwald verbringen. Trotzdem ist natürlich Vorsicht geboten. Prinzipiell sollte man sich keinem Tier nähern, das gefährlich sein könnte. Insekten wie z. B. Moskitos sind in der Regel bloß lästig, und auch Blutegel kann man sich mit Insektenschutzmitteln vom Leibe halten. Umweltfreundlichere Methoden sind das Auftragen von nassem Tabaksaft, Seife oder einer Salzlösung auf die Schuhe – das schreckt die Blutegel ab. Die gleichen Substanzen kann man auch zum Ablösen von Blutegeln einsetzen.

Zu den weiteren Vorsichtsmaßnahmen gehört, keine unbekannten Früchte oder Pflanzen zu essen. Es ist ohnehin überall streng verboten, Blumen zu pflücken oder Pflanzen zu entwurzeln. Es ist empfehlenswert, vor der Reise ärztlichen Rat einzuholen, besonders dann, wenn man keine Tropenerfahrung hat. Obwohl die Gefahr einer ernsthaften Erkrankung gering ist, sollte man sich bei jedem ungewöhnlichen Symptom so rasch wie möglich in ärztliche Behandlung begeben.

Sich im Urwald zu verlaufen oder aufgrund eines Unfalls den Weg zurück ins Camp nicht zu schaffen gehört erfahrungsgemäß zu den eher kleinen Risiken. Dennoch sollte man bei der Vorbereitung von Touren an diese Möglichkeit denken. Die goldenen Regeln lauten: Nur in Gruppen und mit ortskundigen Führern wandern, auf den gekennzeichneten Wegen bleiben und geeignete Kleidung und Ausrüstung anziehen bzw. mitführen.

Vor allem in den Meeresparks benötigt der Besucher unbedingt eine professionelle Ausrüstung. Auf manchen Inseln gibt es Unternehmen, die Taucherausrüstungen verleihen und geschultes Personal für geführte Tauchgänge zur Verfügung stellen. Weniger besuchte Parks bieten diesen Service nicht – dort liegt die Verantwortung, bestens vorbereitet und gut ausgerüstet zu sein, bei den Tauchern selbst.

Wildbeobachtung und botanische Exkursionen

Im tropischen Regenwald Tiere zu entdecken ist nicht einfach – doch die Mühe lohnt sich. Wer zu beobachten, zu lauschen und obendrein still zu sein versteht, wird erleben, wie die grüne Welt ringsum lebendig wird.

Eine Begegnung mit seltenen und scheuen Tieren wie Tiger, Leopard oder Rhinozeros ist die Ausnahme, doch schon die Entdeckung ihrer Spur auf dem Pfad oder im weichen Matsch einer Suhle ist ein Erlebnis, das unter die Haut geht. Spähen Sie hinauf in die oberen Ebenen des Laubdaches, wo Languren, Makaken und Eichhörnchen leben. In manchen Parks führen Gehstege in schwindelnder Höhe durch Baumkronen und bieten faszinierende Einblicke aus der Vogelperspektive. Hin und wieder werden auch Nachtwanderungen angeboten, bei denen man mit etwas Glück aus einem Versteck heraus an Salzlecken oder Suhlen Rotwild, Wildschweine oder sogar Tapire bei ihren nächtlichen Streifzügen beobachten kann.

Malaysias berühmtestes Säugetier, der Orang-Utan, hält sich normalerweise geschickt verborgen. Doch im Orang-Utan-Zentrum Sepilok in Sabah, das gefangene Tiere auf ihre Rückkehr in die Wildnis vorbereitet, stehen die Chancen sehr gut, die großen Affen aus

Malaysias Wälder sind reich an exotischen Tieren und Pflanzen. Zu den botanischen Glanzlichtern gehören Ingwergewächse (unten links) *und Orchideen* (unten rechts). *Nur mit Glück sieht man Elefanten* (unten Mitte).

nächster Nähe zu sehen. Zu den faszinierenden Primaten gehören auch die Gibbons – es lohnt sich, sehr früh morgens im Wald zu sein, um ihren Chor in der Morgendämmerung zu hören. Vögel lassen sich leichter beobachten als Säugetiere. Kaum ein Land der Erde bietet so gute Möglichkeiten der Vogelbeobachtung wie Malaysia.

An der Küste kann man mit Glück erleben, wie Meeresschildkröten zur Eiablage an Land kommen, und nicht selten ist auch die Ausschau nach Tümmlern von Erfolg gekrönt. Unter der Oberfläche der türkisfarbenen, warmen Gewässer verbergen sich herrliche Korallengärten, in denen tropische Fische aller Formen und Farben, dazu Seefächer, Schwämme und Seeanemonen leben. Ganz in der Nähe patrouillieren elegante Riffhaie durch ihr Territorium. Für Taucher, die die Sicherheitsregeln beachten, geht normalerweise keine Gefahr von ihnen aus.

Begeisterte Botaniker werden überall im Land fündig: Der Baumbestand der Flachlandwälder ist ungemein artenreich und die gesamte Vegetation tropisch üppig – die riesenhaften, verschlungenen Spiralen der Würgfeigen und herabbaumelnde Lianen verbreiten echte Dschungelatmosphäre, und hoch oben in den Bäumen gedeihen als Epiphyten schillernde Orchideen. Farbenprächtige Rhododendren blühen vor allem in den höheren Berglagen. In Malaysia gibt es sogar Parks, die nur zum besonderen Schutz einzelner Pflanzenarten eingerichtet wurden. Kubah in Sarawak gehört zu den bedeutendsten Palmen-Orten der Welt, und Gunung Gading belohnt den geduldigen Besucher mit dem Anblick einer geöffneten Blüte der riesigen *Rafflesia*, deren Blütenblätter sich nur für wenige Tage entfalten.

Aktivitäten

In Malaysias Naturparks werden für Touristen meist zahlreiche Angebote gemacht – von gemächlich bis anstrengend. Ausgeprägte körperliche Fitneß ist nicht unbedingt erforderlich, denn auch geruhsame Spaziergänge über Naturpfade oder ein Bad in einem Waldtümpel können Vergnügen bereiten.

Mehrtägige Trekkingtouren mit Übernachtungen in einfachen Camps verlangen dem sportlichen Touristen dagegen einiges ab, besonders dann, wenn sie durch hügeliges Gelände führen. Wer einen von Malaysias zahlreichen Gipfeln besteigen will, muß damit rechnen, sich plötzlich in steilem Gelände wiederzufinden, wo Klettererfahrung notwendig ist. Besonders viele Möglichkeiten stehen Wassersportlern offen. Auf den Flüssen im Landesinneren können Waghalsige ihr Nervenkostüm beim Rafting oder mit Kanufahrten über Stromschnellen auf die Probe stellen, während Schnorchler und Taucher an der Küste und rund um die vorgelagerten Inseln eine großartige Auswahl erstklassiger Tauchreviere vorfinden. In den gutbesuchten Urlaubs-Resorts sind das Windsurfen und Segeln sehr beliebt.

Ureinwohner

Viele der malaysischen Naturschutzgebiete sind der Lebensraum alter Stammesgemeinschaften – zu ihnen gehören die Orang Hulu in Endau Rompin auf der Malaiischen Halbinsel, die Penan in Gunung Mulu (Sarawak) und die Kadazan Dusun in Kinabalu (Sabah). Obwohl diese Menschen noch an traditionellen Lebensformen festhalten und ihre ererbten Rechte, nach Nahrung zu jagen und Waldprodukte zu sammeln, behauptet haben, spielen sie zunehmend eine Rolle im Naturschutz, bei der Pflege der Parks und im Tourismus. So bieten sie Touristen Unterkünfte in traditionellen Langhäusern sowie Boote zum Transport an. Gäste sollten die Sitten und Verhaltensweisen der Dorfgemeinschaften und deren Privatsphäre respektieren.

In Malaysias Naturparks können wir aus erster Hand lernen, wie wichtig es ist, die Natur nicht auszubeuten, sondern sie als unersetzliche Kostbarkeit zu bewahren und zu schützen.

Zu besonderen Anlässen tragen Sarawaks Iban (unten links) *und Sabahs Rungu* (unten rechts) *traditionelle Trachten. Auf der Halbinsel haben viele ländliche Häuser ihren rustikalen Charme bewahrt* (unten Mitte).

MALAYSIA
THAILAND
Songkhla
Hat Yai
Narathiwat
③ Perlis
Kangar
Arau
Langkawi Islands
① Kuah
Kuala Perlis
PERLIS
Alor Star
Kuala Kedah
Meerespark Pulau Payar ②
KEDAH
Kota Bharu
Pangkal Kalong
Tanah Merah
Terengganu Islands
⑮
Kg.Penarik
⑭ Setiu
Kg.Merang
Kuala Terengganu
Baling
Keroh
Temenggor-See
④ Waldreservate Belum und Temenggor
S.Kelantan
Georgetown
Pulau Pinang
Butterworth
Kulim
Bukit Mertajam
Gerik
Kenering
Kenering-See
KELANTAN
Kenyir-See
⑬ Ulu Kelantan
Gua Masang
TERENGGANU
Taiping
Kuala Kangsar
Ipoh
Kuala Dungun
Tanah Rata
⑤ Naturheiligtum Cameron Highlands
Taman Negara
Gn.Tahan ⑫
2187m
S.Tembeling
PERAK
S.Perak
⑪ Taman Rimba Kenong
Tapah
Kuala Lipis
Kuala Tembeling
Jerantut
Teluk Intam
PAHANG
Fraser's Hill ⑥
Gn.Benom
2107m
⑩ Wildreservat Krau
Kuantan
MALAIISCHE HALBINSEL
Tanjung Malim
Kuala Krau
SELANGOR
Karak
S.Pahang
S.Selangor
Temerloh
Naturpark Kuala Selangor ⑦
Rawang
Kuala Lumpur
Tasik Bera
Kelang
NEGERI SEMBILAN
S.Rompin
Nationalpark Endau Rompin ⑧
Gn.Besar
1036m
Kuala Rompin
⑨ Meerespark Pulau Tioman
Sepang
Seremban
Port Dickson
Segamat
MELAKA
Labis
Mersing
S.Muar
Melaka
Muar
Keluang
JOHOR
S.Johor
Batu Pahat
Senai
Johor Bahru
SINGAPUR
N
LEGENDE
BRUNEI
Hauptstrasse
Staatsgrenze
Landesgrenze
Kuala Lumpur
Stadt
Seremban
kleiner Ort
S.Teku
Wasserlauf
Gn.Rabung 2187m
Berggipfel
Flughafen
MALAIISCHE HALBINSEL
0 50 100 km
SARAWAK UND SABAH (BORNEO)
0 100 200 km

Nationalparks und Naturschutzgebiete

Malaiische Halbinsel

Die Malaiische Halbinsel ist in elf Bundesstaaten und das *Federal Territory* (Bundesterritorium) Kuala Lumpur unterteilt. Sie ist 131 612 km^2 groß und hat zusammen mit den vorgelagerten Inseln eine 2 016 km lange Küstenlinie.

Eine Gebirgskette mit mehreren Gipfeln von über 2 000 m Höhe erstreckt sich in Nord-Süd-Richtung über die Halbinsel. Westlich dieser Bergkette liegt zur Straße von Melaka hin eine relativ schmale Küstenebene, nach Osten schließt sich ein wesentlich breiteres, von Höhenrücken durchzogenes Tiefland an.

Über die Hälfte der Bodenfläche ist Hügelland, das noch weitgehend von Wald bedeckt ist. Die Wälder lassen sich unterschiedlichen Zonen zuordnen: An der Küste stehen Mangroven, die von Süßwassersumpf- und Torfsumpfwald abgelöst werden; es folgen eine Tieflandzone, ab etwa 1 000 m Höhe eine Hügelland- und darüber eine Hochlandzone, die alle von Dipterokarpazeen, den mächtigen Regenwaldbäumen, geprägt sind. Niederer und hoher Bergwald bedecken die oberen Zonen.

Größter und bekanntester Park der Halbinsel ist Malaysias ältester Nationalpark Taman Negara, der weltweit für seine Regenwälder und seine außergewöhnlich reiche Tierwelt bekannt ist. Innerhalb der Grenzen des Parks liegt auch der höchste Berg der Halbinsel, der Gunung Tahan, ein beliebtes Gipfelziel für Bergwanderer. Wer Berge liebt, genießt auch die Ruhe an den bewaldeten Hängen der Cameron Highlands, wo die großen Teeplantagen längst zu einem festen Bestandteil der herrlichen Landschaften geworden sind. In der Küstenniederung gibt es in Parks wie Kuala Selangor Mangrovensümpfe zu erkunden und eine reiche Vogelwelt zu beobachten. Zu West-Malaysias Parks gehören auch Meereszonen und Inseln – Pulau Tioman und Pulau Redang sind nur zwei bedeutende Gebiete, deren wundervolle Unterwasserwelt mit ihren farbenprächtigen Korallenriffen nun endlich geschützt ist.

Die Langkawi-Inseln

Ein tropisches Refugium

Die Langkawi-Gruppe besteht aus mehr oder weniger hundert Inseln: Genau 104 sind es bei Niedrigwasser, nur noch 99 bei Hochwasser. Pulau Langkawi selbst ist mit 320 km^2 die größte Insel vor den Küsten der Malaiischen Halbinsel. Weitere größere Inseln sind Pulau Dayang Bunting und Pulau Tuba, während die übrigen Inseln relativ klein sind. Reizvoll kontrastiert das Grün der dichten Vegetation mit dem Blau des Meeres, und die Landschaft präsentiert sich als interessante Mischung aus Kalkstein- und Sandsteinformationen. Die Langkawi-Inseln sind reich an Legenden. Am bekanntesten ist die Geschichte der Mahsuri. Diese unglückliche Frau wurde des Ehebruchs bezichtigt und hingerichtet. Als der Scharfrichter ihr den Dolch durch den Körper bohrte, soll als Zeichen ihrer Unschuld weißes Blut aus der Wunde geflossen sein. Im Todeskampf belegte Mahsuri die Insel mit dem Fluch, sieben Generationen lang weder Reichtum noch Frieden zu erleben. Heute scheint der Fluch gebannt: Langkawi genießt nach seiner Entwicklung zum beliebten Urlaubsziel wachsenden Wohlstand.

Linke Seite: *Langkawi vereint auf einzigartige Weise Wald, Kalksteinhöhlen, Seen, Strände und Meer.*
Oben rechts: *Die Malaiische Hafte gehört zu den im offenen Gelände verbreiteten Schmetterlingsarten.*
Vorhergehende Seiten:
Immergrüner tropischer Regenwald bedeckt fast die Hälfte der Malaiischen Halbinsel (Seite 20).
Der Tiger: majestätisch, gefährdet und heute das Objekt intensiver zoologischer Forschung (Seite 21) .

Pulau Langkawi

Pantai Cenang war früher ein bekanntes Reisanbaugebiet im Hinterland von Padang Matsirat. Heute bietet es die meisten touristischen Unterkünfte an. Hier kann man bei Ebbe über eine Sandbank hinüber zur kleinen Insel Pulau Rebak wandern.

Mit 881 m ist der Gunung Raya die höchste Erhebung Langkawis. Eine schmale Straße führt zum Gipfel, auf dem eine Sendeanlage steht. Das bewaldete Gebiet lädt zu abenteuerlichen Wanderungen ein. Flora und Fauna spiegeln im Kleinen das Bild der Malaiischen Halbinsel wider, doch kommen auch etliche endemische (also nur hier vorkommende) Arten vor. So ist Langkawi für einige Schmetterlingsarten bekannt, die sich von den Arten des Festlands unterscheiden. Im jahreszeitlich geprägten Klima gedeihen Teakholzbäume, und einige Baumarten blühen so wunderschön wie nirgends sonst.

Besonders im Nordwesten gedeihen auf Sandsteinböden botanisch interessante Pflanzen, zu denen Begonien, Subspezies der afrikanischen Veilchenfamilie und eine seltene Fächerpalme gehören. Hier sind als Teil des Machinchang-Massivs zudem einige der ältesten Felsformationen Malaysias zu bewundern – ihr Alter wird auf etwa 2 500 Millionen Jahre geschätzt. Gunung Machinchang präsentiert eine Silhouette schroffer Zacken, die blaßrot im Abendlicht leuchten. Nur mit geführten Touren gelangt man über diese Bergkette in den Süden der Insel.

Zwischen Pantai Cenang und Gunung Machinchang laden die »Sieben Becken« von Telaga Tujuh zum Besuch ein. Je höher man bergan steigt, desto schöner öffnet sich der Blick auf die Landschaft.

Lage: 24 km vor der Küste von Kedah, im Nordwesten der Malaiischen Halbinsel.

Klima: Ganzjährig heiß und feucht, zuverlässige Trockenperiode Juni/Juli. Gewöhnlich tagsüber heiß und nachts warm.

Reisezeit: Am besten zwischen März und September, um rauhe See und nasses Wetter anderer Monate zu umgehen.

Anreise: Über Land von Kuala Lumpur nach Alor Star, dann per Bus oder Taxi nach Kuala Perlis; Fähre zur Hauptstadt Kuah. Alternativ: Direktflüge von Kuala Lumpur oder Penang nach Langkawi.

Genehmigungen: Nicht erforderlich.

Ausrüstung: Tauch- oder Schnorchelausrüstung, Strandkleidung, Wanderschuhe. Für Unternehmungen im Kalkstein: Kletter- oder Höhlenausrüstung.

Einrichtungen: Da Langkawi groß ist, gibt es Dörfer, Hotels und Läden – nahezu alles ist vor Ort zu bekommen oder zu organisieren. Unterkünfte vom Luxushotel bis zur Übernachtung im Dorf. Autovermietung vorhanden. Hotelbesitzer wissen, wo Boote vermietet werden.

Naturbeobachtungen: Maritimes Leben beim Tauchen und Schnorcheln. Mitunter vom Boot aus Delphine. Fledermäuse in diversen Höhlen (besonders im Westen von Pulau Dayang Bunting). Viele bedeutende Pflanzen, die auf Kalkgestein wachsen. Ausgesetzte, nun halb verwilderte Tiere auf Pulau Singa Besar.

Freizeitaktivitäten: Schwimmen, Sonnen, Höhlenbesuche. Wanderung durch Wald zum Gipfel des Gunung Raya (Führer empfohlen). Bootsfahrten zu verschiedenen Inseln – beliebt sind Dayang Bunting und Singa Besar. Für Abenteuerwillige ein geführtes Trekking über Gunung Machinchang.

Rechts: *Der malaiische Name »surat« (Brief) spielt nicht nur auf die schwarzen Tupfen des Schmetterlings* Idea hypermnestra *an, die wie Tintenflecke auf Papier aussehen, sondern auch auf die flatterhaften, einem Stück Papier im Wind ähnelnden Flugbewegungen.*

Oben: *Die farbenprächtige Unterseite des Schmetterlings* Paralaxita damajanti *ist selbst im Dunkel des Waldes zu erkennen.*

Faszinierende Kalksteinformationen

Langkawi ist für seine Kalksteinformationen berühmt, die in bizarren Formen auf der Hauptinsel oder direkt aus dem Meer emporragen. Ein Besuch auf Pulau Singa Kecil lohnt sich kaum, das Eiland bietet aber aus der Entfernung einen malerischen Anblick. Andere Inseln wie zum Beispiel Pulau Jong sind von faszinierender Schönheit und bei Fotografen beliebt. Östlich von Pulau Tuba liegt eine kleine Insel mit einem Kalksteinbogen, den man bei Niedrigwasser problemlos in einem Boot durchfahren kann (bei Flut gilt es, den Kopf einzuziehen).

Im Osten von Langkawi erheben sich einzelne Kalksteinhügel aus den Mangrovenwäldern der weit ins Inselinnere führenden Flußmündung des Kisap. In ihren Höhlen wohnen Fledermäuse, kriechen seltene Schnecken und Spinnen über den Kalkstein, wachsen viele ungewöhnliche Pflanzen. Die Palme *Maxburretia rupicola*, die nur auf Kalkgestein gedeiht, klammert sich nur wenige Meter über dem Meeresspiegel an den Fels.

Und noch mehr Inseln

Auf der zweitgrößten Insel Pulau Dayang Bunting liegt Malaysias bekanntester See. Es handelt sich zwar um einen Süßwassersee, doch ist sein Wasser recht brackig. Ein kleinerer Süßwassersee befindet sich auf Pulau Langgun, man erreicht ihn jedoch nur mit einer nicht ungefährlichen Klettertour über scharfkantige Felsen. Hier stehen relativ große und gut erhaltene Fossilien unter Naturschutz, vorwiegend Schneckenhäuser, die im Kalkgestein erhalten geblieben sind und von längst vergangenen Lebensformen künden.

Zwischen Pulau Dayang Bunting und Pulau Tuba erstreckt sich das ausgedehnteste Mangrovengebiet der Langkawi-Gruppe, in das sich, abgesehen von einheimischen Fischern, nur selten Menschen verirren. Auch die beiden Inseln selbst sind wenig besucht. Im Westen von Pulau Dayang Bunting gibt es große Höhlen, doch der Wald erweist sich dort als nahezu undurchdringliches Dickicht, mit Bäumen, die aus Klüften zwischen schroffen Felsen hervorwachsen und von Schlingpflanzen überwuchert sind.

Rechts: *Die meisten Strände der Hauptinsel sind touristisch noch wenig erschlossen.*

Die Insel Pulau Singa Besar ist ein Reservat für seltene Tiere. Einige Arten wurden hier ausgewildert, darunter das Moschustier und der Pfau. Die Insel steht bei vielen Reiseveranstaltern auf dem Programm. Das ursprüngliche, das wilde Langkawi findet man jedoch anderswo: bei Streifzügen durch die Berge, bei Wanderungen entlang der zerklüfteten Schieferwände der Westküste oder bei Tauchgängen zu Kalkstein- und Korallenriffen. Bisher sind die kleineren Inseln wenig erforscht. Den sachkundigen Besucher erwarten geologische Besonderheiten wie der schwarze Sand der Nordostküsten oder Anzeichen einer Krustenverschiebung zwischen den Sandsteinschichten vor der Küste.

Oben: *Viele Inseln der Langkawi-Gruppe bestehen aus zerklüfteten Kalksteinfelsen, die Sandbuchten umschließen.* Rechts: *Wald und Meer bieten viele Möglichkeiten zum Wandern und Schwimmen. Beliebter Freizeitsport der Touristen: das Suchen nach Versteinerungen.*

Meerespark Pulau Payar

Eine Schatztruhe voller Korallen

Pulau Payar ist die größte einer Gruppe von vier Inseln, zu der auch Pulau Kaca, Pulau Selembu und Pulau Segantang gehören. Sie ist 1,7 km lang und 31 ha groß. Steile Klippen und von Wellen ausgehöhlte Kaminschächte prägen die fast auf ihrer gesamten Länge felsige und von üppiger Vegetation überzogene Nordwestküste. Der weiße, feinkörnige Sand der Strände schimmert seidig im Sonnenlicht. Die übrigen drei Inseln bestehen lediglich aus Felsen, die aus dem Meer ragen. Ihr unscheinbares Äußeres läßt kaum erahnen, welche Schätze sich in ihrem türkisfarbenen Wasser verbergen.

Unberührte Korallenriffe

Rund um die Inseln der Pulau-Payar-Gruppe finden sich einige der ganz wenigen fast unberührten Korallenriffe vor der Westküste der Malaiischen Halbinsel. In dem relativ kleinen Gebiet ist eine erstaunlich große Artenvielfalt zu entdecken. Die Korallen sind typische Spezies des Indischen Ozeans und unterscheiden sich deutlich von den Riffen vor der Ostküste der Malaiischen Halbinsel. Die Gewässer um die Inseln wurden bereits 1985 zum Meeres-Naturpark erklärt – dem damals ersten seiner Art in West-Malaysia.

In den seichten Gewässern hat sich ein üppiges Wachstum von nicht weniger als 35 Gattungen harter Korallen entwickelt. Besonders eindrucksvoll sind die Gebilde versteinerter Korallen vor Pulau Payars Südostküste. Ausgedehnte Bänke von Hirschhornkorallen, die mit Plateaukorallen und anderen lebenden Korallenarten überzogen sind, bilden mit Schwämmen und Seeanemonen ein vielfältiges maritimes Biotop.

Südlich von Pulau Payar liegt der atemberaubend schöne *Coral Garden* (»Korallengarten«), in dem bunte Weichkorallen auf felsiger Unterwasserlandschaft unvergeßliche Anblicke bieten – so, als seien sie absichtsvoll nur zur Freude des Betrachters plaziert worden. Auch rund um Pulau Kaca findet man unterschiedliche Korallen, und zwar vor allem im Norden und Nordosten. Interessante Ziele für Wracktaucher sind die Schaluppen, die wegen illegalen Fischfangs beschlagnahmt und vor Pulau Kaca versenkt wurden. Pulau Segantang, deren Steilwände bis in eine Wassertiefe von gut 10 m hinabreichen, bevor ein sanftes Gefälle zum Meeresboden überleitet, weist eine andere Unterwasser-Topographie auf und bietet Tauchern deshalb Abwechslung.

Linke Seite:
Orangefarbene Röhrenkorallen spreizen ihre Tentakel zur Nahrungssuche (links oben).
Die Seeschnecke Hypselodoris bullocki *reckt ihr Bund orangefarbener Fühler empor* (links Mitte).
Mit spitzen gelben Stacheln aus Kalzium verteidigen sich diese Weichkorallen gegen Räuber (links unten).
Um eine verzweigte Korallenkolonie winden sich behutsam die fragilen Tentakel eines Schlangensterns (rechts).

Oben rechts: *Die Mole des Parks erlaubt das Anlegen von Booten ohne Gefahr für die herrlichen Korallen.*

Lage: 28 km vor der Küste von Kedah, 34 km südöstlich von Kuah auf Langkawi. Inselkette auf einem 16 km langen Meeresstreifen.

Klima: Ganzjährig tagsüber in der Regel heiß, etwas kühlere Tage in der Regenzeit von November bis März.

Reisezeit: Am besten zwischen März und September, um die rauhe See anderer Monate zu umgehen.

Anreise: Mit dem schnellen Katamaran, einmal täglich von Langkawi zur Anlegestelle von Pulau Payar.

Genehmigungen: Im voraus nicht erforderlich, alles Nötige kann vor Ort erledigt werden.

Ausrüstung: Leichte Kleidung, Sonnenhut, Sonnenschutzmittel.

Einrichtungen: Besucherzentrum mit Personal. Informationen, Videofilme, Picknicktische, sanitäre Anlagen. Ponton mit Schnorchel- und Tauchmöglichkeiten, Boote mit Glasböden zur Beobachtung der Unterwasserwelt, Sonnenterrasse und Restaurant. Keine Übernachtungsmöglichkeit.

Naturbeobachtungen: Die meisten Attraktionen befinden sich im Meer: äußerst vielfältige Korallen im Korallengarten; Tauchgänge zu Wracks vor Pulau Kaca; steil abfallende Riffe vor Pulau Segantang.

Freizeitaktivitäten: Tauchen, Schnorcheln und Unterwasserfotografie lohnen sich sehr.

Das Paradies der Fische

Der größte Schatz des Meeresparks sind jedoch die Fische, deren Artenvielfalt unüberschaubar groß ist. Riesige Schwärme farbenprächtiger Korallenfische tummeln sich in den Spalten der verästelten Riffe, die zahllosen Arten als Laich- und Brutgründe dienen. Weit verbreitet sind Barrakuda, Hecht und Grouper sowie Füsilier-, Kaninchen-, Schnapp- und Jungfrauenfische. Viel Glück ist nötig, um den seltenen Walhai zu sehen. Der Park ist außerdem berühmt für schwarzflossige Riffhaie, deren Jungtiere mit eleganten Bewegungen scheinbar mühelos durch die seichten Gewässer in den Buchten des Meeresparks gleiten.

Links: *Die Oberflächenbeschaffenheit eines Riffs ist wesentlich komplexer als alle Landschaftsformen über Wasser.*

Unten: *Unmittelbar vor dem Hauptstrand von Pulau Payar dehnt sich im seichten Gewässer ein Saumriff aus.*

Rechte Seite, Mitte: *Zu den auffälligsten Bewohnern des Riffs zählt der stachlige Zebra-Löwenfisch.*

Ein einzigartiges Tauchrevier

Die Langkawi-Korallenbank ist ein 50 x 15 m großer schwimmender Ponton, der südlich des Parkzentrums vor dem Strand verankert ist und Pulau Payar zu einem einzigartigen Touristenziel in Malaysias Meeresparks macht. Diese Bank, die landesweit die einzige ihrer Art ist und einmal täglich von Langkawi aus mit einem *Speedboat* angesteuert wird, bietet Besuchern bequeme Ausblicke auf das Leben am Riff.

Pulau Payar ist unbewohnt. Das einzige Gebäude der Insel ist das im traditionellen Stil erbaute Informationszentrum. Hier stehen den Besuchern alle nötigen Einrichtungen zur Verfügung, und das Parkpersonal ist stets hilfsbereit. An den Stränden von Pulau Payar darf gezeltet werden, wenn man zuvor eine offizielle Erlaubnis des *Department of Fisheries* eingeholt hat.

Die weitaus beliebteste Freizeitbeschäftigung in den einladenden Gewässern des Parks ist das Schnorcheln. Für Neulinge werden Einführungskurse angeboten, und Abenteuerlustige können zu Tauchgängen in tiefe Gefilde aufbrechen. Für Unterwasserfotografen bieten die exotischen Riffgewässer lohnende Motive im Überfluß.

Forschung und Naturschutz

Der Meeres-Naturpark Pulau Payar ist aus den unterschiedlichsten Gründen für viele Institutionen von Bedeutung. Wie andere Meeresparks auch, spielt er für die Fischwirtschaft und den Erhalt der biologischen Vielfalt eine wichtige Rolle. Der Tourismus – sofern er verantwortungsvoll verwaltet wird – garantiert der Region zudem ein gesichertes Auskommen. Die Korallenriffe vermitteln darüber hinaus Studenten und Wissenschaftlern wichtige Forschungserkenntnisse. Zu den Organisationen, die hier Studien treiben, gehören die Universität und der WWF von Malaysia sowie das Institut für Fischereiwesen.

Oben: *Die meisten Besucher erkunden die Korallenriffe um Langkawi von der schwimmenden »Korallenbank« aus.*

Oben: *Der Gesprenkelte Falkenfisch streift durch die Verästelungen der Hartkorallen.*

Perlis

Naturschutz im kleinsten Bundesland Malaysias

In der nördlichsten Ecke des Landes liegt das kleinste Bundesland der Malaiischen Halbinsel. Obwohl es nur 795 km^2 groß ist, hat es dem Reisenden viel zu bieten. Zu den bekanntesten Attraktionen gehört ein staatlicher Park, der nördlich der Hügelkette Nakawan an der westlichen Staatsgrenze zu Thailand eingerichtet wird. Der neue Staatspark Nakawan untersteht der staatlichen Forstverwaltung von Perlis. In diesem landschaftlich reizvollen Gebiet kann man abgelegene Täler, gezackte Kalksteingipfel, zerklüftete Landschaften und Höhlen erkunden. Es ist Teil eines 300 km^2 großen Waldes, der sich bis nach Thailand hinein erstreckt. Dort ist es als Schutzgebiet des benachbarten Thaleban-Nationalparks ausgewiesen ist.

Pflanzen- und Tierwelt

Perlis ist Malaysias trockenstes Bundesland. Viele direkt auf Kalkgestein wachsende Pflanzen haben sich an die ungewöhnlich trockenen Bedingungen der Region angepaßt. Zwei Pflanzen, die nirgends sonst in Malaysia vorkommen, sind der Gichtbalsam, der durch seinen großen, zwiebelförmigen und wasserspeichernden Stamm auffällt, sowie die an einen Kaktus erinnernde *Euphorbia*. Die Wälder bestehen zum Teil aus laubwechselnden Bäumen. Botaniker sprechen in Anlehnung an zwei typische Baumarten vom weißen *meranti-gerutu*-Wald. Weite, offene Flächen mit Reisfeldern tragen zur Schönheit der Landschaft bei. Aus den leuchtend grünen Setzlingen werden kurz vor der Ernte goldbraune Pflanzen. Gäste dürfen bei der Feldarbeit mithelfen.

Nur in diesem Park Malaysias kommt der Stummelschwänzige Bärenmakak vor, ein kräftiger Affe mit rotem Kopf und rotem Gesäß. Der Park ist Lebensraum von vier weiteren Primaten, der Wildziege Serau, von Leoparden, Wildschweinen und mindestens dreißig weiteren Säugetierarten. Über 200 Vogelarten (darunter sechs aus der Familie der Nashornvögel) und mindestens 49 Reptilien- und Amphibienarten wurden registriert. Die meisten Tiere sind nur schwer zu entdecken, doch mit Glück und Geduld sieht man vielleicht den Weißhändigen Gibbon (oder Lar), den Brillenlangur oder den Langschwänzigen Makaken. In manchen Höhlen leben seltene Fledermäuse, die nachts auf der Nahrungssuche über die Felder flattern.

Wanderwege und Höhlen

Obwohl der Status des Parks noch der offiziellen Bestätigung bedarf, hat die Landesregierung bereits einige Einrichtungen freigegeben. Ein Wegenetz führt durch Wälder zu Höhlen und Kalksteinfelsen. Manche Wege sind steil und fordern dem Besucher einiges ab.

Linke Seite:
Der flache Timah-Tasoh-See ist ein bedeutender Lebensraum für Wasservögel wie die Indische Zwergglanzente (oben).
Der weibliche Rhinozerosvogel hat weiße, der männliche rote Augen (unten links).
Lebensraum der großen Nashornvögel ist vor allem der Norden der Malaiischen Halbinsel (unten rechts).
Oben rechts: *Der Lar (oder Weißhändige Gibbon) lebt zurückgezogen in ausgedehnten Waldgebieten.*

Lage: Das nördlichste Bundesland Malaysias liegt auf etwa 6° 30′ nördlicher Breite an der Grenze zu Thailand.

Klima: Tagsüber gewöhnlich sehr heiß, trockener als die meisten anderen Regionen Malaysias.

Reisezeit: Ganzjährig.

Anreise: Von Kuala Lumpur per Zug nach Kangar oder 380 km auf dem Nord-Süd-Highway (Route 1) bis zur Ausschilderung Richtung Kangar. Flug: Von Kuala Lumpur nach Alor Star, von dort per Taxi nach Kangar.

Genehmigungen: Nur erforderlich für Ausflüge in die Forstgebiete (Antrag an das *State Forestry Department* in Kangar).

Ausrüstung: Leichte Kleidung, leichte Wanderschuhe. Für Höhlenerkundungen oder Klettern ist spezielle Ausrüstung mitzubringen.

Einrichtungen: Da Perlis ein Bundesland mit vielen Städten, Dörfern und ländlichen Gebieten ist, sind spezifische Beschreibungen nicht möglich. In der Hauptstadt Kangar stehen Unterkünfte verschiedener Kategorien zur Verfügung. Unterkünfte auch in Kuala Perlis und Arau.

Naturbeobachtungen: Höhlen mit Fledermäusen. Timah-Tasoh-See für Enten, Tauch- und andere Wasservögel. Kalksteinfelsen mit seltenen Pflanzen. Reisfelder bieten oft gute Möglichkeit zur Vogelbeobachtung.

Freizeitaktivitäten: Höhlenbesuche, Naturbeobachtungen. Perlis ist kulturell interessant (und besitzt archäologische Funde). Das *Malaysian Tourism Promotion Board* weist auf kulturelle Ereignisse hin. In Wang Mu kann man über den historischen Pfad eines Zinnbergwerks wandern.

Rechts: *Riesige Kalksteinformationen ragen steil aus den Reisfeldern der Küstenebene empor.*

Oben: *Perlis ist das südlichste Verbreitungsgebiet des Stummelschwänzigen Bärenmakaken.*

Unten: *Kalkstein bietet Pflanzen normalerweise keine guten Wachstumsbedingungen. Manche Arten haben sich jedoch diesen besonderen Bedingungen angepaßt und gedeihen nirgendwo anders.*

Der etwa 30 km von der Landeshauptstadt Kangar entfernte Park ist über eine gute Schotterstraße zu erreichen. Nur 15 km entfernt liegt Padang Besar, der Grenzort zu Thailand. Von dort fahren Busse und Taxis zu der dem Park am nächsten gelegenen Stadt Kaki Bukit.

Die Einreise von Thailand ist auch durch den Thaleban-Nationalpark möglich: Diese Route führt den Reisenden direkt nach Wang Kelian, von wo aus das Hauptquartier des Parks per Taxi zu erreichen ist. Nach der Ankunft in Kaki Bukit führt der Weg nach Gua Kelam, wo man durch eine 380 m lange beleuchtete Höhle gehen muß. Ein hängender Brettersteg führt über einen unterirdischen Fluß. Der Weg zum Hauptquartier im versteckten Tal Wang Tangga (»Tal der Stufen«) ist ausgeschildert – man benötigt von der Höhle aus etwa zehn Minuten.

Der Timah-Tasoh-See

Noch viele andere Orte in Perlis lohnen einen Besuch. Nördlich von Kangar leben am idyllischen Timah-Tasoh-See etwa 130 Vogelarten, und noch immer werden neue Arten entdeckt und registriert. Die meisten Vögel halten sich am Nordufer auf. Die beste Zeit für eine Vogelbeobachtung sind die Zugperioden im März bzw. November. Dann kann man häufig Wildenten, Taucher, Silberreiher, andere Reiherarten, Eisvögel und zahlreiche Raubvögel entdecken.

Waldreservate Belum und Temenggor

Camps am See und Dschungel-Trekking

Zusammen umfassen die Waldreservate Belum und Temenggor eine Fläche von 2 000 km². Die Reservate liegen beiderseits der Hauptstraße, die Perak mit Kelantan verbindet und den Wald der nördlichen Malaiischen Halbinsel durchschneidet. Seit 1977 sind sie zudem durch die Wasserfläche des Temenggor-Sees getrennt, der für den Bau eines Wasserkraftwerks künstlich aufgestaut wurde. Die herrlichen Wälder an den Ufern des Sees beheimaten eine reiche Tierwelt.

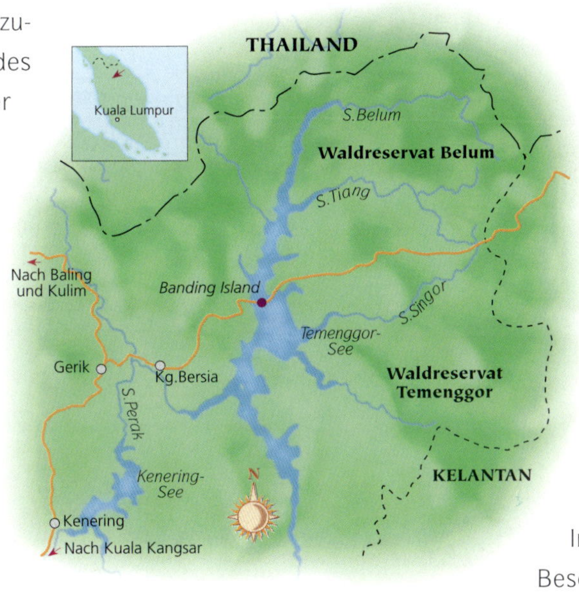

Zugang zu den Reservaten bietet die Insel Banding, auf der ein Rasthaus Gäste bewirtet. Einige Kleinunternehmer bieten Dienstleistungen an, zum Beispiel die Vermietung schwimmender Hütten für einen Angelurlaub. In Zukunft soll die Infrastruktur Bandings weiter ausgebaut werden, bis jetzt dient die Insel aber nur als Ausgangspunkt für Fahrten über den See.

Trekking am See

Der See ist in Dammnähe etwa 100 m tief, doch nur knapp unterhalb der Wasseroberfläche können Fische leben. Die besten Bedingungen bieten kleine Buchten, die sich überall dort gebildet haben, wo sich ein Bach- oder Flußlauf in den See ergießt. Hier sorgen die Wasserbewegung und die Sauerstoffzufuhr für ein üppiges Wachstum von Algen und anderen Wasserpflanzen, so daß an diesen Stellen zahlreiche Fische, Frösche und Wasserschnecken leben. Es lohnt sich, nach Fischottern, Eisvögeln und anderen Tieren Ausschau zu halten.

In Banding werden Campingausflüge, Angelfahrten und Wanderungen organisiert, die zunächst eine Bootsfahrt über den See erforderlich machen. Einige Campingplätze liegen dort, wo Wasserläufe in den See münden. Sie garantieren die Versorgung mit sauberem Wasser und bieten die Möglichkeit, Kanus leicht zu Wasser zu bringen sowie die Kühle der stillen Wälder zu genießen.

Beim Aufstieg vom Camp durchquert man unterschiedliches Gelände: In Flußnähe ist es feucht, felsig und mitunter rutschig, und im dichten Unterholz wachsen Farne, wilder Pfeffer, Pfeilwurz, Ingwer und wilde Yamswurzeln. Besonders an den Wasserfällen kann der Aufstieg schwierig sein. Weiter oben wechselt die Vegetation zu hohen Bäumen, und das lichte Unterholz ist mit stammlosen Palmen durchsetzt. Der Blick ist jetzt frei und die Luftfeuchtigkeit geringer. Wanderungen über die Bergrücken sind anstrengend und erfordern eine gute körperliche Verfassung, aber es ist ein unvergeßliches Erlebnis, auf frische Spuren von Elefanten oder Tigern zu stoßen!

Exotisches Obst

Zu den Besonderheiten von Belum gehören die zahlreichen wilden Obstbäume. Es gibt exotische Sorten

Oben rechts: *Überall im Wald wachsen wilde und halbkultivierte Arten des Durianbaumes, dessen Früchte von den Einheimischen gesammelt werden.*

Lage: Im nördlichsten Teil des Bundeslandes Perak mit Grenze zu Thailand, ca. 30 km von Kuala Lumpur entfernt.

Klima: Tagsüber heiß, nachts kühler. Im Jahresablauf beständig. Vereinzelte Regenperioden besonders Oktober bis Februar.

Reisezeit: Ganzjährig.

Anreise: Mit Auto, Bus oder Überlandtaxi. Von Kuala Lumpur auf dem Nord-Süd-Highway nach Kuala Kangsar, dann nördlich nach Gerik und östlich nach Banding Island. Von Penang ist Gerik über die Straße via Kulim und Baling zu erreichen.

Genehmigungen: Die Insel Banding ist öffentlich zugänglich. Für Abstecher in die Wälder südlich der Straße nach Banding ist bei der Polizeistelle Gerik eine Erlaubnis einzuholen. Die Wälder im Norden sind Sperrgebiet.

Ausrüstung: Leichte Kleidung, Hut, Wanderschuhe, Regenumhang, Badekleidung, Sonnenschutzmittel. Falls erforderlich, Camping- und Angelausrüstung.

Einrichtungen: In Banding Übernachtungsmöglichkeiten im Rasthaus, Speiselokale. Es werden schwimmende Angelhütten auf dem Temenggor-See und kleine Häuschen auf Inseln angeboten, die alle recht einfach sind. Die Anbieter stellen auch Boote von Banding aus zur Verfügung.

Naturbeobachtungen: Zelten im Wald für Vogel- und Wildbeobachtung. Viele Tiere wurden hier gesehen: Elefanten, Gaur, Bären, Tiger, Hirsche, diverse Affenarten und Gibbons sowie große Versammlungen von Nashornvögeln. Bei den Bootsfahrten nach Adlern und anderen Vögeln in Bäumen Ausschau halten.

Freizeitaktivitäten: Wanderungen, Zelten, Angeln, Vogelbeobachtungen und Bootsfahrten.

Oben: *Am Temenggor-See wurde die größte Ansammlung des Blaukehligen Nashornvogels beobachtet.*

Rechts: *Alle Materialien, die für den Bau der traditionellen Hütten benötigt werden, liefert der Urwald.*

Rechte Seite: *Den Tiger, das größte Raubtier des Waldes, bekommt man nur selten und mit viel Glück zu Gesicht.*

Unten rechts: *Zu den beliebtesten Zielen gehört Sungai Sara, wo schwimmende Hütten als Unterkünfte dienen.*

wie Durian, Mango, Jackfrucht, Rambutan und Zitrone. Weil sie hier im Überfluß gedeihen, gibt es auch viele Tiere, die sich von den Früchten ernähren: Zu den Primaten gehören der Langschwänzige Makak und der Schweinsaffe. Elefanten nutzen die Bergrücken als Trampelpfade, lesen heruntergefallene Früchte auf und fressen Rattan und Ingwer ab, während Wildschweine, Ratten und Stachelschweine das Laub nach Samen durchwühlen, die Affen und Eichhörnchen fallen lassen.

Es ist kein Zufall, daß sich in jedem August in Belum zahlreiche Nashornvögel einfinden, denn in diesem Monat herrscht eine wahre Schwemme an reifem Obst. Zwischen August und Dezember fallen auf der Suche nach Rastplätzen kleinere Schwärme des Blaukehligen Nashornvogels ein. Grüppchenweise schwirren die Tiere durch die Luft, um sich irgendwo niederzulassen und kurz darauf wieder aufzufliegen. 1993 zählte eine malaysische Forschungsexpedition in Temenggor an einem einzigen Abend über 2 500 Nashornvögel!

Verborgenes Leben im Wald

An steilen Hängen gedeiht überall dort Bambus, wo einmal der Boden wegbrach. Manche Bambusrohre erreichen einen Durchmesser von 15 cm, und in ihrem hohlen Inneren siedeln sich Lebewesen an. Kleine Käfer und einige Ameisenarten bohren Löcher in die Bambusrohre, um innen Kolonien anzusiedeln. Größere Öffnungen gestatten den Einzug der Bambusfledermaus, die sich wegen ihres stark abgeflachten Schädels durch

Oben: *Das reichhaltige Angebot an Obst lockt unter anderem Schweinsaffen an.*

die schmalsten Öffnungen zwängen kann. Regenwasser, das sich im Inneren des Bambusrohrs ansammelt, kann zur Brutstätte für Moskitolarven werden, doch es gibt auch eine Ameisenart, die dieses Wasser Tröpfchen für Tröpfchen wieder nach draußen schafft. Die Wälder um Belum und Temenggor sind reich an solchen Launen der Natur, die man leichter beobachten kann als Tiger und Elefanten. Man muß sich nur die Mühe machen, auf die Knie zu gehen und genau hinzusehen.

Organisiertes Trekking

Die Wälder von Belum und Temenggor unterstehen der staatlichen Forstverwaltung. Die Organisation von Ausflügen sollte man einer der ortsansässigen Agenturen überlassen, die sich mit den notwendigen Genehmigungen auskennen und diese auch besorgen können. Manche Agenturen haben feste Vereinbarungen mit den verantwortlichen Stellen getroffen, was die bürokratischen Verfahren enorm erleichtert. Der Zugang zum Temenggor-See ist kein Problem, und angesichts des zunehmenden Tourismus wird es bald auch einfacher werden, Reise- und Campingerlaubnisse zu bekommen.

In erster Linie lohnt sich ein Ausflug in den Süden der Insel Banding. Örtliche Führer sind mit dieser Region vertrauter als mit dem Norden, und der See ist in diesem Teil einfacher zu befahren. Zudem werden die großen Säugetiere überwiegend im Süden gesichtet. Auch an die bekannten Salzlecken und spektakulären Kalksteinformationen kommt man hier näher heran.

Naturheiligtum Cameron Highlands

Bergwälder und Teeplantagen

Die Cameron Highlands, der kleinste Verwaltungsbezirk des Bundeslandes Pahang, liegen auf einer Höhe von 600 m bis 2 032 m über dem Meer. Sie bilden das vom Niveau her ebenmäßigste Hochplateau der Malaiischen Halbinsel. Das Gebiet wurde 1885 von einem Vermessungstrupp unter William Cameron entdeckt.

In den darauffolgenden Jahren wurden die Cameron Highlands planmäßig erschlossen. In der kühlen Bergregion wurden Gästehäuser und andere Annehmlichkeiten für Urlauber eingerichtet und Teeplantagen angelegt. Die drei Hauptorte heißen Tanah Rata, Brinchang und Ringlet. Obwohl die touristische Erschließung der Region in jüngster Zeit rasch voranschritt, blieb sie überwiegend auf die weniger schroffe Westflanke der Bergkette beschränkt. Die steileren östlichen Hänge blieben größtenteils unangetastet. Das 649 km^2 große Areal wurde 1962 als Musterbeispiel einer natürlichen Berglandlandschaft mit zahlreichen endemischen Pflanzen zum Naturschutzgebiet erklärt.

Bergwälder

Die Dipterokarpazeenwälder der unteren Höhenlagen gehen in niederen Bergwald über, der reich an tropischen Eichen und Lorbeerbäumen ist. In den höheren Lagen bis zu den Gipfeln schließt sich oberer Bergwald mit knorriger, bemooster Vegetation an. Am Boden und als Epiphyten auf anderen Pflanzen gedeihen Rhododendren, Kannengewächse (*Nepenthes*), Lippenstiftpflanzen, die wegen der Form und Farbe ihrer Blüten so genannt werden, und wilde Orchideen. Im bemoosten Untergrund wächst die winzige endemische Helmorchidee, und auf den tieferliegenden Hängen breitet sich die seltene und gefährdete Pantoffelorchidee aus.

Wer genau hinschaut, wird zahlreiche interessante Vögel entdecken, denn bis auf eine Art sind hier alle 74 auf der Malaiischen Halbinsel nachgewiesenen Berglandvögel heimisch. Nach dem Rotkehligen Niltava und den kastanienfarbigen Schwingen des Minla hält man in tiefergelegenen Gebieten wie Fraser's Hill vergeblich Ausschau, denn beide Vögel kommen nur in der obersten Bergregion vor.

Der nahezu unberührte Wald ist ein idealer Lebensraum für den schwarzen Panther, und auch der

Linke Seite:
Die buschige Agapetes scortechinii *wächst am höchsten Gipfel der Cameron Highlands, dem Gunung Brinchang* (links oben).
Zu den seltensten Raubtieren gehört der Nebelparder (links Mitte).
Auf dem Waldboden gedeihen und blühen viele Ingwergewächse, darunter auch Amomum (links unten).
Die Einheimischen bauen ihre kleinen Dörfer bevorzugt an erhöht liegenden Plätzen (rechts).

Oben rechts: *Das Volk der Temiar besiedelt auch benachbarte Gebiete in Pahang, Kelantan und Terengganu.*

Lage: Zwischen 1 200 m und 1 800 m auf den Höhen der Hauptbergkette, 160 km nördlich von Kuala Lumpur.

Klima: Tagsüber warm, nachts oft kalt. Ganzjährig gemäßigtes Klima mit etwas Nebel und Sprühregen. Feuchtere Monate können April/Mai und November bis Februar sein.

Reisezeit: Ganzjährig, doch am besten März bis September.

Anreise: Mit Auto, Überlandtaxi oder Bus nach Tapah (oder mit dem Zug bis Tapah Road Station).

Genehmigungen: Nicht erforderlich.

Ausrüstung: Leichte Kleidung, Wanderschuhe, wärmere Kleidung für abends. Umhang oder Hut als Regenschutz.

Einrichtungen: In den Städten Tanah Rata und Brinchang stehen Unterkünfte, Restaurants und Läden zur Verfügung. Mehrere ausgeschilderte Wanderpfade für kurze oder mehrstündige, leichte oder anstrengende Wanderungen. Karten sind in den örtlichen Läden erhältlich.

Naturbeobachtungen: Waldvögel und Pflanzen an den Wanderpfaden. An steinigen Wasserläufen leben Pfeifdrosseln und Gabelschwänze. Epiphyten, Farne und Moose im Feuchtwald. Niedriger Mooswald auf Berggipfeln mit vielen Schmetterlingen.

Freizeitaktivitäten: Wald- und Bergwanderungen, Vogelbeobachtung, Fotografieren. Zelten ist nicht üblich, doch an manchen Plätzen für kleine Gruppen gestattet. Unterwegs auf Blumen und die Landwirtschaft im Hochland achten. Besuch von Teeplantagen; Boh Tea bietet an bestimmten Tagen Führungen an.

Oben: *Leoparden sind auch in größeren Höhen anzutreffen. Die schwarzen Tiere kommen hier häufiger vor als die gelb-schwarz gefleckten.*

Rechts und rechte Seite: *Die Cameron Highlands sind das bedeutendste Teeanbaugebiet des Landes. In den kühlen Morgenstunden beginnen Pflücker mit der Ernte der Blätter.*

Unten: *Zu den nur in erhöhten Lagen gedeihenden Pflanzen gehören Kannengewächse wie* Nepenthes sanguinea.

Nebelparder durchstreift diese Wälder. Beide Raubkatzen lassen sich nur selten beobachten, doch mitunter stößt man auf ihre Spuren. Zu den anderen hier lebenden Säugetieren zählen Wildkatzen, Wildschweine, die Bergziege oder Serau und Zibetkatzen. Die übrige Tierwelt, die eine Vielzahl an Käfern, Schmetterlingen und Nachtfaltern umfaßt, ist zu artenreich, um hier aufgelistet zu werden. Zu den Schlangen gehört die anmutige, aber giftige Wagler's Pit Viper.

Trekkingpfade

Im Gebiet von Tanah Rata und Brinchang gibt es mehrere ausgeschilderte Wanderpfade, die auch für unerfahrene Wanderer begehbar sind. Ein gepflasterter Fußweg führt zu den Parit Falls vor den Toren von Tanah Rata. Hier sieht man Graurücken-Gabelschwänze – schwarzweiße, an Drosseln erinnernde Vögel, die gern auf den Steinen im Wasser sitzen. Auch die Malaiische Pfeifdrossel, die zu den wenigen endemischen Vögeln der Malaiischen Halbinsel gehört, ist hier heimisch.

Eine längere Wanderung führt von Tanah Rata zu den Robinson Falls. Es lohnt sich, auf die Blumen am Wegrand zu achten. Unter anderem wächst hier das seltene Malaiische Veilchen. Auch die Vogelwelt präsentiert sich vielfältig. Hier und da hocken Grüne Elstern oder ein Rotkopf-Feuertrogon im Geäst der Bäume. Vom Wasserfall aus besteht die Möglichkeit, in mehreren Stunden zur 12 km entfernten Teeplantage Boh hinabzuwandern. Der Tee der Cameron Highlands ist berühmt, und diese Plantage kann besichtigt werden. Zwischen den Teesträuchern hüpfen Vögel wie der Silberohr-Sonnenvogel und kriechen Kleinlebewesen wie die Engelkopf-Eidechse, und von einem hohen Baum späht vielleicht gerade ein Großer Kuckuckswürger herab.

Die schönste Kulturlandschaft der Gegend befindet sich oberhalb von Brinchang in Sungai Palas. Es ist ein steiler Aufstieg zur Funkstation auf dem Gunung Brinchang (2 032 m). Der Weg führt durch Teeplantagen und niederen Bergwald hinauf in den lichten Bergwald des Gipfelbereichs, wo ein Aussichtsturm schöne Rundblicke bietet. Häufig liegt allerdings – typisch für Bergregenwälder – eine Dunstschicht über dem Wald.

Wege zum Gipfel

Der Gipfel des Gunung Irau liegt an der Grenze zwischen Pahang und Perak. Der einfachste Aufstieg beginnt unterhalb des Gipfels des Gunung Brinchang an einer offenen, sandigen Stelle an der Straße. Die Wanderung führt über den Sattel zwischen den beiden Bergen. Für Auf- und Abstieg sollte man einen ganzen Tag einplanen.

Gunung Swettenham liegt am Rande der Cameron Highlands. Für die Besteigung muß eine Übernachtung eingeplant werden. Die Wege sind zwar ungefährlich, für ungeübte Bergwanderer stellt die Tour aber eine Herausforderung dar, und es ist ratsam, sich einem Führer anzuvertrauen.

Fraser's Hill

Ein ruhiges Berg-Resort

Fraser's Hill liegt in 1 200 m Höhe ungefähr in der Mitte der Hauptgebirgskette zwischen den Bundesländern Selangor und Pahang. Dieses älteste Berg-Resort Malaysias gehört zu den drei populärsten seiner Art. Es ist auch das am wenigsten ausgebaute, und sein Charme beruht zum Großteil darauf, daß Umwelt und Naturlandschaft noch intakt sind. Die mit 1 280 m höchste Erhebung in der unmittelbaren Nachbarschaft der Siedlung ist der sogenannte High Pines Bungalow. Sieben nahegelegene Gipfel, deren höchster Pine Tree Hill (1 448 m) ist, schwingen sich noch höher hinauf.

Das auf mittlerer Höhe gelegene, von Hügeln sowie niederem Bergwald umrahmte Resort ist ein Hort des Friedens und der Ruhe. Es ist ein beliebtes Ziel für Hobby-Ornithologen und andere Naturliebhaber sowie für Stadtbewohner, die ein Wochenende lang Entspannung suchen.

Vielfältige Vogelwelt

Fraser's Hill genießt unter Hobbyornithologen wie Wissenschaftlern in aller Welt einen guten Ruf. Bislang konnten 263 Vogelarten registriert werden – dies ist landesweit eine der höchsten Ziffern für Bergwald-Habitate. Viele der reinen Bergwaldbewohner lassen eine Verwandtschaft zu Arten des Himalaya erkennen, so zum Beispiel der Cutia, der Weißbrauen-Würgerschwätzer und der Große Niltava.

Eine geographische Besonderheit von Fraser's Hill ist seine Lage, denn der Nord-Süd-Verlauf der Hauptkette weist hier einen Knick auf. Deshalb überqueren an dieser Stelle viele Zugvögel die Bergkette, und nicht wenige legen im Bergwald eine Rast ein. Der Wald spendet vielen Drosselarten mit seinen Beeren und Feigen Nahrung. Andere Arten fliegen nachts vorüber, so der Blauflügelige Pitta, der zwischen hier und Thailand pendelt, dort jedoch nicht brütet.

Botanische Schätze

Fraser's Hill ist auch für seinen Pflanzenreichtum berühmt. Unter der Vielzahl der hier wachsenden Arten gibt es etliche endemische. Ein jüngst publizierter Bericht listet über 900 Arten blühender Pflanzen auf, die zu nahezu einem Drittel nur auf dieser Halbinsel vorkommen; und mindestens 31 davon gedeihen ausschließlich in Fraser's Hill. Vier Hauptschutzzonen sind hier ausgewiesen. Sie sind alle über das Straßen- und Wegenetz zugänglich. Unter besonderem Schutz steht die *Trig Oak*, eine uralte Eichenart, die weltweit nur in drei Regionen nachgewiesen werden konnte: am Fraser's Hill, in Gunung Kinabalu und in Sulawesi.

Linke Seite:
Zu den Zugvögeln von Fraser's Hill gehört der Blauflügelige Pitta (links oben).
Kleine Schweif- oder Kuckuckstauben nisten in den Bergen, fliegen zur Nahrungssuche aber meist in tiefer gelegene Zonen (links unten).
Ausgeschilderte Wanderpfade eröffnen großartige Möglichkeiten der Vogelbeobachtung (rechts).

Oben rechts: *Den im Bergwald verbreiteten Großen Niltava, einen farbenprächtigen Schnäpper, sieht man als Einzelgänger oder inmitten von Gruppen anderer Arten.*

Lage: 105 km nördlich von Kuala Lumpur auf 1 200 m Höhe an den Hängen der Hauptbergkette.

Klima: In der Regel angenehm warme Tage, doch kühle Abende und Nächte. Häufig Nebel und Nieselregen, besonders von Oktober bis März.

Reisezeit: Ganzjährig, doch im allgemeinen ist das Wetter etwa ab März freundlicher.

Anreise: Mit Auto, Bus oder Taxi auf dem Nord-Süd-Highway bis Rawang, dann über die alte Straße nach Kuala Kubu Baru, dort nordwärts nach The Gap in 825 m Höhe. Die letzten 8 km müssen von hier bei Tageslicht im Konvoi gefahren werden – bergauf: ungerade Stunden; bergab: gerade Stunden. Eine neue Straße steht vor der Fertigstellung.

Genehmigungen: Nicht erforderlich.

Ausrüstung: Festes Schuhwerk und Blutegelsocken für Waldwanderungen, Umhang oder leichter Regenmantel, Pullover und Jacke für kalte Abende. Je nach Interesse Kamera und Fernglas.

Einrichtungen: Unterkunft in guten Hotels oder Bungalows (Buchung: *Fraser's Hill Development Corporation*). Viele Besucher steigen im *The Gap Resthouse* ab (Buchung: *District Office*, Kuala Kubu Baru). Diverse lange und kurze Dschungelpfade. Ein *Nature Education Centre* wurde eröffnet.

Naturbeobachtungen: Gute Bedingungen für Vogelbeobachtung, im Wald Wildschweine, auch Tiger wurden gesichtet. Die Pfade sind gut ausgeschildert.

Freizeitaktivitäten: Wanderungen, Vogelbeobachtungen, Fotografie, Suche nach seltenen Pflanzen. Im Juni internationaler Vogelwettbewerb.

Rechts: *Die Wanderpfade von Fraser's Hill bieten atemberaubende Ausblicke auf tiefe, bewaldete Täler.*

Unten: *Der markante Ruf des Rotbüschel-Brachvogels ist am Fraser's Hill häufig zu hören.*

Anreise und Fortbewegung

Seit 1919 ist Fraser's Hill nur über eine einzige schmale Straße zu erreichen, die bergauf und bergab jeweils nur im stündlichen Wechsel befahren werden kann. Nun steht der Bau einer zweiten Straße kurz vor der Vollendung. Das Gebiet von Fraser's Hill ist so klein, daß alle Ziele leicht zu Fuß zu erreichen sind. Naturfreunden sind die Wanderungen über die sieben befestigten Dschungelpfade zu empfehlen. Besonders beliebt ist der *Bishop's Trail*, für dessen 1,6 km lange Strecke man auf leichten Wegen etwa anderthalb Stunden benötigt. Über den Boden kriechen Termiten und Käfer, am Wegrand stehen farbenprächtig blühende Kräuter und Pflanzen, es gibt Moose und Pilze, Ingwer, Palmen und Rattan, Lianen und Epiphyten. Außerdem hört oder sieht man zahlreiche Vögel wie den Langschwänzigen Sumpfläufer oder den Orangebrust-Trogon. Zu den anderen hier lebenden Tieren gehören Eichhörnchen sowie der Rote Langur (ein Affe) und der Siamang (eine Gibbonart).

Entwicklung und Schutz

Die nationale und weltweite biologische Bedeutung von Fraser's Hill wurde früh erkannt: Die Hügel auf dem Gebiet von Selangor wurden bereits 1922 zur Schutz-

zone erklärt. Der wesentlich größere Teil, der zu Pahang gehört und heute vom *Town Board* verwaltet wird, wurde 1957 durch staatliche Gesetzgebung als Reservat ausgewiesen. Das gesamte Gebiet ist als Forstreservat geschützt. Eine Entwicklungsgesellschaft, die bald mit erweiterten Befugnissen auch für andere Teile Pahangs zuständig sein wird, ist mit dem Schutz der Natur, mit der Verwaltung der Schutzzonen und mit der Förderung des Tourismus betraut. Sie unterhält auch Unterkünfte – von Hotels über Apartments bis zu Bungalows aus der Kolonialzeit. Bis in die jüngste Zeit gab es weder eine Infrastruktur noch ein nennenswertes Verkehrsaufkommen. Die den Höhenzügen folgende Straße ist schmal und windet sich in Serpentinen bergauf. Erschwert wird der Ausbau der Verkehrswege durch regelmäßige starke Niederschläge und den quarzhaltigen Sandboden, der nur wenig Halt bietet.

Das von der Fraser's-Hill-Entwicklungsgesellschaft in Zusammenarbeit mit dem WWF Malaysia gegründete Ausbildungszentrum ist mit einer Forschungsstation der Universität gekoppelt, und es gibt sogar Pläne für ein astronomisches Observatorium. Mit Hilfe botanischer Forschungsparzellen werden Zusammensetzung, Dichte und Vielfalt der Bergflora untersucht.

Hier leben Tieflandvögel wie der Goldbart-Brachvogel (unten) *neben Gebirgsbewohnern wie dem Geschuppten Spinnenjäger* (Mitte) *und dem Silberohr-Sonnenvogel* (oben).

Naturpark Kuala Selangor

Mangrovenwälder und die Vogelwelt der Küste

Kuala Selangor, ehemals Sitz der Sultane von Selangor, ist der Ort, an dem der Sungai Selangor ins Meer mündet (*Sungai* = malaysisch »Fluß«). Die Ruinen der Festung der Sultane können auf dem Bukit Melawati besichtigt werden. Dieser Hügel gewährt zudem einen herrlichen Ausblick auf den Naturpark Kuala Selangor, der 1987 eingerichtet wurde.

Zwischen Küste und Stadt waren hier 324 ha Land lange durch einen Damm und einen Kanal vom Meer abgeschnitten, so daß sich das ursprünglich von Mangroven geprägte Gebiet allmählich in eine Landschaft mit Feigenbäumen und anderen Sekundärgewächsen verwandelte. Der Schlickboden der Flußmündung gehört landesweit zu den wichtigsten Plätzen für die Herzmuschelzucht. Dieser Erwerbszweig braucht gesunde Mangrovenwälder. Daher wollte man mit der Einrichtung des Parks nicht nur einen Freizeit- und Erholungsbereich für die einheimische Bevölkerung schaffen, sondern auch die Küstenlinie schützen

Linke Seite:
Die Hochstände im Naturpark Kuala Selangor ermöglichen aufregende Tierbeobachtungen (links oben).
Auf Holzstegen können sich die Besucher trockenen Fußes durch den Mangrovenwald bewegen (links unten).
Der größte Eisvogel der Küstengebiete ist der Storchschnabel-Eisvogel (rechts).

Oben rechts: *Gelbbraune Fischeulen nisten in hohen Bäumen und gehen in seichten Wassergründen auf Jagd.*

Das Leben in den Mangroven

Mangrovenwälder sind ein Paradies für Naturbeobachter. Die männlichen Winkerkrabben besitzen jeweils eine große farbige Schere, die sie als Signal und Warnung an Rivalen hin und her schwenken; Pistolengarnelen flüchten so geschwind, daß sie ein Vakuum hinterlassen, das vom Wasser deutlich hörbar gefüllt wird; flinke Schlammspringerfische schnellen über die Wasseroberfläche, um die nächste Baumwurzel zu erreichen, oder fordern Artgenossen mit zuckenden Drohbewegungen heraus, wobei sie ihre türkisgepunkteten Rückenflossen wie Segel ausbreiten. Bretterstege bieten Besuchern die Möglichkeit, diese merkwürdigen Lebewesen zu beobachten, ohne durch hüfthohen Schlamm waten zu müssen. Am Meer öffnet sich bei Ebbe der Blick auf die Schlickflächen, wo mit etwas Glück Grau- und Silberreiher, Rotschenkel und Mongolische Regenpfeifer zu beobachten sind.

Raub- und Watvögel

Zu den häufigsten Großvögeln der Küstengebiete gehört der Brahminenmilan, der seinen Nahrungsbedarf zu großen Teilen mit Treibgut deckt. Es ist eher die Ausnahme, wenn man keines dieser Tiere am Himmel seine Kreise ziehen sieht. Oft lassen sich vierzig oder mehr Milane im Aufwind treiben. Häufig sieht man auch den Seeadler, der am Funkturm auf dem nahen Bukit Melawati nistet und sich vielleicht gerade einen verendeten Fisch greift, obwohl er lieber in den Gewässern der Flußmündung nach lebender Nahrung jagt.

Lage: 72 km nordwestlich von Kuala Lumpur an der Westküste, an der Mündung des Sungai Selangor.

Klima: Typisches küstennahes Tieflandwetter. Tagsüber kann es sehr heiß sein, nachts bleibt es warm. Am regnerischsten sind die Monate April/Mai und Oktober bis Januar.

Reisezeit: Die besten Monate, um Küstenvögel zu sehen, sind März und Oktober, doch zu beobachten gibt es immer etwas.

Anreise: Mit Auto oder Bus (Puduraya Terminal) von Kuala Lumpur zur Stadt Kuala Selangor. Zu Fuß vom Hügel Bukit Melawati zum Park oder den Schildern folgen, die an der Klinik vorbei zum Park weisen.

Genehmigungen: Nicht erforderlich. Geringe Eintrittsgebühr.

Ausrüstung: Leichte Kleidung, breitkrempiger Hut, leichte Wanderschuhe, Sonnenschutzmittel. Fernglas für Vogelbeobachtung.

Einrichtungen: Unterkünfte im voraus bei der *Malaysian Nature Society* buchen (von netten Häuschen bis zu einfachen Hütten). Parkbüro, Laden, Einrichtungen zur Selbstversorgung (vorher nachfragen). Wanderpfade, Plankenwege in die Mangroven, Verschläge zur Vogelbeobachtung, Aussichtstürme.

Naturbeobachtungen: Im Park wurden über 170 Vogelarten gezählt. Nach Ottern Ausschau halten. Mit Sicherheit sieht man Silberne Haubenlanguren und Langschwänzige Makaken.

Freizeitaktivitäten: Vogel- und Affenbeobachtung. Abends Ausflug ins 8 km entfernte Kampung Kuantan zum Schauspiel der Leuchtkäfer. Gute Meeresfrüchte-Gerichte, Töpferei und historische Stätten sorgen für Abwechslung.

Oben: *Weiße Störche stehen in Kuala Selangor im Mittelpunkt eines speziellen Schutzprogramms.*

Oben rechts: *Der flache See bietet Reihern und zahlreichen anderen Vögeln Nahrung.*

Mitte: *Morastige Küstenstriche und Meeresbuchten sind reichhaltige Nahrungsgründe für den aasfressenden Brahminenmilan.*

Rechte Seite: *Häufig im Küstenwald anzutreffen ist der vegetarisch lebende Silberne Haubenlangur. Sein Nachwuchs beeindruckt mit leuchtend orangefarbenem Fell.*

Kuala Selangor gehört zu den wichtigsten Rastplätzen für wandernde Watvögel. Sie ziehen zweimal im Jahr an der Westküste der Halbinsel entlang. Schätzungen zufolge unternehmen zwischen 40 000 und 100 000 Watvögel 30 verschiedener Arten diese Reise. Den größten Anteil stellen die Rotschenkel, doch auch die Zahl der Brachvogel-Wasserläufer, Großen Sandregenpfeifer und Mongolischen Regenpfeifer ist beträchtlich. Seltener sind andere Arten wie der Asiatische Schlammläufer, Nordmanns Grünschenkel und der Löffelstrandläufer. Manche Tiere verbringen hier die gesamte Winterzeit der nördlichen Hemisphäre, während andere noch weiter nach Süden bis nach Indonesien oder Australien ziehen. Doch nicht nur unter den Watvögeln gibt es Raritäten: Auch der Javanische Teichreiher, der Ceylon-Grünbartvogel und die Weißbrüstige Waldschwalbe wurden im Park gesichtet.

Tierbeobachtungen

Auch Säugetiere haben im Naturpark Kuala Selangor einen besonderen Stellenwert. Der Silberne Haubenlangur lebt in Gruppen von etwa zwanzig Tieren. Zahlreiche Weibchen, die ihre orangefarbenen Babys umsorgen, scharen sich um ein oder zwei männliche Tiere. Die ebenso häufigen, aber weit aggressiveren Langschwänzigen Makaken leben in größeren Gruppen zusammen.

Im Park gibt es einen flachen See. Inzwischen wurden verschiedene Beobachtungshütten und -türme eingerichtet. Ein ausgedehntes Wegesystem führt zu den Lebensräumen sämtlicher Arten, läßt jedoch den größten Teil des Parks unberührt. Im Besucherzentrum kann man Ferngläser ausleihen.

Leuchtkäfer in Kampung Kuantan

Zu einem Aufenthalt in Kuala Selangor gehört für die meisten Besucher ein Abstecher ins 8 km entfernte Kampung Kuantan. Dort ist ein besonderes Phänomen zu beobachten: In den Bäumen am Fluß sitzen Hunderte von Leuchtkäfern, die mit Einbruch der Dämmerung in regelmäßigen Intervallen zu blinken beginnen. Mit zunehmender Dunkelheit gleicht sich der Rhythmus an: Schließlich blinken alle Männchen synchron. Besonders in Neumondnächten bietet sich ein grandioses Schauspiel, wenn am Fluß ein Baum nach dem anderen zu glimmen beginnt. Ausflüge hierher werden von einer örtlichen Agentur veranstaltet.

NATIONALPARK ENDAU ROMPIN

Zwischen Flüssen und Bergen

In Malaysias abgelegenster Bergwelt liegt einer der jüngsten Nationalparks des Landes: Endau Rompin. Der 1989 eingerichtete Park ist 789 km² groß. 489 km² davon liegen auf dem Gebiet von Johor, der Rest gehört zu Pahang (wo der Park Rompin Endau heißt). Seine Bedeutung verdankt der Park nicht zuletzt dem Umstand, daß hier noch einige wenige Exemplare des Sumatra-Nashorns überlebt haben. Es ist jedoch sehr unwahrscheinlich, einem dieser Tiere zu begegnen. Zu den hier heimischen Großsäugetieren gehören ferner Elefanten, Tiger, Leoparden und Sambarhirsche. Mehr als 200 Vogelarten wurden registriert.

Zu den besonderen Merkmalen von Endau Rompin gehört die Vielfalt der Waldformen, die auf das Granitgestein der Täler, hohe Sandsteinplateaus, Klippen und morastige Flächen zurückgeht. Die Pflanzenwelt ist dementsprechend reichhaltig. Es gibt Arten, die nur in diesem Park nachgewiesen werden konnten. In den vergangenen 15 Jahren wurden über ein Dutzend neue Arten beschrieben, von denen die Fächerpalme *Livistona endauensis* das größte Aufsehen erregte. Für Botaniker von Interesse sind zudem kleinwüchsige Verwandte der afrikanischen Veilchenfamilie und ein Unterholzbaum mit auffälligem, kupferfarbenem Laubwerk.

Der Sektor Johor

Die meisten Besucher erreichen den Park auf Wegen, die einst für den Holztransport angelegt wurden. Sie kommen in Fahrzeugen mit Allradantrieb im Dorf Kampung Peta an. Die hier lebenden Menschen gehören zum Volk der Orang Hulu und sprechen eine Sprache, die sich stark vom Malaysischen unterscheidet. Vom Dorf und dem Besucherzentrum gelangt man mit dem Boot in den Park. Unterwegs sind häufig Langschwänzige Makaken zu beobachten, und am Ufer zeigen sich Warane. An den Hängen des Gunung Janing hat eine Kliffkante eine schnurgerade Linie durch den Wald gezogen.

In Kuala Jasin vereinen sich die Flüsse Endau und Jasin. Die Mündung ist felsig und wirkt gefährlich, doch stromaufwärts gibt es einige hübsche Badeplätze. Pfade laden zu Wanderungen unterschiedlicher Schwierigkeitsgrade: zu dem am Fluß gelegenen Wald Kuala Marong, zu den Stromschnellen von Jeram Upeh Guling, zum Wasserfall Buaya Sangkut, hinauf zum Gipfel des Gunung Janing oder zum fernen Plateau Padang Temambung (nur für Ausdauernde).

Kuala Marong liegt eine Stunde vom Besucherzentrum entfernt. Zu den bemerkenswerten Vögeln, die in diesem Überschwemmungswald leben, gehört der Graubrüstige Schwätzer. Das Wasser des Flusses ist

Linke Seite:
Das Wasser des Sungai Endau ist außergewöhnlich sauber und klar (oben).
Eine kleine Zahl von Tigern streift im Nationalpark noch durchs Unterholz (unten links).
Die Eidechse Calotes emma *dehnt ihren Lebensraum langsam nach Süden aus* (unten Mitte).
Bei Flußfahrten erlebt man Endau Rompin von einer äußerst idyllischen Seite (unten rechts).

Oben rechts: *Endau Rompin ist bei Abenteuer-Touristen beliebt. Viele Trekking-Angebote erfordern eine gute Kondition.*

Lage: Im Südosten der Malaiischen Halbinsel an der Landesgrenze zwischen Johor und Pahang, umgeben von den Städten Segamat, Keluang, Mersing und Kuala Rompin.

Klima: Tagsüber heiß, nachts in der Regel warm. Ganzjährig vereinzelte Regentage, doch regnerischer von November bis März.

Reisezeit: Ganzjährig, doch zuweilen treten die Flüsse über die Ufer, vor allem im Februar/März.

Anreise: Am einfachsten über die Straßen von Kuala Lumpur oder Singapur nach Keluang, von dort östlich bis hinter Kahang Baharu, dann nördlich nach Kampung Nitar. Die Straße von Kahang nach Kampung Peta ist nur für Fahrzeuge mit Allradantrieb geeignet. Von Kampung Nitar oder Kampung Peta in einer Stunde mit dem Boot zur Unterkunft.

Genehmigungen: Müssen bei der *National Parks Corporation* (Johor) in Johor Bahru besorgt werden. Wer organisiert reist, erhält das *Permit* über die Agentur.

Ausrüstung: Leichte Kleidung, Wanderschuhe, Badekleidung, Regenumhang. Camping-Grundausrüstung kann hilfreich sein. Lebensmittel mitbringen.

Einrichtungen: Der im Aufbau befindliche Park ist nicht auf Luxustourismus eingestellt, sondern auf diejenigen, die einfaches Lagerleben, Aktivitäten am Fluß und längere Wanderungen mögen. Pfade führen zu den interessantesten Plätzen. Führer können in Kampung Peta angeworben werden.

Naturbeobachtungen: Überall Vogelbeobachtung. Bei den Wanderungen Ausschau nach Spuren großer Säugetiere wie Elefant oder Tiger halten.

Freizeitaktivitäten: Vogelbeobachtung, Zelten, Schwimmen, Wanderungen auf Waldpfaden, Flüsse durchwaten, Fotografieren.

Oben: *In den Uferbereichen der Wasserläufe des Parks findet man viele Orchideen und Kannengewächse.*

wunderbar klar und seicht, so daß man es bequem durchwaten kann. Nicht weit entfernt liegt mitten im Fluß die kleine Insel Pulau Jasin, die zu den botanischen Kuriositäten des Parks gehört. Obwohl sie regelmäßig vom Hochwasser überflutet wird, haben sich hier einige zähe kleine Bäume und Pflanzen festgesetzt, darunter auch Arten der Hochgebirgsflora. Zahlreiche Kannengewächse und Orchideen verstärken den gebirgigen Charakter der Vegetation. Auf den Bäumen wachsen viele Epiphyten. Manche von ihnen, wie zum Beispiel der Affenkopf, bilden ein eigenes Netzwerk von Verbindungssträngen, das Ameisen für die Anlage ihrer Bauten nutzen.

Nur wenig flußaufwärts befinden sich die Stromschnellen Jeram Upeh Guling. Aus den Granitblöcken, die hier das Flußbett bilden, haben sich im Lauf der Zeit runde Vertiefungen von bis zu einem Meter Durchmesser ausgewaschen, die wie natürliche Badewannen aussehen. Wer zwei bis drei Stunden stromaufwärts wandert, erreicht in Buaya Sangkut einen romantischen Wasserfall. Von den grünen Becken im terrassierten Gestein oberhalb der Fälle stürzt sich das Wasser weiß schäumend 15 m in die Tiefe. Am frühen Morgen bildet sich unmittelbar über der Gischt eine dünne Dunstwolke. Wer diesen bezaubernden Ort besucht, sollte am Flußufer Vorsicht walten lassen.

In Buaya Sangkut und auf dem Gunung Janing dominiert die auffallende Fächerpalme *Livistona endauensis* den Wald. Sie wirkt zwar äußerst eindrucksvoll, doch in einem Wald aus Fächerpalmen gibt es für Tiere nur wenig Nahrung. Vielleicht ziehen einige Gibbons oder andere Affen vorbei, ohne sich aufzuhalten. Mitunter durchstöbert ein Rudel Bartschweine das Laub.

Naturschutz und neue Entdeckungen

Dank der Arbeit des Nationalparkamts und durch Expeditionen der *Malaysian Nature Society* weiß man über Endau Rompin heute mehr als über die anderen Nationalparks auf der Malaiischen Halbinsel. Der auf dem Gebiet von Pahang gelegene Teil des Parks, Rompin Endau, ist vom Küstenort Kuala Pontian über unbefestigte Straßen zu erreichen, die nördlich des flachen Berges Gunung Keriong zum Fluß Kinchin führen. Hier gibt es größere Überschwemmungswälder als im Sektor Johor. Zu den hiesigen Baumarten gehört die weißblütige *Dillenia albiflos*. Zu den seltenen Vogelarten zählt der Riesen-Pitta.

Oben: *Die außergewöhnliche Fächerpalme* Livistona endauensis *gedeiht auf den dünnen Böden erhöhter Lagen.*
Oben rechts: *Mehrere nachtaktive Säugetiere wie dieser Schabrackentapir weisen eine schwarz-weiße Färbung auf.*
Mitte rechts: *Sambarhirsche reagieren auf Störungen mit einem explosiven Pfeifen, das an die Geräusche einer Dampfmaschine erinnert.*
Unten rechts: *Endau Rompin bietet Lebensraum für einige der letzten Sumatra-Nashörner.*
Nachfolgende Doppelseite: *Je nach Untergrund- und Flußbettbeschaffenheit wechseln sich Stromschnellen und ruhige Gewässer im Park ab. Die Durchquerung der Furt bei Kuala Jasin erfordert etwas Geschicklichkeit.*

Meerespark Pulau Tioman

Eine Kette von Koralleninseln

Pulau Tioman ist die drittgrößte Insel vor der Küste der Malaiischen Halbinsel und Teil einer Kette von insgesamt 64 Inseln, die dem Festland südöstlich vorgelagert ist. Den Meerespark bilden Pulau Tioman und die umliegenden Gewässer, die Eilande Pulau Labas, Pulau Sepoi, Pulau Gut, Pulau Tokong Bahara, Pulau Chebeh und Pulau Tulai sowie die Landflächen und Gewässer der küstennahen Inseln Pulau Sembilang und Pulau Seri Buat.

Dichter Waldbestand

Seit 1972 besitzt Pulau Tioman den Status eines Wildreservats. Zum größten Teil ist das steile Gefälle der Insel noch mit Primärwald bedeckt. Die Wälder sind ein Paradies für Vögel, Fledermäuse, Moschustiere, Eidechsen, Eichhörnchen und Myriaden von Insekten. In Höhenlagen unter 610 m sind hohe Hartholzbäume wie Shorea und Dipterocarpus verbreitet. Das geschlossene Laubdach spendet in der Hitze des Tages Schatten. Der Waldboden ist sporadisch mit niedrigerem Bewuchs bedeckt, zu dem vorwiegend exotische Sträucher und Palmen gehören. Im höheren Gebirgswald trifft man auf kleine Baum- und Strauchgewächse wie Myrten, Lorbeerbäume und Heidekraut, die alle vom kräftigen Grün von Farnen und Flechten überzogen sind. Entlang der Küste prägen Schlingpflanzen, niedrige Sträucher, Kokospalmen und Kasuarinen die Strandvegetation. An Pulau Tiomans Westküste (vor allem in der Nähe des Dorfes Kampung Paya) gibt es auch noch Reste von Mangrovenwäldern.

Linke Seite: *Herrliche Sandstrände säumen Pulau Tiomans Ost- und Westküste.*

Oben rechts: *Die den Seesternen verwandten Federsterne verbringen die meiste Zeit ihres Lebens fest an Felsen oder auf dem Meeresgrund verankert.*

Korallen und Leben unter Wasser

Die Naturschätze des Parks liegen verborgen in den zahlreichen Korallenriffen vor der Küste. Diese Korallenriffe sichern den Lebensunterhalt der Fischer und die Artenvielfalt des Meeres – und sie sind von beeindruckender Schönheit. In der Umgebung von Pulau Tioman und Pulau Tulai wurden nicht weniger als 170 Hartkorallenarten registriert! Das Wachstum der Riffe konzentriert sich auf die Westküste der Insel, da an der Ostküste meist stürmische Wetterverhältnisse herrschen. Das macht eine Ansiedlung von Korallen unmöglich – nur ein paar harte und einige wenige robuste weiche Arten behaupten sich dort.

Zu den schönsten Riffen zählen diejenigen, die sich rund um die winzige, kuppelförmige Insel Pulau Renggis vor dem Dorf Kampung Lalang ausdehnen. Zuweilen hocken Fregattvögel auf dem felsigen Eiland. Andere schöne Riffe gibt es an der Westküste südlich von Tanjung Said sowie bei Teluk Elin an der Südostküste. Golden Reef und Tiger Reef bezaubern mit üppigen Gorgonen-Seefächern, während abgelegenere Inseln wie Pulau Tokong Bahara und Pulau Gut Zugang zu den schönsten unberührten Riffen gewähren. Vor der Nordwestküste dehnt sich der felsige Meeresgrund um Pulau Labas aus, der für seine farbenprächtigen Weichkorallen

Lage: Ca. 44 km von Mersing entfernt in den südöstlichen Küstengewässern vor der Malaiischen Halbinsel.

Klima: Tagsüber heiß, nachts warm, Meeresbrisen. Regenzeit von ca. Mitte November bis Mitte Januar.

Reisezeit: Zwischen Februar und Oktober. Die Überfahrt kann bis März von rauher See beeinträchtigt sein. Die meisten Besucher kommen von Juni bis September.

Anreise: Flüge von Kuala Lumpur, Kuantan und Singapur zum Inselflughafen. Alternativ über die Straße nach Mersing in Johor und weiter mit der Fähre nach Kampung Tekek an der Westküste der Insel. Je nach Schiffstyp dauert die Überfahrt 1,5 bis 4 Stunden.

Genehmigungen: Nicht erforderlich.

Ausrüstung: Leichte Kleidung und gute Wanderschuhe. Wer tauchen will, erhält die erforderliche Ausrüstung bei Agenturen auf der Insel. Für das Trekking zum Gipfel des Gunung Kajang ist Campingausrüstung erforderlich.

Einrichtungen: Die Spannbreite der Unterkünfte reicht von luxuriös bis preiswert. Flughafen, Golf, Krankenhaus. Auf Pulau Tioman mehrere Tauchagenturen.

Naturbeobachtungen: Flora und Fauna am Riff vor Pulau Renggis, Pulau Chebeh, Tiger Reef, Malang Rock, Pulau Labas. Grüne Meeresschildkröten vorwiegend Mai bis September bei Kampung Nipah und Pulau Tulai. Vögel überall am Meer, an der Küste und im Wald. Im Meer eventuell Delphine und Seeschlangen.

Freizeitaktivitäten: Schnorcheln und Tauchen, Schwimmen, Vogelbeobachtungen, Waldtrekking. Manche Resorts vermieten Fahrräder. Reiten und Golf in Kampung Lalang.

berühmt ist. In der großen Bucht vor Pulau Tulai laden unweit des Strandes von Pasir Panjang ausgedehnte Korallenriffe zum Schnorcheln ein. Typisch sind hier weite Dickichte verzweigter *Acropora*, durchzogen von Treibsandrinnen.

Oben: *Der intelligente Kuttelfisch kommuniziert mit Hilfe wechselnder Farbmuster – hier bewacht ein Männchen ein Weibchen bei der Eiablage.*

Das maritime Leben in den blauen Gewässern ist ungewöhnlich reichhaltig. Große Schwärme farbenprächtiger Riffbewohner gleiten vorbei: unter anderem Engelhaie, Kaninchenfische, Lippfische, Füsilierfische, Schnappfische und Papageienfische. Besonders reiche Bestände gibt es in der Nähe der Mole des Parkzentrums. Ganze Schwärme suchen überstürzt in den verzweigten Nischen des Riffs Schutz, wenn ein großer Sägebarsch oder ein Riffhai mit seinen schwarzen Flossenspitzen ehrfuchtgebietend vorbeigleitet. Sowohl Karettschildkröten als auch Grüne Meeresschildkröten nisten auf Pulau Tioman, doch ihre Zahl hat abgenommen. Zwischen März und Mai wurden auch schon Teufelsrochen und Walhaie gesichtet.

Das Resort in Kampung Lalang bietet Ausflüge mit dem Glasbodenboot an. So lassen sich bei der Tour vor Pulau Renggis Riffhaie, Schmetterlingsfische, Barrakudas, Fledermausfische und Drückerfische beobachten.

Erkundungen im Inselinneren

Verstreute pittoreske Dörfer tragen zum Charme der Insel bei. Pulau Tioman hat gut 2 000 Einwohner, die traditionell vom Fischfang leben. Viele Bewohner haben heute auch direkt oder indirekt mit dem Tourismus zu tun. Das Inselinnere lädt zu etlichen lohnenden Unternehmungen ein, zum Beispiel zu einer Wanderung auf die mit dichtem Dschungel überwucherten Hügel oder

Oben: *Clownsfische verschiedener Arten leben zwischen den Tentakeln von Seeanemonen, gegen deren feine Stacheln sie unempfindlich sind.*

Unten: *Die Hingeback-Garnele gehört zu den farbenprächtigsten Krustentieren der Riffe.*

zu einer Besteigung der Zwillingsgipfel aus Granit. Wer beharrlich ist, findet auch einen Führer, der bereit ist, den Gunung Kajang zu besteigen. Ein schroffer Bergpfad, der Kampung Tekek mit Kampung Juara verbindet, ermöglicht eine interessante dreistündige Wanderung durch den Tropenwald zu einem Wasserfall. Kürzere Wanderungen können zwischen Kampung Air Batang und Kampung Salang sowie zwischen Kampung Lalang und Kampung Genting unternommen werden. Oder genießen Sie einfach die Umgebung des Wasserfalls bei Kampung Mukut, der Stätte des berühmten »Bali Hai« im Filmklassiker *South Pacific* von 1956.

Rechts: *Senkrecht abfallende Riffwände gestatten den üppigen Wuchs von Gorgonenkorallen.*

Unten: *Pulau Tiomans Buchten dienen Fischerbooten und Ausflugsschiffen als idyllische Ankerplätze.*

Wildreservat Krau

Im Reich der Gibbons

Das 1924 gegründete, 520 km² große Wildreservat Krau ist nach Taman Negara das bedeutendste Schutzgebiet der Malaiischen Halbinsel. 1968 wurden die Forschungsarbeiten über den Siamang, den großen schwarzen Gibbon, aufgenommen. Seitdem sind weitere wissenschaftliche Untersuchungen durchgeführt worden, so über den Weißhändigen Gibbon, den Roten Langur und den Brillenlangur. Auch Fasane, Moschustiere, Makaken, Fledermäuse und Eichhörnchen waren Gegenstand der Forschung.

Gunung Benom, der mit seiner mächtigen Granitkuppe den Nordwesten des Reservats begrenzt, ist der sechsthöchste Berg der Halbinsel. Das Wildreservat Krau erstreckt sich über die östlichen und südlichen Hänge des Berges bis hinab zu den Ufern des Sungai Krau und des Sungai Lompat. Am Zusammenfluß der beiden Wasserläufe liegt die Forschungsstation Kuala Lompat. Das Nationalparkamt unterhält je eine Forststation in Kuala Lompat und in Kuala Gandah, wo zugleich die Zentrale der Elefanten-Umsiedlungseinheit ist. In der Nähe befinden sich Zuchtstationen für den Seladang oder Gaur (ein großes Wildrind) und heimische Rotwildarten. Die Forststation in Kuala Lompat bietet Feldforschern Unterkunft. Sie können hier in einem weitläufigen, ungestörten und äußerst fruchtbaren Waldgebiet arbeiten. Von der Station erschließt ein Wegenetz die ersten wenigen Quadratkilometer des Reservats.

Linke Seite:
In Langzeitstudien wurde in Krau das Leben und Verhalten des Siamang, des größten Vertreters der Gibbonfamilie, erforscht (links oben).
In Kuala Gandah an der südlichen Grenze des Reservats siedeln die Che Wong, eine der beiden angestammten Volksgruppen dieses Gebiets (links Mitte).
Fischotter leben in Kleingruppen an den Nebenflüssen des Reservats (links unten).
Saraca thaipingensis *gehört zu den Unterholzgewächsen, die Blüten direkt am Stamm treiben* (rechts).

Oben rechts: *Das mächtige Wildrind Gaur wird hier Seladang genannt.*

Vielfältige Tierwelt

Der Wald am Ufer der beiden Flüsse Sungai Krau und Sungai Lompat ist ständigen Überflutungen ausgesetzt. Hier wachsen große Bäume der Bohnenfamilie, die nahrhafte Früchte und Blätter hervorbringen. Zusammen mit den zahlreichen Feigenbäumen sind sie der Grund für die große Zahl von Affen, die hier leben.

Es gibt einige faszinierende Exemplare des großen Banyanbaums (Würgfeige), der durch seine gewaltigen Stützwurzeln beeindruckt – was nicht selten ein Zeichen für frühere Eingriffe in den Wald ist. Diese Bäume gehören nämlich zur typischen Folgevegetation, die sich nach Kahlschlägen ausbreitet. Früher war das Gebiet von den Jah Hut besiedelt, die sich nun in Siedlungen am Rande des Reservats niedergelassen haben. So konnte sich der Wald rings um Kuala Lompat allmählich wieder erholen.

Bei einem Morgenspaziergang wird man mit großer Wahrscheinlichkeit dem Roten Langur, dem Brillenlangur und dem Langschwänzigen Makaken begegnen. Zumin-

Lage: Nahezu im geographischen Zentrum der Malaiischen Halbinsel, auf halber Strecke zwischen Jerantut und Temerloh im Westen von Pahang.

Klima: Tagsüber warm (außerhalb des Waldes heiß), nachts kann es abkühlen. Tendenziell mehr Regen von April/Mai und Oktober bis Januar. Flüsse können jederzeit über die Ufer treten, am häufigsten Dezember bis Januar.

Reisezeit: Eigentlich alle Jahreszeiten, doch am besten Februar bis September. Beste Zeit für Vogelbeobachtungen ist April bis Juni.

Anreise: Mit Auto, Überlandtaxi oder Bus von Kuala Lumpur nach Temerloh. Von dort nordwärts Richtung Jerantut. In Temerloh müssen Taxi und Bus gewechselt werden. Lassen Sie sich im Dorf Kuala Krau absetzen. Mit dem Auto bis zum Basis-Camp in Kuala Lompat. Wer mit öffentlichen Verkehrsmitteln reist, wird in Kuala Krau einen Fahrer finden.

Genehmigungen: Eigentlich steht das Reservat nur Forschern offen. Man muß sich daher einige Tage vor dem Besuch ein *Permit* beim *Department of Wildlife and National Parks* in Kuala Lumpur besorgen.

Ausrüstung: Leichte Kleidung, festes Schuhwerk und Regenschutz. Lebensmittel und nötige Kleinigkeiten (Kerzen, Streichhölzer, Insektenschutzmittel usw.) mitbringen. Ein leichter Schlafsack kann gute Dienste leisten.

Einrichtungen: Einfache Unterkünfte, ungeeignet für große Gruppen. Gutes Wegenetz.

Naturbeobachtungen: Affen und Vögel des Tieflandwaldes. Gibbons und Siamangs vorwiegend im Nordwesten. Im Camp und im Wald sieht man Otter und Flußvögel.

Freizeitaktivitäten: Vorwiegend Säugetier- und Vogelbeobachtung.

Oben: *Die sich von Früchten ernährende Smaragdracke gehört hier zu den typischen Urwaldvögeln.*

Rechts: *Für Wissenschaftler und Studenten stehen in Kuala Lompat Forschungseinrichtungen zur Verfügung.*

Unten: *Die Chancen stehen gut, am Wegesrand einer Schar Hauben-Waldrebhühner zu begegnen.*

dest wird man ihre Rufe hören: das Röcheln des Roten Langurs, das Eselsgeschrei des Brillenlangurs, den kläffenden Schrei der Makaken. Vielleicht vernimmt man auch die Laute des Weißhändigen Gibbons und des Siamangs, die in unterschiedlichen Stimmlagen im wilden Duett wetteifern. In diesem Gebiet sind außerdem der nachtaktive Plumplori, Wildschweine, diverse Rotwildarten, Moschustiere, Baumratten und kleine Wildkatzen beheimatet. Tiefer im Wald wurden Tiger und Bären gesichtet. Zuweilen kommen auch Elefanten aus dem Wald, die Schäden auf den Feldern anrichten.

Die Vogelgemeinde des Waldes

Bislang wurden im Reservat etwa 190 Vogelarten nachgewiesen. Zu den wichtigsten Arten gehören der Riesen-Pitta, der Malaiische Pfaufasan und der Weißbauch-Specht. Außerdem siedeln hier zahlreiche Arten von Eulen und Froschmäulern, darunter das seltene Große Froschmaul. Zu den Bodenvögeln gehören das Hauben-Waldrebhuhn und der Rotrückenfasan. Im Dach des Waldes leben acht Nashornvogelarten sowie zahlreiche Bülbüls, Tauben, Bart-, Blatt- und Sonnenvögel.

Gunung Benom

In einem langen Tagesmarsch erreicht man die im Zentrum des Schutzgebiets liegenden Dörfer der Che Wong, und vom Fuße des Gunung Benom führt ein Pfad hinauf zu den Granitformationen von Batu Gambar Orang. An der nordöstlichen Grenze des Reservats beginnt bei Kampung Ulu Cheka der Aufstieg zum Gipfel des Gunung Benom, von dessen 2 107 m hoher Spitze man im Westen an einem klaren Tag Fraser's Hill und die gesamte zentrale Gebirgskette sieht, während im blauflirrenden Hitzedunst weit entfernt in Taman Negara die Silhouette des Gunung Tahan zu erkennen ist. Er ist der höchste Berg der Malaiischen Halbinsel.

Taman Rimba Kenong

Rückzugsgebiet für Elefanten

An der südwestlichen Grenze des Taman Negara erstreckt sich über 130 km² der Forstpark Taman Rimba Kenong. Der Flachlandwald ist von hoher Bedeutung für den Erhalt großer Säugetiere, vor allem von Elefanten.

Der Artenreichtum des Baumbestandes ist so groß, daß ein Laie nur einen winzigen Bruchteil der Spezies identifizieren kann. Die Zahl der Pflanzenarten dieses Waldes geht in die Tausende. Manche haben medizinische Bedeutung, wie zum Beispiel die berühmte Heilpflanze *tongkat ali*. Andere spenden Nahrung, so zum Beispiel der wilde Durianbaum, diverse Palmen, die der Zuckergewinnung dienen, sowie die Rohrzucker produzierenden Rattanpflanzen.

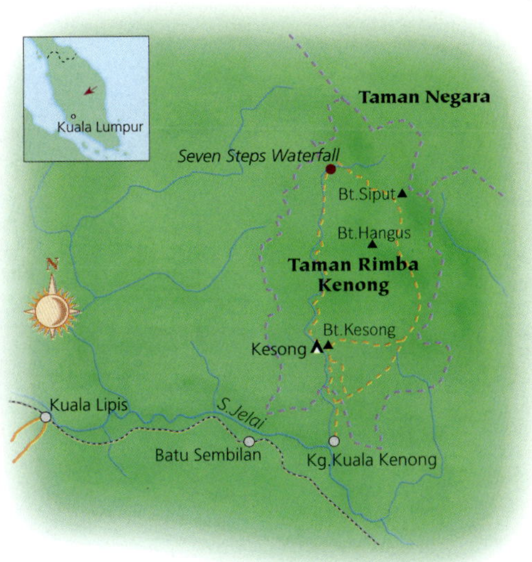

Tierbeobachtungen

In Kenong fühlt man sich fern der Welt, denn es gibt keine befestigte Straße, und hierher kommen nur wenige Besucher. Die Hütten und Campingplätze sind ohne Strom, so daß das Abendessen bei Kerzenlicht oder im Schein von Karbidlampen stattfindet – ein Hauch von Abenteuerromantik, die auf grandiose Tierbeobachtungen einstimmt. Natürlich kann kein Führer die Begegnung mit Elefanten garantieren, da sich die Tiere immer nur für wenige Tage in einer bestimmten Gegend aufhalten. In Kenong sind jedoch die Chancen, Elefanten oder andere große Säugetiere zu sichten, wesentlich größer als in anderen Waldgebieten.

Mit Sicherheit wird man Primaten zu Gesicht bekommen. Besonders verbreitet sind der Langschwänzige Makak und der Brillenlangur, die in Scharen die Kalksteinhügel in der Nähe des Camps bevölkern. Oft hört man die Schreie des Weißhändigen Gibbons und zuweilen nachts den Ruf des Roten Langurs. Bei einer Wanderung in den Norden des Parks macht sich vielleicht auch der große schwarze Gibbon, der Siamang, bemerkbar.

Andere in Kenong lebende Tiere sind der Sambarhirsch, der Muntjak, das Wildrind Gaur, Tapire und Bären. Gerne stöbern in der Nähe des Camps Malaiische Zibetkatzen oder Gefleckte Warane nach Futter. Tagsüber hüpfen die Blauen Pfeifdrosseln herum, die auf den nahen Kalksteinfelsen nisten.

Abseits des Hauptcamps

Das Parkgelände ist durch Dschungelpfade erschlossen, deren Begehung drei bis fünf Tage Trekking erfordert. Die Nächte verbringt man in Zelten an traumhaft schönen Plätzen, zum Beispiel am siebenstufigen Seven Steps Waterfall oder am Gunung Putih, der höchsten Kalksteinformation des Parks. Der erste Teil der Wanderung führt über nahezu ebene Wege durch einen Wald. Zwischen den Bäumen schimmert das klare Wasser des Sungai Kenong. Der Überfluß seltener Wasserpflanzen im kieseligen Flußbett zeugt von der Sauberkeit des Wassers. Auf dem Weg zum Wasserfall kreuzt der Pfad mehrmals den Fluß, und der Wanderer balanciert auf Baumstämmen zum anderen Ufer.

Oben rechts: *Eine Einnahmequelle für die Bewohner von Kampung Kuala Kenong ist der Verkauf von Kunsthandwerk.*

Lage: Nordöstlich von Kuala Lipis in Zentral-Pahang. Kenong liegt abseits des Sungai Jelai und grenzt an den Südzipfel des Taman Negara.

Klima: Tagsüber und in der Regel auch nachts warm. Ganzjährig vereinzelte Regenfälle, tendenziell feuchteres Wetter im April/Mai und November bis Januar.

Reisezeit: Ganzjährig. Für Vogelbeobachtung am besten April bis Juni. August für die Baumblüte.

Anreise: Mit dem Wagen von Kuala Lumpur nach Kuala Lipis ca. 5 Std. Mit dem Boot von Kuala Lipis nach Kuala Kenong (1 Std.), von dort zu Fuß zum Camp Kesong (ca. 1,5 Std.). Alternativ: Mit dem Zug von Kuala Lipis nach Batu Sembilan, von dort per Boot nach Kampung Kuala Kenong und zu Fuß zum Camp.

Genehmigungen: Besuche sind nur in Begleitung eines Führers gestattet. Lassen Sie den Besuch von einer Agentur in Kuala Lipis organisieren, die die nötigen *Permits* beim örtlichen Büro des *State Forestry Department* einholt.

Ausrüstung: Leichte Kleidung, gute Wanderschuhe. Für Höhlenbesuche oder Klettern Spezialausrüstung. Der Führer gibt an, was in Kuala Lipis vor dem Aufbruch eingekauft werden muß.

Einrichtungen: Chalets und Platz für Zelte im Camp Kesong. Wanderpfade führen zu diversen interessanten Orten des Parks.

Naturbeobachtungen: Gute Vogelbeobachtung. Nach den Spuren großer Säugetiere Ausschau halten, vor allem in größerer Entfernung vom Camp. Fledermäuse und anderes Kleingetier in Höhlen. Vielfältige Pflanzenwelt.

Freizeitaktivitäten: Wanderungen, Höhlenbesuche, Klettern, Tierbeobachtung.

Oben: *Der Spiralförmige Ingwer, dessen Name von seiner Art zu wachsen abgeleitet ist, gehört einer anderen Gattung an als die gewöhnlichen Ingwerarten.*

In den Gebieten abseits des Hauptcamps steigen die Chancen, Tiere in freier Wildbahn zu beobachten. Der Stolz des Parks unter den etwa 200 Vogelarten ist der auffällige Rhinozerosvogel, der durch seinen keifenden Ruf auf sich aufmerksam macht. Andere oft zu hörende Vogellaute sind das Ächzen des Schwarzen Nashornvogels, das helltönende Krächzen von Büschelschopf-Nashornvögeln und das wilde Gelächter des Helmvogels.

Auffälligstes geologisches Merkmal des Parks sind die bizarr zwischen den Bäumen aufragenden Kalksteinformationen, die ein steter Quell für Legenden sind, die die Dorfbewohner gerne erzählen. Bei einer Wanderung in den nördlichen Teil des Parks sorgt die Verbindung von weißen Kalksteinformationen mit klaren Wasserläufen und dem von Sonnenstrahlen durchdrungenen Wald für eine zauberhafte Szenerie. In der Höhle Gua Hijau lebt eine große Fledermauskolonie, und in Gua Batu Tangga bildet eine Reihe felsiger Simse eine natürliche Leiter.

Vom Hauptcamp führt ein schöner Weg um den Kalksteinberg Bukit Kesong herum. Bei der Wanderung durch den Tieflandwald entdeckt man Obstbäume, Lianen und Palmen. Auch Höhleneingänge liegen am Weg. Eine dieser Höhlen ist über eine Brücke zu erreichen, eine andere öffnet sich hoch oben am Hang. Die zwei- bis vierstündige Wanderung führt auch an einem riesigen Kalksteinkeil vorbei, der beim Auseinanderbrechen des Berges abgestürzt ist. Der Weg von der Parkgrenze zum Hauptcamp ist als gemütlicher Spaziergang zu bewältigen. Auf dem Waldboden sprießen Farn und Ingwer, und am Flußufer läßt sich vielleicht ein Eisvogel sehen.

Die Menschen von Kenong

Angehörige der Batiq, eines halbnomadischen Ureinwohnerstammes, sind mindestens einmal pro Jahr im Park anzutreffen: zur Durianernte. In Parknähe gibt es zwei Dörfer, deren Einwohner überwiegend als Gummizapfer arbeiten. Probleme werfen wilde Elefanten auf, die hin und wieder Felder verwüsten. Man versucht diese Konflikte zu entschärfen, indem man den Dorfbewohnern alternative Einnahmequellen eröffnet, zum Beispiel im Handwerk oder in der Pflege des Parks.

Rechts: *Der »Siebenstufige Wasserfall« wurde nach der Zahl seiner Kaskaden benannt, die sich über das Kalkgestein ergießen.*

Ganz rechts, oben: *Das Wurzelwerk gigantischer Feigenbäume leistet gute Hilfe beim Erklimmen der Kalkfelsen.*

Ganz rechts, unten: *Die kleinen Wasserläufe bilden den Lebensraum für seltene Wasserpflanzen, und an ihren Ufern gedeihen ungewöhnliche Kräuter.*

Rechte Seite: *Große Anstrengungen werden unternommen, um im Park und in seinen Randgebieten möglichen Konflikten zwischen den hier lebenden Menschen und Elefanten vorzubeugen.*

Taman Negara

Malaysias ältester Nationalpark

Taman Negara ist die Heimat eines der ältesten tropischen Regenwälder der Erde. In 130 Millionen Jahre altem Gestein wurden Pflanzenfossilien gefunden, die nahezu identisch mit noch heute existierenden Arten sind. Taman Negara ist Malaysias erster (1938) und mit einer Fläche von 4 343 km² auch größter Nationalpark. Zum überwiegenden Teil erstreckt er sich auf Höhenlagen zwischen 75 und 300 m über dem Meeresspiegel. Nur im Zentrum erreicht er mit dem Gipfel des Gunung Tahan stolze 2 187 m. Er ist damit der höchste Berg der Malaiischen Halbinsel.

Artenvielfalt

Im sanft geschwungenen Tiefland des Parks sind fast alle großen Säugetiere der Malaiischen Halbinsel heimisch. Die meisten von ihnen wird man kaum zu Gesicht bekommen, doch auf den Wanderpfaden entdeckt man gelegentlich die Fährten eines Tigers, eines Seladang (Gaur) oder von Wildschweinen und Rotwild. Elefantenherden hinterlassen zertrampelte Schneisen im Unterholz.

Vermutlich bietet Taman Negara sämtlichen Vogelarten Lebensraum, die auf der Halbinsel vorkommen. Gezählt wurden über 300 Arten – 292 von ihnen brauchen den Wald, um zu überleben. 54 registrierte Vogelarten leben nur im Hochwald, darunter zwei seltene Großvögel: der Bergpfaufasan und der Hauben-Argusfasan. Während der Tieflandwald die größte Vielfalt an Pflanzen wie auch an Tieren aufweist, sind im Hochlandwald die meisten Arten auf sehr spezielle Habitate angewiesen und haben deshalb nur sehr eingeschränkte Verbreitungsgebiete. Das Tahan-Massiv ist etwa die einzige bekannte Heimat der eleganten kleinen Fächerpalme *Livistona tahanensis*.

Wege und Pfade

Am besten lernt man die wunderbare Welt des Parks auf Wanderungen kennen – sei es auf den gut ausgeschilderten Pfaden rings um das Hauptquartier in Kuala Tahan oder bei längeren Streifzügen in abgelegenere Gebiete. In der frischen Morgendämmerung, in der feuchten Mittagshitze und in der Dunkelheit der Nacht präsentiert der Regenwald seine unterschiedlichen Facetten. Das dichte Blattwerk und die Scheu der Tiere bewirken, daß der Besucher zunächst außer Eichhörnchen, Vögeln und Insekten nicht viel von der hier existierenden Artenvielfalt mitbekommt. Doch wer still abwartet, wird schon bald andere Waldbewohner entdecken: Gibbons und andere Affen, vielleicht sogar ein Moschustier.

Der 400 m lange Steg durch die Baumwipfel von Kuala Tahan ist weltweit der längste seiner Art und bietet beste Gelegenheiten zur Vogelbeobachtung. Wer größere Tiere sehen möchte, sollte eine Nacht in einem Beobachtungsstand mit Blick auf eine Salzlecke oder

Linke Seite: *Von dichtem Grün gesäumt, fließt der Sungai Tembeling durch den Nationalpark Taman Negara.*

Oben rechts: *Zu den Unterkünften, die im Park zur Verfügung stehen, gehört das Taman Negara Resort.*

Lage: Erstreckt sich über Teile von Pahang, Kelantan und Terengganu. 59 km flußaufwärts von Kuala Tembeling, das 54 km nördlich von Temerloh (an der Straße Kuala Lumpur–Kuantan) liegt.

Klima: Temperaturen von 25 bis 37 Grad. Im allgemeinen heiß und feucht, in den Bergen kühl und sonnig. Kalte Gipfelnächte. Stärkste Regenfälle Oktober bis Februar.

Reisezeit: Am besten März bis September. Mitte November bis Mitte Januar schlechter für Wanderungen und Wildbeobachtung.

Anreise: Mit Taxi oder Zug nach Kuala Tembeling an der Trasse Singapur–Kota Bharu oder mit dem Bus nach Jerantut und von dort per Taxi nach Tembeling. Mit dem Boot den Sungai Tembeling hinauf zum Besucherzentrum. Man kann heute auch direkt bis in die Nähe von Kuala Tahan fahren oder fliegen.

Genehmigungen: Buchungen für die Parkboote und Unterkünfte bei Agenturen wie *Taman Negara Resort* in Kuala Lumpur. Die Gebühren für Eintritt, Foto- und Angelerlaubnis sind im Besucherzentrum zu entrichten.

Ausrüstung: Man kann im Park Ausrüstung fürs Wandern, Zelten und Angeln mieten. Taschenlampe für Nachtwanderungen, leichte Kleidung für den Wald, warme für Bergtouren. Wanderschuhe und Schlafsack für längere Expeditionen.

Einrichtungen: Besucherzentrum, Hütten, Campingplatz, Restaurants, Laden. Drei Visitor's und zwei Fishing Lodges. Verschläge zur Wildbeobachtung, Steg durch Baumkronen.

Naturbeobachtungen: Exzellente Vogelbeobachtung. Fledermäuse und Schlangen in Höhlen. Mögliche Begegnungen mit Elefanten und Bären.

Freizeitaktivitäten: Wanderungen und Trekking, Flußwanderungen, Schwimmen, Wildbeobachtung.

eine Lichtung verbringen. Empfehlenswert sind Yong Hide und Blau Hide, doch am besten ist Kumbang Hide. Natürlich lassen sich nicht jede Nacht große Tiere sehen, doch die genannten Stellen bieten zumindest die besten Chancen, exotische Wildtiere zu Gesicht zu bekommen.

Längere Trekkingtouren mit Abstechern zu Taman Negaras Kalksteinhöhlen dürfen nur mit Führern unternommen werden. Die meistbesuchte Höhle ist die südlich von Kuala Tahan gelegene Gua Telinga, die zu Fuß in weniger als einer Stunde zu erreichen ist. Kuala Keniyam ist Ausgangspunkt für den Besuch der größeren Höhle Gua Daun Menari, in der noch mehr Fledermäuse wohnen als in Gua Telinga. Nur wenige Höhlen gibt es in dem tiefer im Wald gelegenen Kalksteinmassiv Gua Besar. Von Westen her erfolgt via Merapoh der Aufstieg auf den mit 714 m höchsten Kalksteingipfel der Halbinsel, den Gua Peningat – doch nur mit guter Kondition!

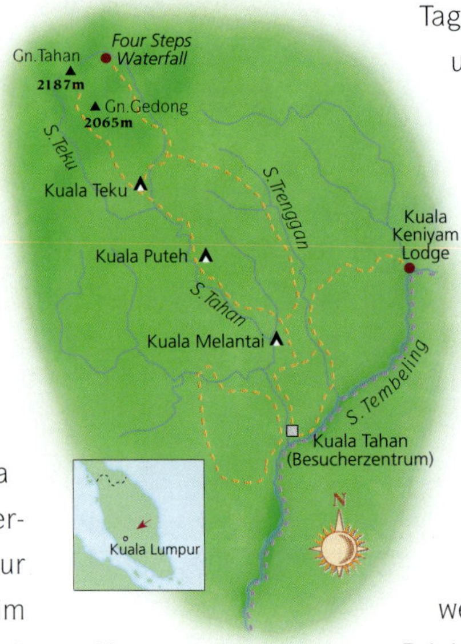

Auf den Gunung Tahan

Wer Zeit mitbringt, kann sich an die Besteigung des Gunung Tahan wagen. Für die 55 km lange Strecke (und zurück) benötigt man von Kuala Tahan aus mindestens sieben Tage. Am strapaziösesten ist der zweite Tag, denn es geht über 21 Hügel bergauf und bergab. Am dritten Tag beginnt der eigentliche Gipfelsturm, bei dem man teilweise auf allen vieren über Erdwälle kriechen muß. Auf halber Höhe wird im Wray's Camp übernachtet, bevor am nächsten Morgen eine mühselige Kraxelei über steiles Quarzgestein folgt. Dann steht man endlich oben auf dem berühmten *Padang*, wie die mit niedrigem Gestrüpp bewachsenen Lichtungen und offenen Freiflächen hier genannt werden. Vielleicht entdeckt man die Hill Prinia, einen kleinen Singvogel, der hier oben auf dem *Padang* seine einzige Heimat zwischen Nord-Thailand und Sumatra hat. Von Merapoh aus nimmt der Auf- und Abstieg nur drei Tage in Anspruch.

Oben: *Die wenig erforschten Pilze sind für den Nahrungskreislauf im Wald von großer Bedeutung.*

Rechts: *Meist nachtaktiv sind die Blattinsekten, die kaum von Blättern zu unterscheiden sind.*

Ganz rechts: *Rot leuchtet eine Ingwerblüte.*

Unten: *Wasserechsen kann man häufig an Flüssen und auch in der Nähe des Hauptquartiers entdecken.*

Rechte Seite, links: *Obwohl die Ureinwohner des Parks das verbriefte Recht dazu besitzen, ist die Jagd für sie nicht mehr von Bedeutung.*

Rechte Seite, rechts: *In Taman Negara gibt es den längsten Hängesteg der Welt. Er führt in atemberaubender Höhe durch die Baumkronen.*

Flüsse und Anfahrtswege

Bequem läßt sich die Natur des Taman Negara erforschen, indem man ein Boot mietet. Landschaftlich reizvoll ist die Fahrt zu den Stromschnellen von Lata Berkoh, schön auch die zu den Stromschnellen des Sungai Tembeling. Mit dem Boot lassen sich Trekkingtouren in abgelegene Gebiete des Parks abkürzen, zum Beispiel die nach Kuala Terengan oder Kuala Keniyam.

Taman Negara ist nun über vier Orte zu erreichen: über Kuala Tahan und Merapoh in Pahang, über Kuala Koh in Kelantan und über Tanjung Mentong in Terengganu. Der meistgenutzte Anfahrtsweg führt über Kuala Tahan, das man per Boot in drei Stunden von Kuala Tembeling bei Jerantut in Pahang erreicht. Es gibt auch Flüge von Kuala Lumpur und Singapur. Nach Merapoh gelangt man mit dem Auto oder dem Zug. Die unbefestigten Wege nach Kuala Koh bewältigt man am besten mit einem Fahrzeug mit Allradantrieb. Das erst vor kurzem erschlossene Tanjung Mentong erreicht man nur per Boot über den Kenyir-See. Der Ort liegt in erreichbarer Nähe zu den Kalksteinhügeln Gua Bidan und Gua Taat. Als Unterkünfte stehen im Park ein Gästehaus, Hütten und Campingplätze zur Verfügung.

Links oben: *Die Besteigung des höchsten Berges der Malaiischen Halbinsel, des Gunung Tahan, nimmt mehrere Tage in Anspruch.*
Links Mitte: *Der Fischfang ist in bestimmten Gebieten mit offizieller Genehmigung zugelassen.*
Links unten: *Das Durchfahren von Stromschnellen stellt je nach Wasserstand jeden Tag eine neue Herausforderung dar.*

Rechts: *Dichte Baumkronen, die sich über schmale Wasserläufe wölben, prägen das Bild des Flachlandwaldes.*

Ulu Kelantan

Kalksteinberge und Stromschnellen

Ulu Kelantan ist der umgangssprachliche Name für den früher abgeschiedenen Süden des Bundeslandes Kelantan. Heute ist das Gebiet erschlossen, doch obwohl viele Ölpalmen- und Kautschukplantagen angelegt wurden, ist die Region nur spärlich bevölkert. Weite Teile von Ulu Kelantan, auf dessen Gebiet ein Viertel des Nationalparks Taman Negara liegt, sind von dichtem Regenwald überzogen.

Gunung Stong

Zu Ulu Kelantans einzigartigen Naturwundern gehört der wunderschöne Wasserfall Stong, der von den drei zusammenhängenden Bergen Gunung Stong, Gunung Ayam und Gunung Saji herabstürzt. Der Wasserfall ist vermutlich der höchste der Halbinsel, mit Sicherheit aber der spektakulärste. In Kaskaden, die man bereits aus mehreren Kilometer Entfernung sieht, ergießt er sich über steile Granitwände. Bis vor kurzem war er noch nahezu unbekannt, weil das Gebiet lange Zeit nur schwer zugänglich war. Mit dem Bau der Straße von Jeli nach Dabong hat sich dies geändert.

Über die Flora und Fauna des Gunung Stong ist noch wenig bekannt. Entdeckt hat man bis jetzt zwei Kräuter, die offenbar hier endemisch sind, und in der Nähe des Gipfels wachsen Torfmoose, Schilfgräser, Kannengewächse und Nadelhölzer. Auf mittlerer Höhe gedeihen viele Wildbananen und Ingwerarten. Mit hoher Wahrscheinlichkeit stößt man auf frische Fährten und Losungen von Elefanten, Tigern, Tapiren und Rotwild, und womöglich steht plötzlich ebenso unbeweglich wie beängstigend nah ein Elefant am Dschungelpfad. Einheimische Führer gewährleisten die Sicherheit der Besucher.

Kalksteinberge

In Kelantan gibt es mehr Kalksteinberge als in jedem anderen Bundesland Malaysias: Es sind über 200, und fast alle liegen im Süden. Besonders eindrucksvolle Massive befinden sich in der Nähe der Stadt Gua Musang, am Sungai Nenggiri und an der Eisenbahntrasse durch Ulu Kelantan.

Viele Berge sind von Höhlen durchzogen. Die in der Nähe des Siedlungsprojekts für die Ureinwohner in Kuala Betis gelegene Gua Renayang besitzt eine hohe Hauptkammer mit einem Kamin, der bis zum Berggipfel hinaufreicht, und einem tiefen Schacht im Boden, durch den man das Rauschen eines Flusses vernimmt. Im Stadtgebiet von Gua Musang gibt es im gleichnamigen Berg eine Höhle, die – wie Ausgrabungen in den 1930er Jahren bewiesen haben – bereits in der Altsteinzeit als Töpferzentrum mit Brennofen genutzt wurde.

Höhleneingänge bieten vielen Tieren Schutz: Elefanten, Serau-Bergziegen, Rotwild und Nagetieren sowie Vögeln, zu denen Wanderfalken, Mauersegler und

Linke Seite: *Das Gefälle und das stetig fließende Wasser haben dafür gesorgt, daß die Granithänge des Wasserfalls Gunung Stong frei von Erde und Vegetation sind.*

Oben rechts: *Den Blauen Schmeißfalter kann man zwischen anderen Schmetterlingen in Feuchtgebieten entdecken.*

Lage: Ulu Kelantan ist ein breiter Landstreifen, der sich über die südlichen zwei Drittel von Kelantan, dem nordöstlichsten Bundesland der Halbinsel, erstreckt.

Klima: Im allgemeinen heiß, nachts warm. Ausgeprägte Regenzeit von November bis Januar.

Reisezeit: Ganzjährig, am besten März bis September. November bis Januar können Reisen durch Überschwemmungen erschwert werden.

Anreise: Straße nach Gua Musang – von Süden via Kuala Lipis, von Norden via Kota Bharu und Kuala Krai. Auch mit dem Zug möglich, da Gua Musang an der Linie Kuala Lipis–Kota Bharu bzw. Tumpat liegt. Fahrzeug mit Allradantrieb von Vorteil.

Genehmigungen: Nur für Abstecher in die Waldgebiete erforderlich. Erhältlich beim *Forest Office* in der nächsten Stadt.

Ausrüstung: Leichte Kleidung, gute Wanderschuhe. Regenumhang. Vor Ort ist kaum Ausrüstung aufzutreiben, deshalb eigene Sachen für Camping, Höhlenbesuche usw. mitbringen.

Einrichtungen: Zur Weiterreise Züge benutzen oder wie die Einheimischen Mitfahrgelegenheiten in Lastwagen, Autos oder auf Mopeds suchen. Preiswerte Unterkünfte, Speiselokale und Läden in den Städten. Bekanntere Ziele (z. B. Gunung Stong) sind besser erschlossen; für sie gibt es auch Führer.

Naturbeobachtungen: Für bewaldete Gebiete einen Führer anwerben. Breite Vielfalt der unterschiedlichsten Pflanzen. Spuren von Elefant und Gaur an Salzlecken am Sungai Nenggiri. Überall im Wald und am Waldrand gute Vogelbeobachtung.

Freizeitaktivitäten: Trekking, Camping, Bootfahrten, Rafting, Klettern, Wildbeobachtungen, Höhlenbesuche.

Rechts: *Der Sungai Nenggiri war einst ein wichtiger Reise- und Handelsweg im Gebiet von Ulu Kelantan.*

Oben: *Nur schwer zu entdecken ist der Netzpython; die kleineren Exemplare gelten als harmlos.*

Rechts: *Zu den kunstgewerblichen Produkten der ländlichen Gebiete gehören nach alter Tradition hergestellte Blasrohre ebenso wie mit synthetischen Farben gefärbte Matten.*

Schwalben gehören. Blaue Felsdrosseln, Blaue Pfeifdrosseln und Klippenschwalben haben sich im Kalkgestein angesiedelt. Interessant sind die »lebenden« Höhlen, in denen viele Fledermäuse hausen. Die in den helleren Höhlenbereichen nächtigende und sich von Obst ernährende Höhlenfledermaus spielt bei der Bestäubung der Durianbäume eine wichtige Rolle.

Flußfahrten in die Geschichte

Zu einem Aufenthalt in Ulu Kelantan gehört eine Flußfahrt, die den Sungai Nenggiri hinabführt – entweder als Rafting, mit dem Kanu oder mit dem Langboot. Einst war der Fluß, der nördlich der Cameron Highlands nahe der Grenze zwischen Kelantan und Perak entspringt, ein wichtiger Handels- und Reiseweg. Be-

Links: *Die unmittelbare Umgebung des Dorfes liefert das Material für Holzstreben, Bambuswände und Dachabdekkungen aus Palmwedeln.*

Oben: *Die Fahrt auf dem Sungai Nenggiri führt abwechselnd über ruhige Gewässer und über gefährliche, weißgekräuselte Stromschnellen.*

eindruckende Kalksteinformationen, von Höhlen durchsetzt, in denen in früher Menschen lebten, säumen den Fluß. Gua Cha, wo neolithische Grabfunde entdeckt wurden, gehört zu den wichtigsten archäologischen Stätten der Halbinsel. Flußabwärts liegen zwei weitere Höhlen mit historischer Bedeutung: Gua Jaya (auch: Gua Yahaya) und Gua Cawan – hier wurden Gräber, Tierknochen, Keramikreste und Steinwerkzeuge gefunden.

Der Sungai Nenggiri fordert selbst erfahrene Bootsführer heraus. Im Oberlauf lauert die gefährliche Stromschnelle Jeram Gajah (»Elefanten-Stromschnelle«), in deren Mitte ein Felsblock drohend den Weg versperrt. Bei Fahrten im Gebiet von Kuala Betis geht es über weniger gefährliche Stromschnellen, zum Beispiel Jeram Kalong und Jeram Batu.

Andere Unternehmungen

Ulu Kelantan ist groß genug, um dem Besucher fast unbegrenzte Möglichkeiten zu bieten. Über Land und Wasser führt eine faszinierende Reise von den Cameron Highlands nach Gua Musang. Als Ausgangspunkt bietet sich das etwa 1 200 m hoch gelegene Blue Valley Tea Estate an. Man gelangt von Dorf zu Dorf, und nachdem man abwechselnd Wälder und kultiviertes Land durchquert hat, erreicht man den Sungai Nenggiri, der stromabwärts zu einer aufregenden Raftingtour einlädt.

Das Dorf Blau ist Ausgangspunkt für die Besteigung des Gunung Ayam (mehrere Gipfel Kelantans tragen diesen Namen) sowie für Flußfahrten oder Höhlenerkundungen. Das an der Eisenbahntrasse gelegene Dorf Dabong bietet sich für einige Tage der Erholung an.

Setiu

Lebensräume in Feucht- und Küstengebieten

Nur ein Distrikt des idyllischen Ostküstenstaates Terengganu liegt noch nördlicher als Setiu, das für seine langen, sonnengetränkten Sandstrände bekannt ist – Strände, die sich von Kampung Merang im Süden bis nach Beting Lintang im Norden erstrecken. Die Wasserläufe des Setiu-Chalok-Bari-Beckens bilden ein 230 km^2 großes Feuchtgebiet von überregionaler Bedeutung. Der Sungai Setiu entspringt im Forstreservat Gunung Tebu, einem schroffen, dicht bewaldeten Gebiet auf den Hängen der Berge Gunung Tebu (1 037 m) und Gunung Lawit (1 518 m). Zu den einzigartigen Merkmalen des Flusses gehört seine von Sandinseln aufgelockerte breite Brackwassermündung.

Die Vegetation der Küste steht im Zeichen von Kokospalmen und Kasuarinen, und die Mangrovenwälder werden von den Arten *Sonneratia* und *Rhizophora* dominiert. Die Ufer des Setiu und seiner Nebenflüsse sind dicht bewaldet. Landeinwärts wachsen Cashewnußbäume und ein Baum namens Gelam *(Melaleuca cajeputi)*, der eine auffällig schuppige Rinde hat.

Linke Seite: *Setius sandige Tropenstrände sind noch unberührt und ohne touristische Infrastruktur. Es gibt nur wenige Besucherunterkünfte in einfachen Hütten. Hinter den von Palmen gesäumten Stränden haben Sandablagerungen ein ausgedehntes Netz von Lagunen und Buchten geschaffen, die Lebensraum einer artenreichen Vogelwelt und bevorzugtes Brutrevier diverser Arten von Meeresschildkröten sind.*

Oben rechts: *Der Weißkehlige Eisvogel ist in allen offenen Landschaftszonen der Küste und des Inlands anzutreffen.*

Die Tierwelt

Nachgewiesen wurden 29 Säugetierarten, 112 Vogel- und 28 Reptilienarten, die sich zum Teil in genau abgegrenzten Lebensräumen bewegen. Auch Bären und Tiger wurden im Gelam-Wald gesichtet. Heimische Vögel, die ausschließlich an der Ostküste der Malaiischen Halbinsel vorkommen, sind der Rotkehl-Kiebitz, der Ceylon-Grünbartvogel und die Indische Blauracke.

Am Sungai Setiu oder am Sungai Chalok bestehen gute Chancen, an einem einzigen Vormittag geschmeidige Otter, große Wasserwarane, Scharen lebhafter Langschwänziger Makaken und viele Vögel zu sehen, darunter Eisvögel, Schneidervögel, Sonnenvögel, Malkohas und Tauben. Auf einer nächtlichen Pirsch lassen sich Zibetkatzen, Eulen, Schlangen, Flughunde, Wildschweine oder gar Krokodile beobachten. Bei Dunkelheit versammeln sich in den *Sonneratia-* und *Gluta*-Bäumen große Mengen von Leuchtkäfern, die mit ihrem Licht das Flußufer erhellen.

Meeres- und Sumpfschildkröten

Setiu ist berühmt, weil es zu den größten Eiablageplätzen von Meeresschildkröten gehört. Zu den seltenen Gästen gehört die kleinste Meeresschildkröte der Welt, die Olivgrüne Ridley. Häufiger kriecht die gigantische Lederschildkröte an Land. Sungai Setiu ist die Heimat der vielleicht größten Population von Bunten Dosenschildkröten, die von den Einheimischen *tuntung laut* genannt werden. Die im Süßwasser lebenden Tiere mit sehr hartem Panzer kommen nur in Südostasien vor, und ihre Zahl hat stark abgenommen. Während der Paa-

Lage: An der sandigen Küste Terengganus im Nordosten der Halbinsel, 60 km nördlich von Kuala Terengganu.

Klima: Tagsüber heiß bis drükkend, nachts warm bis heiß, Meeresbrisen. Überwiegend trokken, deutlich feuchter von Oktober bis Februar.

Reisezeit: Am besten März bis September. Schildkröten vorwiegend ab Mai. Doch auch ganzjährig möglich. In der Regenzeit zuweilen Überschwemmungen.

Anreise: Mit Bus oder Taxi von Kuala Terengganu über die alte Küstenstraße via Kampung Merang.

Genehmigungen: Nur erforderlich für die Beobachtung von Schildkröten bei der Eiablage (Antrag: *Department of Fisheries*).

Ausrüstung: Leichte Kleidung, breitkrempiger Hut gegen Sonne, Sonnenschutzmittel. Badezeug, vorsorglich Regenumhang. Taschenlampe ist nützlich.

Einrichtungen: Strandhütten in Bari und Setiu. Dort und in Penarik auf Anfrage Unterkünfte bei Dorfbewohnern. Wenige Speiselokale. Keine anderen Einrichtungen, doch man erwägt den Bau eines Resorts. Abseits von Setiu eine kleine Herberge in Kuala Merang. Hier und weiter südlich auch andere kleine Angebote für Urlauber.

Naturbeobachtungen: Nächtliche Besuche bei Schildkröten. An der Küste exzellente Vogelbeobachtung in Mangroven und in der Vegetation landeinwärts.

Freizeitaktivitäten: Beobachtungen von Schildkröten und Vögeln, Bootsfahrten auf Lagune und Fluß zur Beobachtung von Schildkröten, Waranen und anderen Tieren. Beim Schwimmen, Zelten und Wandern privaten Landbesitz respektieren.

Oben: *In Setius Lagunen gedeiht die Brackwasserpalme* Nypa fruticans.

rungszeit verändern die männlichen Tiere, die viel kleiner als die Weibchen sind, in auffälliger Weise ihre Farbe. Der dunkelgraue Kopf wird weiß und der blaß orangefarbene Streifen zwischen den Augen verfärbt sich zu einem leuchtenden Scharlachrot. Der Panzer wird heller und glänzender, und es zeigen sich zahlreiche schwarze Flecken. Wenn die Eiablage naht, begeben sich die erwachsenen Weibchen ins Meer und schwimmen die Küste entlang, um nachts an ausgewählten Sandstränden Gruben auszuscharren und ihre länglichen Eier dort abzulagern.

Oben: *Setius Strände sind bevorzugte Eiablagestätten der Olivgrünen Ridley-Schildkröte.*

Die scheuen Schildkröten werden durch Lärm, Licht und die Gegenwart von Menschen am Strand leicht verschreckt, was eine erfolgreiche Eiablage gefährden kann. Besucher sollten deshalb den Anweisungen der Einheimischen Folge leisten und die Tiere nicht durch Taschenlampen oder Blitzlichter verwirren. Hauptsaison für die Eiablage sind die Monate Juni bis August. Die Eier werden von staatlich bestallten Wildhütern eingesammelt und in Brutgehege gebracht. Wer die in Setiu

an Land kommenden Reptilien beobachten möchte, muß die Erlaubnis der Fischereiverwaltung einholen *(Department of Fisheries)*.

Neue Vorschläge

Die Landesregierung prüft derzeit den Vorschlag, die Küstenstriche und Feuchtgebiete um Sungai Setiu zum Landespark zu erklären. Das betreffende Gebiet erstreckt sich über einen Küstenstreifen von 150 km^2 und zwischen Telaga Papan und Beting Lintang zusätzlich über einen Meeresstreifen von 3,68 km Breite (zwei nautische Meilen).

Oben: *Kokospalmen prägen das malerische Landschaftsbild von Setius Küstenebenen.*

Links: *Grüne Meeresschildkröten sind scheu und lassen sich bei der Eiablage durch Störungen leicht ablenken.*

Meerespark Pulau Redang

Korallenriffe in azurblauen Gewässern

Der Meerespark Pulau Redang liegt rund 45 km nordöstlich von Kuala Terengganu, der verschlafenen Hauptstadt des Bundeslandes Terengganu. Er umfaßt die Gewässer rund um neun Inseln, die wie folgt untergliedert sind: Die Redang-Gruppe, die Perhentian-Gruppe, die zwischen beiden Gruppen gelegene Insel Pulau Lang Tengah sowie die 64 km südlich und küstennah gelegene Insel Pulau Kapas.

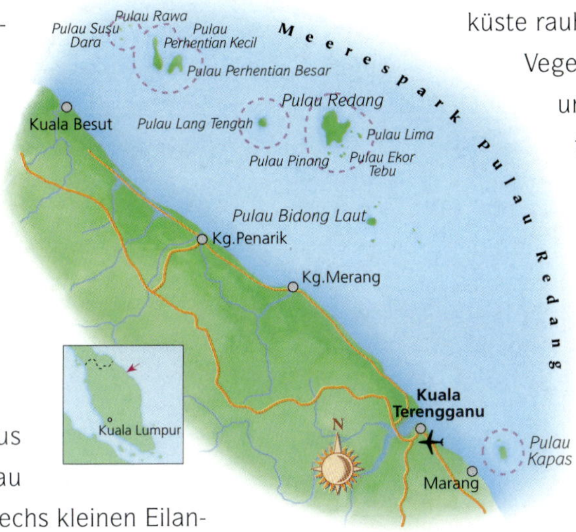

Die Pulau-Redang-Gruppe

Die Redang-Gruppe besteht aus den Inseln Pulau Redang, Pulau Pinang, Pulau Lima sowie aus sechs kleinen Eilanden vor den östlichen und südlichen Gestaden von Pulau Redang. Die kleinen Eilande heißen Pulau Paku Besar, Pulau Paku Kecil, Pulau Ekor Tebu, Pulau Kerengga Besar, Pulau Kerengga Kecil und Pulau Ling. In nur einer halben Stunde erreicht man die Gruppe mit dem Schnellboot vom Küstenort Kampung Merang.

Linke Seite:

Wie ein purpurner Drache gleitet die Seegurke Flabellina rubrolineata *über das Riff* (links oben).

Weiche Korallen wie Dendronephthya hemprichi *wiegen sich in der Strömung und können durch unaufmerksame Tritte leicht zerstört werden* (links unten).

Der große Korallentisch, den diese Acropora *bildet, ist eine Kolonie aus Millionen von individuellen Polypen* (rechts).

Oben rechts: *Immer mehr malaysische und ausländische Besucher begeistern sich für das Tauchen.*

Pulau Redang hat eine Fläche von 25 km^2 und wird von zwei imposanten, in Nord-Süd-Richtung verlaufenden Hügelketten dominiert, die ein tiefliegendes Tal trennt. Die Ostküste der Insel ist mit lieblichen weißen Sandstränden gesegnet, während sich die Westküste rauher und felsiger präsentiert. Die Vegetation der Insel ist üppig grün und von unterschiedlichen Waldtypen geprägt. Das an der Mündung des Flusses gelegene Dorf Kampung Redang besteht aus Stelzenhäusern, die über das Meer gebaut sind. Die Lebensgrundlage der über tausend Einwohner ist der Fischfang. In jüngster Zeit hat auch der Tourismus Arbeitsplätze geschaffen, und viele private Bootsbesitzer bieten Touren zu den Inseln und zu Tauchrevieren an.

Redangs Korallenriffe

Die azurblauen Gewässer, die Redang und ihre kleinen Nachbarinseln umgeben, beherbergen die wohl großartigsten Riffe der Malaiischen Halbinsel. Harte und weiche Korallen aller Farben und Formen bieten hier einer artenreichen maritimen Flora und Fauna Lebensraum.

Die Riffe erstrecken sich von der Wasseroberfläche bis in eine Tiefe von 20 m. Vor der Ostküste der Hauptinsel haben sich an Stellen, die vor tosenden Stürmen und dem damit verbundenen Seegang einigermaßen geschützt sind, Korallenbänke gebildet. Doch die schönsten Korallenansammlungen mit einer sehr vielfältigen Fauna findet man nördlich und östlich der kleinen Eilande, wo die Gewässer tiefer sind. Es gibt dort verschiedene maritime Habitate: flache Korallengründe,

Lage: Verstreute Inselgruppe vor Terengganus Küste. Pulau Redang liegt 45 km von Kuala Terengganu entfernt.

Klima: Tagsüber heiß, nachts warm, Meeresbrisen. Rauhere See und feuchteres Wetter von Oktober bis Februar.

Reisezeit: Am besten März bis September.

Anreise: Mit dem Boot von Kuala Terengganu oder Kampung Merang nach Pulau Redang und Pulau Perhentian. Von Marang (südlich von Kuala Terengganu) nach Pulau Kapas.

Genehmigungen: Nicht erforderlich. Reisevereinbarungen können mit den Besitzern der Unterkünfte an der Küste oder am Pier in Kuala Terengganu getroffen werden.

Ausrüstung: Leichte Kleidung, Hut, Sonnenschutzmittel, Badezeug. Tauch- und Schnorchelausrüstung mitbringen. Ausrüstung kann auch ausgeliehen werden, doch überprüfen, ob alles in Ordnung ist.

Einrichtungen: Zwei große Resorts in Pulau Redang, diverse preiswerte Unterkünfte. Parkzentrum, Informationen, Ausstellungen, Zeltplätze, sanitäre Anlagen, Grillplätze, Boote mit Fenstern unterhalb der Wasserlinie. Kleinere Resorts in Pasir Panjang. Weniger umfangreiche Einrichtungen auch in Pulau Perhentian und Pulau Kapas. Hütten und Zeltplätze in Teluk Kalong und Pulau Pinang.

Naturbeobachtungen: Tauchen und Schnorcheln. An Land einige interessante Vögel und kleine Säugetiere.

Freizeitaktivitäten: Tauchen und Schnorcheln, Zelten, Entspannen am Strand.

Oben: *Der Langnäsige Feilenfisch ernährt sich von organischen Partikeln, die zwischen den Korallen treiben.*

Unten Mitte: *Die Bucht von Pasir Panjang gehört zu den abgelegensten Stränden auf Pulau Redang.*

seichte felsige Flächen, moderat abfallende Schrägen und schroffe Klippen mit kleinen Höhlen. Die verzweigten Korallen *Acropora* und *Montipora* beherrschen die seichten Riffgründe und Korallengärten. In Tiefen zwischen 10 und 20 m sind atemberaubend schöne Zonen mit den Weichkorallen *Porites* und *Fungia* sowie mit Hirnkorallen und Tonnenschwämmen zu bewundern. In tieferen Bereichen überwiegen *Dendrophyllia, Tubastrea,* Seepeitschen und Seefächer. Überall lagern große Korallenbänke. Vor Pulau Ling gibt es eine *Porites*-Korallenbank, die im Umfang etwa 40 m und in der Höhe 10 m mißt und im unteren Bereich eine Höhle aufweist. Wo die Klippe schroff abfällt, bedecken farbenprächtige weiche Korallen und Seeanemonen den Granitboden. Spektakulär sind die östlich von Pulau Pinang gelegenen Meereshänge, berühmt für Malaysias größte Vorkommen an Blaukorallen.

Die Zahl der Riffbewohner und Seefische ist unermeßlich groß. Papageienfische, Jungfrauenfische, Lippfische und Drückerfische gleiten durchs Wasser oder umkreisen schnorchelnde Touristen an der Mole des Besucherzentrums. Mitunter durchstreift ein Teufelsrochen oder Walhai die Gewässer. Die Grüne Meeresschildkröte und die Karettschildkröte haben Pulau Redang zur bevorzugten Eiablagestätte in Terengganu erkoren. Zu den beliebtesten Tauchrevieren gehören *Big Seamount,* Pulau Lima, Terumbu Kili, *Mini Seamount* und Pulau Ekor Tebu. Zum Schnorcheln lädt auch das Riff vor dem Besucherzentrum auf Pulau Pinang ein.

Die Pulau-Perhentian-Gruppe

Zu dieser Inselgruppe gehören Pulau Perhentian Besar, Pulau Perhentian Kecil, Pulau Susu Dara und mehrere nordwestlich gelegene Inselchen. Von der nahen Stadt Kuala Besut in Terengganu ist der 20 km vor der Küste gelegene Archipel leicht mit dem Boot zu erreichen. Hier wird dem Besucher ein unberührtes Paradies mit menschenleeren weißen Sandstränden geboten, die sanft zu den Korallenriffen im sauberen blauen Wasser abfallen. Pulau Perhentian Besar, die größte der drei Hauptinseln,

Oben: *Der leuchtend bunt gezeichnete Korallen-Grouper hält sich stets nahe am Riff auf.*

Unten: *Die schillernd leuchtende Färbung mancher Papageienfische erinnert an einen Pfau.*

ist 950 ha groß. Etwa zwei Drittel dieser Fläche mißt die kleinere Insel Pulau Perhentian Kecil, die von ihr durch eine Sandbank getrennt ist. Diese ist mit vereinzelten Korallen und an tieferen Stellen mit Seegras durchsetzt. Die verästelten Korallenriffe befinden sich vorwiegend in den großen und kleinen Buchten. Die meisten Inseln sind Spitzen großer Brocken vulkanischen Gesteins. Ihre Ränder fallen 30 m tief ins Meer ab, wo sie von Höhlen, Spalten und Tunneln durchzogen sind.

In den Gewässern tummeln sich zahlreiche Seefische, unter anderem Hechte, *Trevallies* aus der Familie der Stachelmakrelen und Barrakudas. Oft zeigen sich kleine Engelhaie, Puffer-, Feilen-, Drücker-, Boxer-, Löwen-, Fledermaus-, Skorpion-, Kardinal- und Falkenfische sowie Brassen und Korallenforellen. Auch Kraken und Tintenfische sind hier beheimatet. Die Einheimischen berichten, daß Grüne Meeresschildkröten und Karettschildkröten regelmäßig zur Eiablage an Land kommen.

Rechts: *Zu den vielfältigen maritimen Lebensformen auf Pulau Perhentians Korallenriffen gehört der Rote Haarstern.*

SARAWAK

Sarawak erstreckt sich als größtes der dreizehn Bundesländer Malaysias über das nördliche Viertel der Insel Borneo. Seine Fläche beträgt 124 658 km². Damit ist Sarawak fast so groß wie alle elf Bundesländer der Malaiischen Halbinsel zusammen. Zwei Drittel der Landfläche sind mit Wald überzogen. Die Küstenlinie hat eine Länge von 1 035 km.

Das Bundesland ist für die stattliche Anzahl und Größe seiner Parks berühmt. Es gibt inzwischen zehn Nationalparks sowie verschiedene Schutzzonen, Wild- und Naturreservate. Alle Nationalparks haben ihre Besonderheiten. So gibt es in Bako bizarre Felsformationen aus Sandstein und in Gunung Mulu großartige Klippen und Höhlen aus Kalkstein. In Gunung Gading wird die *Rafflesia* geschützt, während in Loagan Bunut der traditionelle Fischfang im Mittelpunkt steht. In Niah findet man die bedeutendste archäologische Stätte Südostasiens. Jeder Park erfüllt eine besondere Funktion im Naturschutz, und für Besucher gibt es ein breitgefächertes Angebot.

Die Reise zu Sarawaks exotischen Zielen führt selten über Straßen. Gewöhnlich beginnt sie mit einem Flug und führt dann per Boot weiter über Wasserläufe mit dicht bewachsenen Ufern. Je nach den topographischen Gegebenheiten kann es sich um breite, träge Ströme oder um stille Waldgewässer handeln, um schäumende Stromschnellen oder um seichte und kieselige Flußbetten, über deren Untiefen die Boote gezogen werden müssen. An den Ufern der Wasserläufe stehen traditionelle Langhäuser, die zum Teil besichtigt werden können.

Anders als auf der Malaiischen Halbinsel ist in Sarawak nur selten eine nach Höhenlagen abgestufte Diversifizierung der Vegetation festzustellen. Die Beschaffenheit des Waldes hängt hier eher von der Bodenqualität oder der Versorgung mit Wasser als von der Meereshöhe ab. Typisch für Sarawak sind große Sumpfwald-Gebiete in den Küstenebenen, Heidewälder in Zonen mit weniger fruchtbaren Böden, die zahlreichen toten Flußarme und die phantastische Vielfalt der Pflanzen.

Nationalpark Tanjung Datu

Sarawaks westlichster Zipfel

Tanjung Datu wurde erst 1994 eingerichtet. Er gehört zu Sarawaks jüngsten und kleinsten Parks. Er ist nur 14 km^2 groß, weist aber einen ungewöhnlichen Waldbestand auf. Seine Bedeutung für den Naturschutz steigt durch die unmittelbare Nachbarschaft zu dem 60 km^2 großen Wildreservat Samunsam. Tanjung Datu streckt sich wie ein Finger gen Norden ins Meer aus. Am äußersten Punkt der Landzunge steht ein Leuchtturm, und durch das hügelige Inland verläuft die Staatsgrenze zwischen Malaysia und Indonesien. An dieser Grenze befindet sich auch der höchste Punkt des Parks, der 543 m hohe Gunung Melanau.

Waldmosaik

Entscheidend für die Zusammensetzung der hier lebenden Tierwelt sind die verschiedenen Waldarten, die aufgrund geringfügiger Unterschiede der Bodenbeschaffenheit und Wasserzufuhr ineinander übergehen. Die Böden des Parks sind überwiegend unergiebig und nährstoffarm, so daß sie sich weder für den Anbau von Nutzhölzern noch für den Ackerbau eignen. In Gebieten Sarawaks, wo diese Bedingungen sehr ausgeprägt sind, nennt man solche Wälder *kerangas* – das Iban-Wort bezeichnet Gebiete mit sandigen Böden, auf denen keine Anbauprodukte gedeihen.

In Tanjung Datu trifft man auf gemischte Dipterokarpazeen- und Heidewälder in wechselnden Kombinationen. An der Küstenlinie zeigt sich aufgrund abweichender Bedingungen ein ganz anderes Pflanzenspektrum. Zu den hier vorkommenden Bäumen zählt *Barringtonia asiatica* (die regionale Bezeichnung lautet *putat*), die stark duftende und wie eine Puderquaste aussehende pinkfarbene und weiße Blüten treibt. Die Kelche von der Größe eines Tennisballs öffnen sich nachts, um sich von Nachtfaltern und Fledermäusen bestäuben zu lassen. Morgens treiben ihre abgefallenen Blütenblätter in den Wellen vor der Küste. Die Putat-Blüte wurde zum Emblem des Parks. Im Sand des oberen Strandbereichs wächst die Ziegenhuf-Winde *(Ipomoea pescaprae)*, eine Kriechpflanze mit hellvioletten Blüten, die Ziegenhufen ähneln.

Die Tierwelt des Parks

In dem empfindlichen und komplexen Ökosystem des Waldes sind zahlreiche Vögel und Säugetiere beheimatet. Oben auf der Wunschliste der Vogelbeobachter steht der ebenso bunte wie scheue Borneo-Borstenkopf, der nur auf Borneo vorkommt. In kleinen Scharen bewegen sich diese Vögel lautlos durch das Laubdach oder ziehen auf der Jagd nach Zikaden und Insekten durch die mittleren Waldschichten. Weitere bemerkenswerte Vögel besiedeln andere Lebensräume. Im Heidewald ist

Linke Seite: *Der Silberne Haubenlangur lebt vorwiegend in Küsten- und Flußwäldern.*

Oben rechts: *Der leicht begehbare Wald weist eine Vielfalt an Kletterpflanzen, Bäumen, Lianen und Epiphyten auf.*

Vorhergehende Seiten:
An der Grenze zum Nationalpark Batang Ai rastet tief im Wald ein nach traditionellen Mustern tätowierter Iban in seinem Einbaum (Seite 82). *Der Rhinozerosvogel: eine markante Erscheinung und natürliche Quelle der Inspiration für Sarawaks Kunst und Kultur* (Seite 83).

Lage: Westlichstes Kap an Sarawaks Küste an der Staatsgrenze zu Kalimantan (Indonesien). In unmittelbarer Nachbarschaft zum Wildreservat Samunsam.

Klima: Tagsüber heiß, im Wald erträglich (durchschnittlich 32 Grad), nachts warm. Meeresbrisen.

Reisezeit: März bis September beste Zeit für die Schiffspassage, die im rauhen, windigen Wetter von Oktober bis Februar zuweilen nicht möglich ist. Regenreichste Zeit: Dezember bis Januar; trockenste Monate: Mai bis Juli.

Anreise: Am einfachsten über Land mit dem Taxi oder dem billigeren Bus aus Kuching via Bau und Lundu nach Sematan. Von dort mit dem Boot zum Park.

Genehmigungen: Einzuholen vor der Abreise beim *National Parks and Wildlife Office* in Kuching. Der Besuch des Wildreservats Samunsam wird nur Forschern bewilligt.

Ausrüstung: Leichte Kleidung für Strand- und Waldwanderungen, Sonnenschutzmittel. Da in Tanjung Datu eine Infrastruktur für Besucher erst im Aufbau ist, müssen Campingausrüstung, Lebensmittel und Kochgeschirr mitgebracht werden.

Einrichtungen: Erste Einrichtungen sind fertiggestellt. Den neuesten Stand kennt das *National Parks and Wildlife Office* in Kuching.

Naturbeobachtungen: Wichtige Stätte für Primaten, darunter Gibbon und Silberner Haubenlangur. An der Küste zuweilen Seevögel, Zugvögel und Malaiische Regenpfeifer. Zu den Waldvögeln gehören der seltene Borneo-Borstenkopf und der Hakenschnabel-Bülbül. Auf See entdeckt man vielleicht Tümmler.

Freizeitaktivitäten: Vogelbeobachtungen im Wald, am Waldrand und an der Küste, Strandaufenthalte, Wanderungen, Zelten und Schwimmen.

Oben links: *Auf der Jagd nach großen Insekten im Unterholz hüpft der Koboldmaki von Schößling zu Schößling.*

Oben rechts: *Der Plumplori bewegt sich nicht immer nur langsam. Am ehesten sieht man ihn nachts im Lichtschein der Taschenlampe.*

Mitte: *Die weißgetupften weiblichen Rajah-Brooke-Vogelfalter* (oben) *zeigen sich seltener als die männlichen Exemplare dieser Art* (unten).

der auf Borneo endemische Hakenschnabel-Bülbül verbreitet. Auch der seltene Malaiische Regenpfeifer brütet im Park. Wenn ein ausgewachsener Regenpfeifer vor Strandspaziergängern auf und ab hüpft, versucht er damit, ein Ei oder Jungtier am Boden zu schützen.

Tagsüber sind in Tanjung Datus Wäldern fünf Primaten aktiv: Langschwänzige Makaken, Schweinsaffen, Rote Languren, Silberne Haubenlanguren sowie der Borneo-Gibbon. Zu den nachtaktiven Tieren gehören Plumplori und Koboldmaki. Die großen Augen des Koboldmakis reflektieren kein Licht, was für Tiere, die im Dunkeln aktiv sind, sehr ungewöhnlich ist. Das kleine Tier ist schwer zu entdecken, doch häufig sind seine spitzen Schreie zu hören, wenn es in den Bäumen nach Nahrung sucht.

Besonderheiten

Ihr ungewöhnliches Aussehen macht einige Kannengewächse und die Schirmpalme *Johannesteysmannia altifrons* für Besucher besonders interessant. Die gewaltigen Blätter dieser Unterholzpalme bestechen durch ihre Größe und Schönheit. Tanjung Datu wartet noch mit anderen Besonderheiten auf: Nur hier fließen Flüsse direkt aus den Bergen ins Meer – überall sonst in Sarawak müssen sie zuvor breite Küstenebenen überwinden. Da Schildkröten den Strand von Labuhan Gadong zur Eiablage nutzen, wurde ein Brutgehege eingerichtet.

Das 20 Bootsminuten entfernte Wildreservat Samunsam ist nur für Forscher zugänglich. Im flußnahen Wald ist die Pflanzenvielfalt größer als in den benachbarten Mangrovenwäldern. Die zahlreichen Früchte locken auch Nasenaffen an. In dem gemischten Dipterokarpazeen-, Heide- und Sekundärwald ist auf engstem Raum eine hohe Zahl unterschiedlicher Primaten zu beobachten. Deshalb kann man hier die durch Bodenbeschaffenheit, Nahrungsangebot und Klima beeinflußte Wechselwirkung zwischen den Tieren und ihrem Lebensraum besonders gut studieren.

Nationalpark Gunung Gading

Die größte Blume der Welt

Im ewig feuchten Reich der Tropen mit seiner ungeheuren Pflanzenvielfalt klingt es merkwürdig, wenn ein großes Reservat nur wegen einer einzigen Art eingerichtet wird. Und doch hat man dies in Sarawak getan. Neben speziellen Reservaten für Orang-Utans und Nasenaffen gibt es hier ein eigenen Nationalpark für *Rafflesia tuanmudae,* die größte Blume der Welt. Gunung Gading wurde 1983 zum Schutzgebiet erklärte; der Park ist 41 km² groß und besteht aus hügeligem Dipterokarpazeenwald. Der Berg Gunung Gading, der dem Park den Namen gab, ragt als kegelförmiger Gipfel in Küstennähe auf eine Höhe von 906 m auf.

Gigantische Rafflesia

Unterhalb des Gipfels dehnt sich ein hochständiger, von kleinen Flüssen durchzogener Wald aus. Zuweilen verdichtet sich das Unterholz zu einem Knäuel wilder Weinreben – es sind Kletterpflanzen der Gattung *Tetrastigma.* Diese wilden Reben dienen der prachtvollen Schmarotzerpflanze *Rafflesia* als Wirtspflanze. In Gunung Gading sind fast während des ganzen Jahres knospende Exemplare zu finden. Zunächst ist die Knospe nur ein kleiner Auswuchs auf dem verschlungenen Holzstamm der Wirtspflanze, und zwar fast immer in Bodenhöhe, wo die Weinrebe auf der Erde oder unter Blattwerk rankt. Über viele Wochen hinweg wird das harte, runde und schwere Gewächs wie ein langsam anschwellender Kohlkopf allmählich größer. Die Oberfläche nimmt ein rosiges, glänzendes Aussehen an.

Der Zeitpunkt der Blütenöffnung ist ein bis zwei Tage vorher erkennbar, denn dann beginnen sich die äußeren Lappen langsam zu heben. Hobby-Botaniker verbringen sogar die Nacht draußen im Wald, um jede einzelne Phase des Aufblühens miterleben und auf Film bannen zu können. Angeblich soll sich die Blüte mit einem deutlich hörbaren Laut öffnen.

Über die biologische Beschaffenheit der *Rafflesia* ist nur wenig bekannt. In botanischen Gärten hat man sie bislang nicht heranziehen können. Auch die Versuche, in verschiedenen Regionen Südostasiens neue Kolonien in freier Natur aufzubauen – durch Aufsetzen reifer Samen auf die als Wirt dienenden Reben –, sind immer gescheitert.

Wie bei allen *Rafflesia*-Arten ist auch das Verbreitungsgebiet der *Rafflesia tuanmudae* eng eingegrenzt: Man findet sie nur in Sarawak. Nahe Verwandte sind *Rafflesia arnoldii* in Sumatra und *Rafflesia keithii* in Sabah. Sie alle gehören derselben Gattung an, die die größten Blumen der Welt hervorbringt. Die Größe der Blüten variiert beträchtlich, selbst bei Exemplaren, die in unmittelbarer Nachbarschaft wachsen. Vermutlich ist sie von der Menge des Nährstoffs abhängig, den der Parasit seinem Wirt vor der Blüte entziehen kann. In Gunung Gading erreichen die größten Exemplare einen Durchmesser von etwa einem Meter. Sie leuchten orangerot und sind auf der gesamten Blütenoberfläche mit kleinen weißen Punkten übersät.

In Gunung Gading stehen die Chancen gut, offene Blüten zu sehen, auch wenn ihre Blütezeit nur wenige Tage beträgt. Wer sichergehen möchte, erkundigt sich

Oben rechts: *Die* Rafflesia *hat normalerweise fünf Blütenblätter. Pflanzen mit sechs Blättern sind eine Seltenheit.*

Lage: Isolierter Berg westlich der Kleinstadt Lundu, 60 km westlich der Landeshauptstadt Kuching.

Klima: Gleichmäßige Temperaturen im Wald. Nachts zuweilen frisch (besonders in höheren Lagen am Berg).

Reisezeit: Ganzjährig, doch weder Regenfälle noch die Blüte einer *Rafflesia* können vorhergesagt werden.

Anreise: Leicht erreichbar in etwa 2 Stunden auf der Straße von Kuching via Bau und Lundu. Der Park liegt nur wenige Minuten von Lundu entfernt.

Genehmigungen: Einzuholen im Besucherzentrum beim Personal des *National Parks and Wildlife Office.*

Ausrüstung: Keine Spezialausrüstung erforderlich. Leichte Kleidung, Wanderschuhe, Badekleidung, Handtuch. Kamera und lichtempfindliche Filme zum Fotografieren von Pflanzen.

Einrichtungen: Wanderpfade und Badeplätze, Unterkünfte und Informationszentrum. Weitere Einrichtungen im nahen Lundu.

Naturbeobachtungen: Wenig Tiere, bedeutendes Verbreitungsgebiet der *Rafflesia*, populäres Ausflugsziel für einheimische und ausländische Touristen. Gute Chancen, die hier häufige, jedoch selten blühende Pflanze *Amorphophallus* zu sehen.

Freizeitaktivitäten: Wanderungen, um *Rafflesia* und andere seltene Pflanzen zu sehen und zu fotografieren. Schwimmen und Trekking. Besucher müssen darauf achten, keine *Rafflesia*-Knospen zu zertreten. Die Strände in Pandan und Siar sind von Lundu aus bequem zu erreichen.

Rechts: *Eine vollständig geöffnete* Rafflesia *macht den Waldspaziergang zu einem ganz besonderen Erlebnis.*

Oben: *Der selten blühende* Amorphophallus *ist am Gunung Gading ungewöhnlich stark verbreitet.*

vor einem Besuch telefonisch, ob gerade eine Blüte vor der Entfaltung steht. Wer es miterlebt, wird etwas Einzigartiges sehen und riechen – die offene Blüte strömt einen Duft aus, der Fliegen und andere Insekten anlockt. Damit die Pflanzen keinen Schaden nehmen, hat man in Gunung Gading einen Plankenweg angelegt.

Waldwanderungen

Weithin sichtbar überragt der Gunung Gading die Umgebung von Lundu, der nächstgelegenen Stadt. Wichtigster Wasserabfluß aus dem Park ist der Sungai Lundu, der in seinem Oberlauf mehrere kleine, malerische Wasserfälle hat. Das klare, über glatte, runde Steine fließende Wasser nutzen viele Einheimische zum Baden. Es gibt markierte Dschungelpfade, die zur Erkundung des Waldes einladen. Falls gerade keine *Rafflesia* in Blüte stehen sollte, entschädigen dafür andere ungewöhnliche Pflanzen wie der ebenfalls gigantische *Amorphophallus* (Gattung der Aronstabgewächse).

Der Weg zu den Wasserfällen ist gut ausgeschildert und leicht begehbar, und das direkt aus den Bergen herabströmende Flußwasser ist klar und sauber. Auch

die Besteigung des Gunung Gading ist möglich, doch für die mühsame Wanderung muß eine Genehmigung eingeholt werden, und sie ist nur in Begleitung eines Führers erlaubt. Vom Gipfel eröffnen sich aufgrund seiner isolierten Lage und der Nähe zum Meer herrliche Ausblicke: von Sarawaks westlichster Spitze Tanjung Datu bis zum 90 km östlich gelegenen Gunung Santubong.

Übernachten im Park

Erst kürzlich wurden in Gunung Gading neue Unterkünfte fertiggestellt, so daß der Besucher nun die Wahl zwischen einem Gästehaus und kleinen Hütten hat. Interessant ist der Besuch des Informationszentrums, das der Form einer *Rafflesia* nachempfunden ist.

Der Park liegt nur fünf Autominuten von Lundu entfernt. Sollten die Unterkünfte ausgebucht sein, finden sich in der Stadt Ausweichquartiere. Wer auch schwimmen möchte, kann Lundu zum bequemen Ausgangspunkt für Ausflüge zu den Stränden Pandan und Siar machen. Der Besuch von Gunung Gading läßt sich gut mit einem Ausflug nach Tanjung Datu oder zu den Kalksteinhöhlen in der Nähe von Bau verbinden.

Oben: *In der Größe eines Kohlkopfs erscheint die Knospe der* Rafflesia tuan-mudae.
Mitte: *Die Blüte öffnet sich und verströmt ihren Duft.*
Unten: *Nach nur wenigen Tagen beginnt die Blume wieder zu welken.*

Bako-Nationalpark

Sarawaks erster Nationalpark

Lage: Ca. 40 km nordöstlich der Landeshauptstadt Kuching in einem Sandsteingebiet an der Küste.

Klima: Tagsüber heiß, moderate Temperaturen nachts. Im Wald herrschen angenehme Temperaturen, doch in den offenen Sandzonen auf der Landzunge kann es sehr heiß sein.

Reisezeit: Gute Naturbeobachtungen im gesamten Jahresablauf. Zugvögel besonders zwischen September und März.

Anreise: Bequem mit dem Bus (oder Taxi) von Kuching nach Kampung Bako, von dort mit kleinen Booten zum Besucherzentrum in Teluk Assam. Von November bis Februar kann rauhe See nachmittags die Rückfahrt verhindern.

Genehmigungen: Ohne große Formalitäten im Büro in Kampung Bako, wo die Boote zum Park ablegen. Unterkünfte müssen im voraus über das *National Parks and Wildlife Office* in Kuching gebucht werden.

Ausrüstung: Leichte Kleidung, gute Wanderschuhe, Badezeug, Sonnenschutzmittel. Abends sind Insektenschutzmittel sinnvoll.

Einrichtungen: Informationsbüro, Landungssteg, einfache Hütten und Herbergen, Kantine. Wanderpfade durch den Park.

Naturbeobachtungen: Säugetiere lassen sich hier leicht beobachten. Nahe des Hauptquartiers treiben sich oft Bartschweine und Makaken herum. Die Affen nicht füttern. Gelegentlich sieht man Nasenaffen.

Freizeitaktivitäten: Wanderungen, Wildbeobachtung, Pflanzen anschauen. Die Sandsteinformationen an der Küste sind schöne Fotomotive. Schnorcheln bei Pulau Lakai und Teluk Limau im Nordosten des Parks, etwa 8 km vom Besucherzentrum entfernt.

Bako wurde 1957 Sarawaks erster Nationalpark. Er gehört bis heute zu den Prunkstücken der malaysischen Naturschutzgebiete. Er erstreckt sich über das 27 km^2 große Waldgebiet einer vornehmlich aus Sandstein bestehenden Halbinsel, die gegenüber dem Bergmassiv Gunung Santubong in das Südchinesische Meer ragt. Die Bedeutung des Nationalparks liegt nicht nur in der breiten Vielfalt der Waldarten auf engstem Raum begründet. Auch die eindrucksvollen Meerespanoramen und bizarren Felsformationen an der Küste faszinieren seine Besucher.

Charakteristische Pflanzen

Weite Bereiche des Bako-Nationalparks haben dünne, hellsandige Böden, die sich auf Sandsteinplateaus unterschiedlicher Höhenlagen abgelagert haben. An manchen Stellen bildet Torfboden eine dünne Schicht, die von Wurzelwerk durchsetzt ist, aber leicht ausgewaschen wird. Das Gebiet ist deshalb arm an Nährstoffen. Zu den typischen Pflanzen gehören Ameisenpflanzen, Kannen- und Sonnentaugewächse. Zu den Kannengewächsen zählt *Nepenthes ampullaria*, die ausschließlich am Boden wächst und an ihrem runden Kannenkörper mit dünnem Deckel zu erkennen ist. Insekten, die sich auf dem rutschigen Rand niederlassen, gleiten in das dickflüssige Wasser im Inneren hinab, wo sie sterben und verdaut werden. Sonnentaugewächse ernähren sich von Insekten, die sich auf den klebrigen Haaren ihrer Blätter niederlassen: Sobald dies geschieht, rollt sich das Blatt über dem Opfer zusammen.

Der Wald zeugt vom geringen Nährwert der Böden. Auf ungeschützten Plateaus und dort, wo der Sand nur eine dünne Schicht auf dem felsigen Grund bildet, stehen verkrüppelte Bäume, deren Wurzeln nicht tief im Boden verankert sind. Die Unterschiede im Erscheinungsbild des Waldes sind leicht zu erkennen, sei es an der Küste, in höheren Lagen oder in den Tälern. Auffällig sind die großen Mangrovenbestände an Stellen, wo sich Sedimente sammeln. Schöne Mangroven empfangen den Besucher in Teluk Assam, wo die Boote anlegen. In Teluk Delima, der nächsten Bucht in südlicher Richtung, wächst zwischen Mangroven die dornige Nibongpalme.

Tierbeobachtung

Wegen der starken Bejagung in früheren Zeiten ist es in Sarawaks Parks bis heute schwierig, große Tiere zu

Linke Seite:
Blick vom Bako-Strand auf den sagenumwobenen Gunung Santubong, dessen Silhouette die Bucht beherrscht (oben). *Die Affen, die man in Bako am häufigsten sieht, sind Langschwänzige Makaken, die auch in der Nähe des Besucherzentrums nach Nahrung suchen* (unten links). *Der Fliegende Colugo aus der Familie der Lemurenartigen fliegt nicht wirklich, sondern gleitet eher von Baum zu Baum. Wegen seiner Tarnfarbe ist er in Ruhestellung kaum auszumachen* (unten rechts).

Oben rechts: *Die gedrungene Kanne von* Nepenthes rafflesiana *wächst in Bodennähe und unterscheidet sich von den schlankeren Kannen, die dieselbe Pflanze weiter oben treibt.*

Gesicht zu bekommen. Bako macht in dieser Beziehung eine Ausnahme. In der Nähe des Besucherzentrums oder hinter der Kantine sieht man häufig ausgewachsene Bartschweine nach Nahrung stöbern. Die großen, kräftigen Tiere sind für die Bevölkerung Borneos eine wichtige Nahrungsquelle. Männliche wie weibliche Tier haben zu beiden Seiten des Kiefers einen blonden Backenbart. Die mächtigen Hauer sind wesentlich größer als die der Wildschweine auf der Malaiischen Halbinsel. Sie helfen den Tieren, feste faserige Wurzeln und die harten Samen von Waldfrüchten zu zerlegen.

Wer nach Nasenaffen Ausschau hält, kann im höhergelegenen Wald Glück haben, doch besser stehen die Chancen in den Mangrovenwäldern – vielleicht in Teluk Delima, der Bucht südlich von Teluk Assam. Die Begegnung zweier Nasenaffen-Gruppen, deren große Männchen sich durch Schreie gegenseitig einzuschüchtern versuchen, während ihre Weibchen aufgeregt umherhüpfen, ist ein eindrucksvolles Erlebnis. Diese

Affen gehören zu den wenigen Säugetieren, die die Nibongpalmen nicht meiden. Sie springen auf den mit spitzen Dornen übersäten Stämmen herum, ohne daß die Stacheln ihnen etwas anhaben.

Etwa 150 Vogelarten wurden bislang in Bako beobachtet – keine rekordverdächtige Zahl, doch der Park gehört zu den wenigen Plätzen, an denen Wat-, See- und Waldvögel nebeneinanderleben. Zwischen September und März sind häufig Goldregenpfeifer, Regenbrachvögel und Brachvogel-Strandläufer anzutreffen. In den Mangroven sollte man nach dem Kupferkehligen Sonnenvogel und dem Mangroven-Fliegenschnäpper Ausschau halten. Gelegentlich ziehen Seevögel vorbei. Kürzlich wurde ein Rotfuß-Tölpel gesichtet. Als Halbinsel dient Bako diversen Zugvögeln (unter anderem der Gelben Schafstelze und der Grauen Bachstelze) als Rastplatz. Die Vogelvielfalt ist deshalb größer, wenn sich zur Zeit des nördlichen Herbstes oder Frühlings die Wat- und Sperlingsvögel auf Wanderschaft begeben.

Besuchermagnet

Bako verfügt über mehrere bequeme, gut ausgeschilderte Wanderpfade mit Kartentafeln an allen Abzweigungen. Vom Besucherzentrum führt ein Weg in weniger als einer Stunde nach Süden zur Bucht Teluk Delima. Der Lintang Trail beschreibt eine 5 km lange Schleife durch verschiedene Waldarten, die weit in das Sandsteinplateau hineinführt. Es lohnt sich auch, die Küste zu erforschen, denn besonders nördlich von Teluk Assam haben die Wellen die farbigen Felsen zu bizarren Formen ausgewaschen.

Man erreicht das Besucherzentrum nur mit Booten, die in Kampung Bako am anderen Ende der Bucht ablegen, so daß der Zugang problemlos zu kontrollieren ist. Bako ist zu einem populären Ziel für organisierte Ausflüge von Kuching aus geworden.

Unten: *Männliche Winkerkrabben haben eine große Schere; die eindrucksvollen Farben sind je nach Art unterschiedlich.*

Oben: *Die bequeme Erreichbarkeit macht den Bako-Nationalpark zu einem idealen Ausflugsgebiet für Hobby-Naturforscher und Schulklassen.*

Links: *In der Nähe des Besucherzentrums überschwemmt die Flut die atmenden Luftwurzeln der Mangroven.*

Linke Seite: *Sandsteinfelsen unterschiedlicher Färbung prägen Bakos Küstenlinie.*

Kubah-Nationalpark

Ein Park für Palmen

Der Kubah-Nationalpark genießt weltweit einen guten Ruf als eine der wichtigsten Schutzstätten für Palmen. Schon lange hatte es Pläne zur Einrichtung eines Nationalparks in dieser abgeschiedenen Region beim Dorf Matang westlich von Kuching gegeben, doch erst 1989 konnten sie verwirklicht werden. Wegen der Kuppelform seiner Umrisse bekam der Park den Namen Kubah (»Kuppel«). Der Gunung Serapi, über dessen Hänge sich das Gelände erstreckt, bietet mit 911 m Höhe noch keine echten Gebirgszonen.

Palmenvielfalt

Auf einer Fläche von nur 22 km^2 wurden in Kubahs Hügelwald 98 verschiedene Palmenarten nachgewiesen. Damit weist dieses kleine Gebiet weltweit die größte Dichte unterschiedlicher Arten dieser Pflanzenfamilie auf. Bereits 1865 erfaßte der italienische Naturforscher Odoardo Beccari hier Palmenarten, und etliche zuvor unbekannte Arten konnten hier in der Folgezeit erstmals identifiziert und beschrieben werden. 18 Arten, also nahezu ein Fünftel, sind im Park und in seiner Umgebung endemisch.

Die Palmen bilden eine ungewöhnliche und sehr interessante Pflanzenfamilie. Zu denen in Kubah heimischen Palmen gehören Bäume mit großen, kahlen Stämmen und kleine stammlose Arten, die im Unterholz gedeihen. Rankende Rattanarten winden sich an manchen Palmen bis zum Laubdach des Regenwalds empor. Wer das gleich hinter der westlichen Parkgrenze stehende Langhaus Rumah Jugah besucht, findet dort viele Palmen vor, die von wirtschaftlichem Nutzen sind – ihre Bestandteile werden zu Matten, Nahrungsmitteln, Getränken, Web- und Korbwaren, Möbeln, Baumaterial oder persönlichem Zierat verarbeitet.

Dem Besucher des Parks offenbart sich schnell die Vielfalt und die Schönheit der Palmen: zum Beispiel *Licuala orbicularis* mit ihren anmutig gerundeten Blättern, *Korthalsia flagellaris* mit ihren langen, dornigen Geißeln und Fischschwänzen ähnelnden Blättern oder *Johannesteysmannia altifrons* mit ihren großen gelappten Blättern, die ihr den Namen Schirmpalme eingetragen haben. Je intensiver man sich umschaut, desto mehr ungewöhnliche Pflanzen- und Unterarten erkennt man.

Zu den Gründen für diese Vielfalt einer einzelnen Pflanzengruppe gehört die isolierte Lage dieser inmitten einer weiten, flachen Küstenebene gelegenen Hügellandschaft. Die schroffen Hügel bestehen vorwiegend aus Sandstein. Hier und dort sind sie von eruptivem und metamorphosem (durch Druck oder Hitze verwandeltem) Gestein durchzogen. Die harten, eruptiven Gesteine bilden die heutigen Gipfel, während die Sandsteinhänge

Linke Seite: *Dank ihrer gerundeten Blätter ist* Licuala orbicularis *leicht zu identifizieren* (links oben).
Zu dem besonderen Charme des Nationalparks tragen auch die zahlreichen Waldbäche und Wasserfälle bei (links Mitte).
Johannesteysmannia altifrons *hat größere Blätter als jede andere Palmenart in Kubah, weshalb die Blätter traditionell als Dachabdeckung benutzt werden* (links unten).
Das Laubwerk stammloser Palmen- und Rattangewächse bildet im Unterholz reizvolle graphische Muster (rechts).

Oben rechts: *Größter Nachtfalter Malaysias ist der Atlasspinner, dessen samtige Flügel mit transparenten Flecken durchsetzt sind.*

Lage: Rund 20 km westlich von Kuching in der Nähe des Dorfs Matang an den Hängen des Gunung Serapi.

Klima: Tagsüber warm bis heiß, nachts moderate Temperaturen. Regenfälle im gesamten Jahresablauf möglich, feuchteste Monate sind Oktober bis Januar.

Reisezeit: Ganzjährig.

Anreise: In etwa einer Stunde rasch und bequem mit Auto oder Bus von Kuching aus zu erreichen. Ein Taxi ist etwas teurer.

Genehmigungen: Vor Ort im Besucherzentrum erhältlich. Bei der Anmeldung wird eine geringe Eintrittsgebühr fällig.

Ausrüstung: Keine Spezialausrüstung erforderlich. Leichte Kleidung, Wanderschuhe oder festes Schuhwerk für den Wald. Fernglas für Vogelbeobachtungen, Kamera.

Einrichtungen: Picknickplatz in der Nähe des Eingangs. Mehrere Wanderpfade führen durch den Wald. Unterkünfte wurden jüngst fertiggestellt. Auf der dem Besucherzentrum gegenüberliegenden Seite des Parks wird ein *Wildlife Centre* eingerichtet.

Naturbeobachtungen: Vogelbeobachtungen von den Wanderpfaden und der Straße, die zur Fernmeldestation auf Gunung Serapi führt. An den Pfaden ungewöhnliche Palmenarten und andere interessante Pflanzen. Orchideengarten und Insektenzuchtstation sind im Aufbau.

Freizeitaktivitäten: Picknick, Wanderungen, Vogelbeobachtungen und Fotografieren. Außerhalb der östlichen Parkgrenze entsteht ein Erholungsgebiet. Langhausbesuch in Rumah Jugah.

Oben: *Nur selten bleibt der Gelbe Vogelfalter lange genug sitzen, um sich in Ruhe beobachten zu lassen.*

Rechts: *Der Blick vom Gunung Serapi nach Westen in Richtung Kuching schweift über dicht bewaldetes, geschwungenes Hügelland.*

Oben: *Die leichte Erreichbarkeit des Kubah-Nationalparks macht ihn zu einem beliebten Ziel für Hobby-Naturforscher und Tagesausflügler.*

über Jahrmillionen durch Wasserläufe und Verwitterung abgetragen wurden. Diese Sedimente haben sich im Laufe der Zeit in die Schwemmlandebene abgelagert.

Tierwelt und Naturschutz

Für alle, die große Tiere beobachten wollen, ist der Kubah-Nationalpark keine gute Adresse. Die meisten Gibbons und Affen sind abgewandert, nur einige Bartschweine stöbern im Unterholz nach Wurzeln, Knollen und Fallobst. Auch der Große Argusfasan konnte noch beobachtet werden. Im Park wurden über 125 Vogel arten gezählt – ausschließlich Tieflandvögel, denn für Berglandvögel ist der Gunung Serapi nicht hoch genug. Manche Vögel bevorzugen Hänge als Lebensraum, darunter der Schuppen-Bülbül, der Blaue Bergschnäpper und Blyth's Adlerbussard. Zu den echten Bergvögeln ließe sich allenfalls der Kastanienschopf-Yuhina zählen, der auf Borneo endemisch ist.

Durch die Einrichtung des Nationalparks konnten die unkontrollierte Jagd und die Ausbeutung des Waldes durch den Menschen gestoppt werden. Für den Aufenthalt von Besuchern sind bislang nur die tieferen Zonen des Parks am Fuße des Gunung Serapi ausgewiesen, und dabei wird es wahrscheinlich auch bleiben.

Nationalpark Batang Ai

Naturschutz und traditionelle Lebensformen

Der Nationalpark Batang Ai wurde 1991 gegründet. Er steht in enger Beziehung zu dem großen See, der durch den Bau des gleichnamigen Damms und eines Wasserkraftwerks entstanden ist. Obwohl der See außerhalb der Parkgrenzen liegt, sollte man einen Besuch mit einplanen. An seinem Ufer ist auch ein hübsches Resort eingerichtet, das sich harmonisch der natürlichen Umgebung anpaßt. Vom östlichen Seeufer gelangt man über die Oberläufe des Sungai Engkari und des Sungai Ai in den Park.

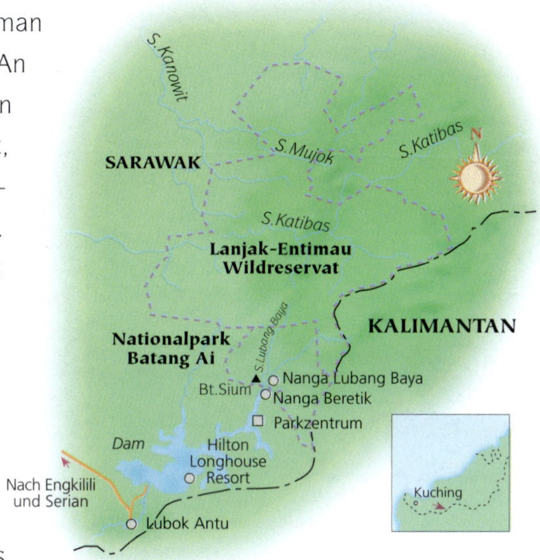

Lebensräume von Mensch und Tier

Zur Zeit der Gründung des Nationalparks war das Gebiet schon seit vielen Generationen von einheimischen Stämmen besiedelt. Bei der Grenzziehung und der Gestaltung des Parks mußte deshalb auf die Bedürfnisse und Ansprüche der Ureinwohner Rücksicht genommen werden. So entstand eine gelungene Mischung aus unberührtem Wald, kultiviertem Land und naturbelassenen, aber vom Menschen genutzten Zonen. Batang Ai besitzt eine der größten Orang-Utan-Populationen Sarawaks – was zu den Hauptgründen für die Schaffung des Parks gehörte. Geplant sind Erweiterungen, die den Park mit dem Wildreservat Lanjak-Entimau verbinden und einen direkten Anschluß an das auf indonesischem Gebiet gelegene Reservat Bentuang Karimun herstellen. Der gesamte Komplex dieser Naturschutzgebiete wird dann 16 000 km² groß sein. Batang Ai selbst umfaßt eine Fläche von 240 km².

Besucher sollten wissen, daß man Orang-Utans nur schwer beobachten kann. Oft kann man nur ihre Nester in den Bäumen sehen oder ihre Rufe hören. Eine Begegnung mit den scheuen Tieren kann niemand garantieren – einen Orang-Utan zu sehen ist keine Selbstverständlichkeit, sondern ein Glücksfall. Touristen, die das Parkpersonal mit unrealistischen Erwartungen unter Druck setzen, sollten diesen Umstand bedenken.

Hügel und Flüsse

Die größeren Wasserläufe, die Richtung Südwesten aus dem Park in den See abfließen, sind voneinander durch lange Hügelketten getrennt, die sich bis zu einer Höhe von knapp unter 900 m aufschwingen. Da der Park keine Gebirgshöhen erreicht, ist der Wald von gemischten Dipterokarpazeen geprägt. Der Aufstieg auf die Bergrücken erfordert eine gute Kondition, belohnt aber mit dem Anblick schöner Wälder mit lichtem Unterholz. Der höchstgelegene Punkt ist dort erreicht, wo der Park im Nordosten an Lanjak-Entimau grenzt. Das Gelände ist hier schwierig begehbar. Kein Weg führt von einem Schutzgebiet ins nächste.

Oberhalb jenes Punktes, bis zu dem die Täler durch das Aufstauen des Sees überschwemmt wurden, wölben sich Dipterokarpazeen über die Wasserläufe. Ihre cremefarbenen Blütenblätter fallen zur Blütezeit in das rasch dahinfließende klare Wasser und werden zum See getragen. Die Flüsse sind hier die Hauptverkehrsadern,

Oben rechts: *Ein alter Iban in traditioneller Tracht. Gerade die Älteren sind in ihre Traditionen noch stark eingebunden.*

Lage: Rund 180 km Luftlinie östlich von Kuching bei Lubok Antu in der Sri Aman Division.

Klima: Tagsüber warm, nachts gemäßigte Temperaturen. Im Wald gewöhnlich angenehm (nachts frisch), doch in den offenen Bereichen am See kann es heiß sein.

Reisezeit: Ganzjährig, doch niedriger Wasserstand im Juli/August kann bewirken, daß Boote stromaufwärts geschoben werden müssen. Regenfälle vor allem Oktober bis Februar.

Anreise: Über Land etwa 250 km von Kuching via Serian und Engkilili auf schlechter werdenden Straßen in 4 Stunden bis zum Damm von Batang Ai. Von dort mit dem Boot zum Park. Für die Anreise einen vollen Tag einplanen. Momentan ist die Straße bis zur Abzweigung in Ordnung, nur die letzten 40 km sind nicht mit Schotter befestigt.

Genehmigungen: Einzuholen in Kuching beim *National Parks and Wildlife Office, Sarawak Forest Department.*

Ausrüstung: Keine Spezialausrüstung erforderlich. Strapazierfähig Kleidung für Waldwanderungen. Schuhwerk mit gutem Profil (falls Boote im Wasser geschoben werden müssen). Blutegelsocken, Badekleidung.

Einrichtungen: Unterkunft in Langhäusern, zu buchen über Reiseagenturen in Kuching oder im Hotelresort am See außerhalb des Parks. Vier Pfade durch unterschiedliche Waldformen.

Naturbeobachtungen: Halten Sie Ausschau nach Orang-Utans, Gibbons und Languren. Mitunter Nashornvögel.

Freizeitaktivitäten: Wildbeobachtung, Waldwanderungen und Flußtouren. Örtliche Feste.

Rechts: *Im Langhaus bildet der »ruai« oder Gemeinschaftsraum das Zentrum für soziale Kontakte. Hier treffen sich die Hausbewohner, um sich zu erholen und ihrem Kunsthandwerk nachzugehen.*

Unten: *Hähne haben bei den Iban einen hohen Stellenwert – als Opfertiere und für Hahnenkämpfe, die zwischen benachbarten Langhäusern ausgetragen werden.*

Unten: *Die Schwanzfedern des Rhinozerosvogels waren über Jahrhunderte ein wichtiger Bestandteil der kunstvollen Trachten von Kriegern und Tänzern.*

doch bei Trockenheit führen sie so wenig Wasser, daß die Boote stromaufwärts geschoben werden müssen.

Das Gelände ist unwegsam: Besucher dieses Parks sollten sportlich sein. Eine relativ kurze Wanderung führt zur Anhöhe Bukit Sium, eine wesentlich längere hinauf auf einen Grat zwischen zwei Flüssen. Wer sich für die zweite Variante entscheidet, kann von oben zum Sungai Lubang Baya absteigen, auf dem man per Boot zurück zum Besucherzentrum gelangt.

Langhausbewohner

Die Einheimischen gehören dem Volk der Iban an. Sie leben in Langhäusern und pflegen einen traditionellen Lebensstil. Sie leben von dem, was man im Wald finden und sammeln kann, und betreiben eine bescheidene Form des Ackerbaus. Beliebt bei Touristen ist ihr Kunsthandwerk: große Rucksäcke aus Rattan namens *selabit* und dekorative, gewebte Stoffe *(pua kumbu)*, die sehr farbenprächtig sind und symbolische Darstellungen von Vögeln, Tieren und mythischen Figuren zeigen.

Um vom Tourismus zu profitieren und das Forstamt Sarawaks beim Naturschutz zu unterstützen, haben die Dorfgemeinschaften Kooperativen gebildet. Das Amt finanziert diverse Ausbildungsprogramme zum Naturschutz und ein Wirtschaftsentwicklungsprogramm. Da sich etwa 350 Einheimische auf Rechte und Privilegien in dieser Region berufen können, ist es kaum möglich, alle zugleich an der Arbeit im Park teilhaben zu lassen. Gegenwärtig beteiligen sich manche an Projekten des Naturschutzes und an Entwicklungsprogrammen, während andere für Reiseagenturen und Hotels arbeiten oder für Arbeiten im Park entlohnt werden.

Zu den Hauptattraktionen für Besucher gehört in Batang Ai ein Aufenthalt in einem Langhaus, der über Agenturen in Kuching gebucht werden kann. Nicht immer übernachtet man wirklich traditionell, denn es gibt inzwischen komfortable »Touristen-Langhäuser«. Dafür besteht die Möglichkeit, an Festen oder einfach am Alltagsleben der Ureinwohner teilzunehmen. Die Iban sind sehr gastfreundlich, doch jeder Besucher sollte strikt darauf achten, die Etikette einzuhalten und nicht in private Bereiche einzudringen. Die mit dem Tourismus erzielten Erträge fließen zum Teil der Langhausgemeinschaft zu, die sie für die Ausbildung oder für Aufbaumaßnahmen verwendet.

Wenn es gelingt, die einheimische Bevölkerung in den Parkbetrieb und in die Verantwortung für den Erhalt der Natur langfristig einzubinden, werden davon nicht nur die Orang-Utans profitieren, sondern auch andere heimische Tiere, zu denen zum Beispiel auch sieben Nashornvogelarten und der Borneo-Gibbon gehören.

Wildreservat Lanjak-Entimau

Unmittelbar an die Nordgrenze von Batang Ai schließt mit Lanjak-Entimau Malaysias größtes Wildreservat an. 1983 wurden hier 1 688 km^2 Hügelwald um die Berge Bukit Lanjak und Bukit Entimau als Naturschutzgebiet ausgewiesen, auch hier in erster Linie für den Orang-Utan. Das für Touristen gesperrte Gebiet dient ausschließlich dem Naturschutz und der Forschung – ein herausragendes Beispiel für Malaysias Anstrengungen für den Artenschutz.

Aber Lanjak-Entimau schützt mehr als nur Orang-Utans. Schätzungen haben ergeben, daß hier über 200 Vogelarten, etwa 150 Reptilien- und Amphibien- sowie knapp 100 Säugetierarten leben. Am frühen Morgen hallen die gespenstisch jaulenden Rufe der Borneo-Gibbons durchs Reservat, mit denen die Tiere, die monogam in Familienverbänden und in abgegrenzten Revieren leben, ihr Territorium abstecken. Herangewachsene Jungtiere müssen den Einzugsbereich der Eltern verlassen und nach Partnern suchen, mit denen sie ihre eigene Lebensgemeinschaft gründen.

Zu den zahlreichen anderen in Lanjak-Entimau heimischen Affenarten gehört der Weißstirnlangur. Diese Art, die nur in einem sehr begrenzten Gebiet in Sarawaks Süden und in Kalimantans Norden anzutreffen ist, hat mitten auf der Stirn eine strahlend weiße Zeichnung. Lanjak-Entimau soll ihren Fortbestand sichern.

Rechts oben: *Der unter Artenschutz stehende Rhinozerosvogel ist hier noch weit verbreitet – auf Borneo haben die Tiere einen festeren Hornaufsatz als anderswo.*
Rechts unten: *Bambus erfüllt zahlreiche praktische Zwecke. Hier wird über offenem Feuer Reis in Bambusrohren gegart.*

Oben: *Iban-Langhäuser stehen auf Stelzen erhöht über dem Boden. Die Leitern, die zum Haus hinaufführen, sind mitunter sehr wacklig.*
Mitte: *Die Iban weben ihre »pua« genannten Stoffe mit traditionellen wie mit modernen Mustern und Farben.*
Unten: *Für die Kostüme der Tänzer wird häufig Alltagskleidung mit zeremoniellen Accessoires kombiniert – ein Zeichen für die oft spontane Natur der Aufführungen.*

Rechts: *Der aufgestaute See in Batang Ai hat ein neues Umfeld entstehen lassen, in dem die Natur, die traditionelle Kultur und der Tourismus ein harmonisches Ganzes bilden.*

Oben und unten: *In Batang Ai und Lanjak-Entimau stehen Orang-Utans riesige Territorien zur Verfügung, in denen sie Streifzüge durch unberührte Waldgebiete unternehmen können.*

Sarawaks Wahrzeichen, der *kenyalang*, gehört zu den sieben hier lebenden Nashornvogelarten. Zu den Großvögeln des Parks zählen auch diverse Adler, der Große Argusfasan und der scheue Bulwer-Fasan, der nur auf Borneo vorkommt – der Park gehört zu seinen letzten Rückzugsgebieten.

Der Mischwald von Lanjak-Entimau

Das Reservat schützt eines der größten unberührten Waldgebiete in Sarawaks Süden. Weite Teile bestehen aus gemischtem Dipterokarpazeenwald, während auf freiliegenden Graten und in erhöhten Lagen überwiegend Heidewald *(kerangas)* anzutreffen ist. Unmittelbar jenseits der Grenze hat Indonesien den Bentuang-Karimun-Nationalpark eingerichtet, so daß hier in internationaler Zusammenarbeit eines der größten Regenwaldschutzgebiete der Erde entstanden ist. Das Areal ist so groß, daß es sogar Auswirkungen auf das örtliche Klima hat. Die bemoosten Wälder wirken als Kondensator und Auffangbecken für den Regen.

Der Wald ist auch für die einheimische Bevölkerung von grundlegender Bedeutung, denn hier lebt das Bartschwein, der wichtigste Fleischlieferant für die Menschen des Regenwaldes. Die Einheimischen pflegen als Wildhüter die Oberläufe der zahlreichen Flüsse, die sich in den höhergelegenen Gebieten strahlenförmig ausbreiten. Größter Fluß ist der Katibas, auf dem Boote mächtige Stromschnellen zu überwinden haben. An anderen Stellen müssen die Boote über Felsblöcke getragen werden, die zum Teil groß wie Häuser sind. Heftige Regenfälle können den Fluß über Nacht vom seichten Rinnsal zum mächtigen Strom anschwellen lassen, so daß es sich empfiehlt, nicht zu nahe am Ufer zu zelten.

Botanische Arche Noah

Auf botanischen Expeditionen wurden in Lanjak-Entimau bereits über 140 Heilpflanzen identifiziert. Darüber hinaus gibt es wilde Obstsorten und etwa 40 Arten Dschungelgemüse. Das Sammeln von Samen und Pflanzen für Forschungszwecke fügt dem Ökosystem keinen Schaden zu; es ist notwendig, um nachzuweisen, daß dieser Wald als genetischer Speicher geschützt werden muß. Batang Ai und Lanjak-Entimau erfüllen somit zugleich unterschiedliche wie sich ergänzende Zwecke.

Similajau-Nationalpark

Küstenwälder und sandige Gestade

Sarawaks sandige Küstenlinie ist auf ihrer ganzen Länge den Gewalten des Südchinesischen Meeres ausgesetzt. An vielen Stellen kommen Meeresschildkröten zur Eiablage an Land. Diesem Naturwunder trug man 1976 mit der Einrichtung des Similajau-Nationalparks Rechnung. Der Park besteht aus einem schmalen, bewaldeten Küstenstreifen von etwa 3 km Breite und 25 km Länge und gehört zum größeren Forstreservat Similajau. Dieser angrenzende, höchst eindrucksvolle Wald ist weitläufig genug, um dem Borneo-Gibbon und dem Rhinozerosvogel genügend Lebensraum zu bieten.

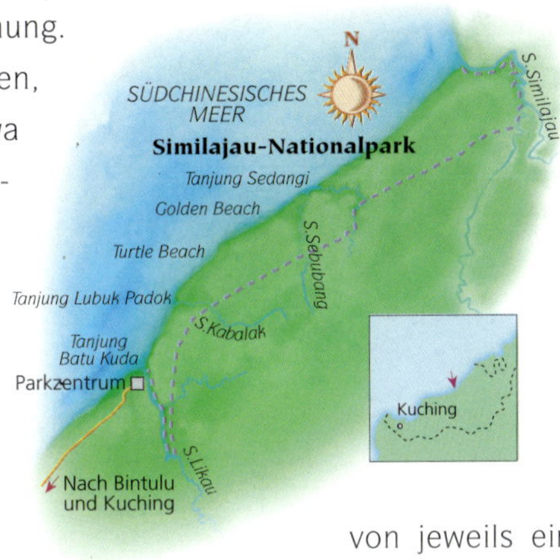

Meeres- und Waldtiere

Aufgrund der Lage an der Küste sind in Similajau sowohl Tiere heimisch, die zum Teil im Meer leben, als auch Bewohner des Tieflandwaldes. Von den größeren Meeresbewohnern läßt sich am ehesten die Grüne Meeresschildkröte beobachten. Die Eiablagestellen findet man leicht: Man muß beim frühen Morgenspaziergang nur nach der charakteristischen Schleifspur Ausschau halten, die die Weibchen bei ihrem Landgang hinterlassen. Es lohnt sich auch, gelegentlich aufs Meer zu schauen, denn zuweilen sind Tümmler oder Delphine zu beobachten. Besonders nahe ans Ufer wagt sich der Flossenlose Tümmler, dessen runder glitzernder Rücken auffällt.

Zu den bedeutenden Arten, die typisch für den Tieflandwald sind, zählen der Storms Storch, das Schwarze Waldrebhuhn, der Runzelhornvogel und der Borneo-Borstenkopf. Der Borstenkopf, der noch nie fotografiert werden konnte, ist wissenschaftlich von besonderer Bedeutung, da er mit dem Australischen Würger verwandt zu sein scheint.

Similajaus Hauptwanderpfad führt vom Besucherzentrum gen Nordosten zur Küste. Unterwegs im Wald kann man einer dunklen Variante des Roten Langurs (oder Blattaffen) begegnen. In Similajau hat man gute Chancen, diesen vom Aussterben bedrohten Primaten zu sehen.

In der Abenddämmerung gleiten häufig Flughunde (die größten Fledermäuse der Welt) über den Park. Ihre Wanderungsbewegungen und ihr zuweilen vermehrtes Erscheinen sind bislang kaum erforscht. Um für ihren Fortbestand etwas tun zu können, werden die Tiere derzeit verstärkt beobachtet. Im Abstand von jeweils einem Jahrzehnt wurden in der Vergangenheit in Similajau Zählungen von Säugetieren und Vögeln durchgeführt. Wenn diese Intervalle auch in Zukunft eingehalten werden können, sind von der Auswertung der Daten wichtige Erkenntnisse für den Naturschutz zu erwarten.

Sumpf- und Heidewald

Zu den Besonderheiten Similajaus zählen die verschiedenen Waldarten. Zu ihnen gehört der heute selten gewordene Süßwasser-Sumpfwald. Man findet Bestände in einigen flachen und tiefgelegenen Gebieten des Parks. Sein torfiger und zumeist feuchter Untergrund hat viele morastige Löcher. Es ist zum Teil sehr mühsam, diese Feuchtzonen zu umgehen, denn man muß über die stelzenförmigen Wurzeln der Bäume klettern und sich dabei vor ihren stacheligen Blättern in acht nehmen. Eine sehr attraktive und typische Pflanze ist die

Oben rechts: *Auch wenn die Rufe des Gibbons zu hören sind, ist es schwer, die Tiere im dichten Laub zu entdecken.*

Lage: 26 km lange Küstenlinie zwischen Sungai Likau und Sungai Similajau im Nordosten von Bintulu.

Klima: Tagsüber an der Küste heiß, relativ gleichmäßige Temperaturen im Waldschatten, nachts warm, Meeresbrisen. Von Oktober bis Januar wird das Wetter feuchter, die Winde stärker und der Seegang höher.

Reisezeit: Ganzjährig, doch mildere Wetterbedingungen von März bis September.

Anreise: Von Bintulu auf der Straße zum Zugang in der Nähe des Sungai Likau. Einfachste Reisemittel sind Bus oder Taxi.

Genehmigungen: Anmeldung im Besucherzentrum.

Ausrüstung: Keine Spezialausrüstung erforderlich. Sonnenschutzmittel für Strandaufenthalte und Badekleidung.

Einrichtungen: Parkbüro, Besucherzentrum; begrenzte Unterkünfte. Waldpfade, Picknick- und Campingbereiche.

Naturbeobachtungen: Bei Vogelbeobachtung entdeckt man verschiedenste Vogelarten, die offenes Land, Unterholz oder Wald bevorzugen. Manche sind selten und endemisch. Zu den wenigen großen Säugetieren gehören Bartschweine und Rotwild. Nur in diesem Nationalpark begegnet man dem Schwarzgestreiften Langur. Zuweilen legen Grüne Meeresschildkröten am Strand ihre Eier ab. In manchen Monaten zeigen sich Flughunde.

Freizeitaktivitäten: Vorwiegend Wochenendaktivitäten wie Picknick, Baden oder kurze Waldwanderungen. Unternehmungslustigere können die verschiedenen Waldarten erforschen und an der Küste entlangwandern.

Oben: *Turtle Beach (»Schildkrötenstrand«) – ein kleiner menschenleerer Abschnitt der Küste am Südchinesischen Meer.*

Siegellackpalme, die diesen Namen ihren leuchtend orangeroten Blättern verdankt, die sie leicht erkennbar machen. Sie gedeiht gut in Stadtparks und Gärten, doch wilde Populationen sind selten geworden. Zum Glück stehen die Bäume in Similajau unter Naturschutz.

Rechts: *Zu den Nashornvögeln, die auf Tieflandwald angewiesen und deshalb gefährdet sind, gehört der Runzelhornvogel.*

Similajaus Heidewald bietet ein ganz anderes Bild. Der Boden ist sandig, das Laubdach niedrig, und die meisten Bäume besitzen gerade, schlanke Stämme. Es gibt viele Kannengewächse, unter denen vor allem *Nepenthes ampullaria* für Similajau typisch ist. Die Vogelgemeinde ist im Kleinen ein Spiegelbild derjenigen im Inselinneren, doch es gibt interessante Abweichungen. Dazu gehört der Hakenschnabel-Bülbül, der nur in Sumatra und Borneo vorkommt und bevorzugt in Waldgebieten mit nährstoffarmen Böden lebt. Erwähnung verdient auch der hübsche, immer seltener werdende Weißkehlige Schwätzer, der einem Fliegenschnäpper ähnelt.

Strände

Ein Spaziergang an einem tropischen Strand, wie Similajau ihn bietet, ist immer eine schöne Abwechslung. Zwar gibt es hier weniger Tiere zu sehen als im Man-

Links: *Bauhinia, eine Kletterpflanze der Erbsen- und Bohnenfamilie, ist eine verbreitete Nektarquelle für Schmetterlinge und andere Insekten.*

Unten: *Grüne Meeresschildkröten legen einmal im Jahr am Strand ihre Eier ab. Sie haben weite Strecken im Meer zurückgelegt, um ihre angestammten Plätze zu erreichen.*

grovenwald, doch was kann schöner sein als das Laufen auf einem feuchten, von Wellen umspülten Strand mit Blick auf das Südchinesische Meer? Die kleinen hellen Geisterkrabben flitzen schneller über den Strand, als ein Mensch laufen kann. An dieser Küste findet man schöne Muscheln und spitze kleine Kaurischneckengehäuse, die von Wellen und Sand rundgeschliffen wurden.

Etwa in der Mitte der Küstenlinie des Parks liegt Golden Beach, dessen Name von der Farbe seines Sandes abgeleitet ist. Nach Absprache mit dem Parkpersonal kann man von hier mit dem Boot die Küste entlang und den nördlich gelegenen nächsten Fluß hinauffahren – zu Stromschnellen und einem schönen Badeplatz. Es gibt zwar Berichte über Krokodile, doch alle dramatischen Zwischenfälle mit den berüchtigten menschenfressenden Krokodilen Sarawaks haben sich weit von Similajau entfernt ereignet.

NIAH-NATIONALPARK

Südostasiens berühmteste Höhlen

Niah gilt als Südostasiens bedeutendste archäologische Stätte, seit Ausgrabungen in den Kalksteinhöhlen und deren Umgebung in den 1950er Jahren ergaben, daß hier schon vor 40 000 Jahren Menschen gelebt haben. Der heutige Nationalpark umfaßt ein knapp 5 km langes Kalksteinmassiv, das die Form einer Pfeilspitze hat, sowie Wälder, die wegen ihrer Tierwelt interessant sind.

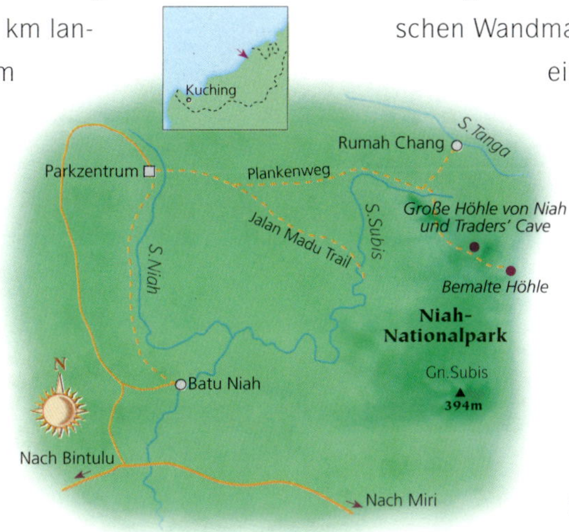

Die Große Höhle

Die größte der hiesigen Höhlen trägt folgerichtig den Namen »Große Höhle«. Der schon riesige Eingang weitet sich innen noch zu einer gigantischen Kluft, durch die Millionen von Fledermäusen und Salanganen (Mauersegler) flattern. Die Höhle zieht sich durch den gesamten Kalkstein und hat mindestens fünf Eingänge, die alle außer Sichtweite voneinander liegen. Stufen und Plankenwege erleichtern die lange Wanderung von Eingang zu Eingang. Man klettert hinauf und wieder hinab, umrundet Ecken und gigantische Felsblöcke, bis endlich ein Lichtschimmer die nächste Öffnung anzeigt.

Die Bemalte Höhle

Diese wegen ihrer bemerkenswerten prähistorischen Wandmalereien berühmte Höhle diente einst als Grabkammer. Bei ihren Arbeiten stießen Archäologen auf verstreute Särge in der Form von Booten, die alle mit skurrilen Bugsprieten verziert waren. Manche waren herabgefallen und zerbrochen. Überall lagen Knochen zwischen Muschelschalen, Töpferwaren und Steingut. Die Bemalte Höhle ist nur eingeschränkt zugänglich, doch nach Absprache wird ein Führer für die Besichtigung abgestellt.

Höhlenbewohner

Biologische Bedeutung gewinnen die Höhlen durch die großen Kolonien von Schwarznest-Salanganen sowie die in geringerer Zahl vertretenen Moosnest- und Weißbrust-Salanganen. Die Nester der zuerst genannten Art werden seit Jahrhunderten für die berühmte Schwalbennestersuppe gesammelt. Bis vor kurzem kletterten die Sammler auf langen, schwankenden Gerüsten zur Höhlendecke hinauf. Auch Vogel- und Fledermausguano wird hier gesammelt und findet als Dünger Verwendung.

Die Niah-Höhlen beinhalten das erste Schutzgebiet für Ohrwürmer. Dabei handelt es sich um ein kleines Stück Höhlenboden unter einem Ruheplatz von Nacktfledermäusen. Von der schuppigen Haut dieser Wirtstiere ernähren sich die ektoparasitären Ohrwürmer. Mitunter fallen sie mit hörbarem »Plopp« zu Boden.

Linke Seite:
In Niahs Höhlensystem ergeben sich an Stellen, wo Deckenteile eingestürzt sind, dramatische Lichteffekte (links oben).
Die Plankenwege des Parks werden sowohl von Besuchern als auch von den Guanosammlern genutzt, die den Dünger in den Höhlen sammeln und verkaufen (links unten).
Der lichte Eingangsbereich der Großen Höhle von Niah war einst bewohnt (rechts).

Oben rechts: *Die stachelige Spinne sieht gefährlich aus, doch ihre Stacheln sind harmlos.*

Lage: 80 km süd- bis südwestlich von Miri in Sarawaks Nordosten, etwas abseits der Straße von Miri nach Bintulu.

Klima: Tagsüber im Wald warm, nachts mitunter ein wenig frisch. Häufige Regenfälle.

Reisezeit: Ganzjährig, doch tendenziell stärkere und häufigere Regengüsse November bis Januar.

Anreise: Mit dem Bus oder Taxi von Miri (etwas weiter entfernt) oder Bintulu in ca. 2–3 Stunden.

Genehmigungen: Erhältlich beim *National Parks and Wildlife Office* in Miri oder Bintulu. Um ein *Permit* für die Bemalte Höhle sollte man sich bereits bei der Zentrale in Kuching bemühen, doch der Zugang zu dieser empfindlichen Stätte ist stark eingeschränkt.

Ausrüstung: Keine Spezialausrüstung erforderlich, doch leichte Kleidung sollte strapazierfähig genug für Waldwanderungen sein. Zum Fotografieren in den Höhlen benötigt man ein Blitzlicht. Taschenlampe mitnehmen.

Einrichtungen: Beim Besucherzentrum Hütten und Gästehäuser. Lebensmittel und weitere Unterkünfte im zu Fuß ca. 30 Minuten entfernten Dorf Batu Niah. In der Nähe des Besucherzentrums wurde ein Museum errichtet.

Naturbeobachtungen: Ausschau halten nach Salanganen. Andere heimische Tiere sind Langschwänzige Makaken, Wasserwarane und zahlreiche Vogelarten. Bei Einbruch der Dämmerung schwärmen zuweilen Flughunde aus.

Freizeitaktivitäten: Vorwiegend Vogel-, Salanganen- und Fledermausbeobachtung. Höhlenerkundungen (zumindest ohne Führer) und Klettern sind untersagt.

Rechts: *Im breiten Höhleneingang der Großen Höhle von Niah wurde eine Forschungsstation eingerichtet; außerdem finden im Eingangsbereich archäologische Grabungen statt.*

Rechte Seite: *Die starke Färbung der Echse* Gonocephalus grandis *intensiviert sich noch, wenn das männliche Tier in Alarmbereitschaft versetzt oder aggressiv wird.*

Oben: *Die gewaltigen Bretterwurzeln haben nur eine geringe Stützwirkung – sie halten die Urwaldriesen mehr durch Zugkraft.*

Rechts: *In den dunklen Bereichen der Höhlen bedecken Algen den Boden. Nur wenige Blattpflanzen können hier existieren.*

Das Leben im Wald

Draußen vor den Höhlen lauern räuberische Fledermaus-Gleitaare – nur eine Art der zahlreichen Waldvogelarten. Bei der Wanderung zu den Höhlen sind gewöhnlich viele Vögel zu beobachten. Am Ufer halten sich manchmal Fischeulen auf, und vielleicht hat man das Glück, über dem Sungai Niah zwischen Pazifik- und Scheunenschwalben die seltene Gestreifte Schwalbe einsame Runden drehen zu sehen. In der Nähe der Hütten nisten in den dichtbelaubten Obstbäumen Tauben, und aus dem Laubdach ertönen die heiseren Rufe des Rotbärtigen Bienenfressers, der unter anderem in den Erdwällen der Höhlenöffnungen nistet.

Abgesehen von dem teilweise über Plankenwege verlaufenden Pfad zur Großen Höhle bieten zwei weniger frequentierte Wege gute Möglichkeiten der Tierbeobachtung. Der Wanderweg Jalan Madu führt durch flußnah gelegenen Morastwald, während man über Jalan Bukit Kasut vom Flußwald durch Heidewald *(kerangas)* bis auf eine Höhe von 300 m gelangt.

Fossilien

Die meisten Tierarten des Parks sind dieselben, die schon vor Jahrmillionen hier lebten – zahllose halbversteinerte Funde beweisen es. Die Vorfahren der heutigen Arten waren in der Regel nur größer als ihre noch lebenden Verwandten. Das als Fossil nachgewiesene Riesenschuppentier ist mittlerweile ebenso ausgestorben wie vier andere Säugetiere, deren Existenz durch Funde belegt ist: Tiger, Tapir, Javanisches Nashorn und Elefant. Obwohl die Funde belegen, daß die Tiere im Pleistozän von Menschen gejagt wurden, dürfte ein Klimawechsel der Grund für ihr Verschwinden gewesen sein. Ebenfalls nicht überlebt haben zwei Säugetiere, von denen jeweils nur ein einziges Fossil entdeckt wurde: der Kleine Rattenigel (ein Insektenfresser mit dem Aussehen einer großen Spitzmaus) und der Sonnendachs. Verwandte beider Arten leben heute in höheren Lagen. Ihr Verschwinden aus den Tieflandgebieten dürfte ebenfalls auf klimatische Veränderungen zurückzuführen sein.

NATIONALPARK LAMBIR HILLS

Botanischer Reichtum des Regenwalds

Der 1973 gegründete Nationalpark Lambir Hills schützt ein 70 km² großes Waldgebiet, das sich über bizarr zerklüftete Sandsteinhügel erstreckt. Er beherbergt die größte Baumvielfalt der Welt. Auf der Fläche von nur einem halben Quadratkilometer wurden über 900 verschiedene Arten gezählt. Darüber hinaus bieten die schroffen, isolierten Gipfel vielen kleineren Pflanzen Lebensraum. Auf Wanderungen über die Waldpfade gibt es viele botanische Raritäten zu entdecken.

Der Park zeigt das typische Erscheinungsbild von Sarawaks gemischtem Tiefland-Dipterokarpazeenwald, doch die Artenvielfalt ist höher als anderswo. Zu den kleineren Pflanzen gehören *Licuala*-Palmen (die hier *gernis* heißen), die aufgrund ihrer Häufigkeit und Artenvielfalt zum Emblem des Parks gewählt wurden. Einige seltene Ingwergewächse und Bodenorchideen wachsen hier, und offiziellen Angaben zufolge gibt es in diesem Park mehr seltene und endemische Pflanzen als irgendwo sonst auf unserer Erde.

Die Tierwelt

Im Gegensatz zur reichen Flora von Lambir Hills ist die Tierwelt nicht so vielfältig. Doch immerhin leben auch hier noch rund 150 Vogel-, 32 Säugetier- und viele Reptilien-, Amphibien- und Fischarten. Im Umland wurden die Tierbestände durch Bejagung stark dezimiert, und es ist zu befürchten, daß sich das Fehlen von bestimmten Tieren, die Pflanzensamen verteilen und Blüten bestäuben, langfristig negativ auf den Pflanzenbestand auswirkt. Zu den hier lebenden Tieren gehören der Langschwänzige Makak – der in Malaysia am weitesten verbreitete Affe – und der Schweinsaffe. Auffälliger als die Säugetiere sind die Vögel, darunter etliche Nashornvögel. Zu den seltenen Exemplaren der Vogelwelt gehört der Borneo-Borstenkopf. Vielleicht hüpft auch ein Rubinbürzel-Trogon oder ein Orientalischer Zwergeisvogel durchs Unterholz.

Linke Seite: *Nur 30 Wanderminuten vom Besucherzentrum entfernt liegen die Latak Falls, die schönsten Wasserfälle des Parks und eine beliebte Badestelle.*

Oben rechts: *Nicht nur dekorativ, sondern auch gut zu gebrauchen: Korbwaren sind beliebte Souvenirs.*

Wasserfälle und Dschungelpfade

Zu den Attraktionen des Parks gehören die zahlreichen Wasserfälle. Besonders beliebt sind die drei Fälle des Sungai Latak. Im südlichen Gefälle der Lambirkette gibt es acht größere Wasserfälle, und allein drei finden sich im Lauf des Sungai Liam. Unweit der ersten beiden gibt es einige Flachwasserbecken, in denen Kinder herrlich planschen können. Der am weitesten vom Besucherzentrum entfernte dritte Wasserfall stürzt aus einer Höhe von 25 m in ein großes Becken, in dem man schwimmen kann. Der Sandstreifen gegenüber bietet Platz für ein stimmungsvolles Picknick.

Die zwölf Dschungelpfade des Parks sind gut ausgeschildert. Manche führen vom Besucherzentrum zu den Wasserfällen, und alle bieten dem Besucher die Gelegenheit, die interessante Vegetation sowie die Tier-, Vogel- und Insektenwelt des Parks zu bewundern. Manche Wanderungen sind in nur 15 Minuten zu

Lage: 32 km südlich von Miri in Sarawaks Nordosten, an der Straße von Miri nach Bintulu.

Klima: Tagsüber heiß, relativ gleichmäßige Temperaturen im Wald, nachts warm. Höhere Feuchtigkeit bringen gewöhnlich die Monate November bis Januar.

Reisezeit: Ganzjährig für Besuche geeignet.

Anreise: Zugang von der Hauptstraße Miri–Bintulu, die täglich von Bussen und Taxis befahren wird. Die Fahrt von Miri dauert etwa 30 Minuten.

Genehmigungen: Eintritt und Fotogebühren sind im Besucherzentrum zu entrichten. Buchung von Unterkünften über *National Parks and Wildlife Office* in Miri.

Ausrüstung: Leichte Kleidung und Schuhwerk, das für Waldwanderungen geeignet ist; Badekleidung.

Einrichtungen: Besucher-/Informationszentrum, Hütten und Restaurant/Shop. Die Zeltplätze neben dem Besucherzentrum sind mit sanitären Anlagen und Picknicktischen ausgestattet. Unterstände und Grillplätze an manchen Wasserfällen.

Naturbeobachtungen: Von botanischem Interesse ist vor allem der Tieflanddschungel. Im Laubdach erspäht man zuweilen einen Borneo-Borstenkopf. Nur wenige Großtiere, doch man sieht Affen und kleine Säugetiere.

Freizeitaktivitäten: Dschungelwanderungen, Trekking, Schwimmen, Wildbeobachtungen. Gut ausgeschilderte Pfade führen vom Besucherzentrum zu kleinen Wasserfällen und zum Gipfel Lambir Hills. Überall exzellente Vogelbeobachtungen. In der Nähe des Parks Langhäuser und ein Kunsthandwerkszentrum der Iban.

Oben: *Die gut ausgeschilderten Pfade von Lambir Hills führen über stabile Brücken und bieten reizvolle Einblicke in die Waldvegetation.*

Rechts: *Wie vom Designer entworfen: Das Blatt der Fächerpalme* Licuala valida *besteht aus einem beeindruckend regelmäßig gefächerten Blätterkranz.*

bewältigen, doch Trekking-Fans können auch Touren unternehmen, die in sechs Stunden zu den 400 m hoch gelegenen Aussichtspunkten auf Bukit Lambir und Bukit Pantu führen. Bei klarem Wetter hat man von dort eine wunderbare Aussicht auf Nordsarawaks weite, flache Küstenebene und vielleicht sogar bis zur Küstenstadt Miri und zu den Kalksteinfelsen der Niah-Höhlen.

Regenwald-Studien

Seit 1965 ist Lambir Hills ein wichtiges Zentrum für die Erforschung des tropischen Regenwalds. Im Rahmen langfristiger ökologischer Projekte werden Baumwachstum, Sterblichkeitsrate, Regeneration, Waldstruktur und Artenzusammensetzung untersucht. Verschiedene

Baumgruppen wurden angepflanzt, um ihre Blüte und Erträge zu studieren. Nur in Lambir Hills wurden bisher langfristige Studien über Kletterpflanzen im Regenwald durchgeführt. Zur jüngst geschaffenen Infrastruktur gehören Hängestege durch die Baumkronen mit einer Gesamtlänge von einem Kilometer, die Forschern die Beobachtung von Bestäubungsmechanismen und anderen Phänomenen erleichtern.

Da der Park von Miri und anderen Orten aus leicht zu erreichen ist, ist er besonders an Wochenenden ein beliebtes Ausflugsziel. Studenten und andere interessierte Gruppen gewinnen hier ausgezeichnete Einblicke in die Natur. Auf Anfrage bietet das Nationalparkamt geführte Touren und Sonderprogramme an. Es ist auch geplant, ein Forstmuseum einzurichten.

Iban-Dörfer

In der Umgebung des Parks gibt es mehrere Langhäuser der Iban, die zum Teil von Touristen besucht werden können. Die meisten liegen an der Straße von Miri nach Bintulu. Im Rumah Nakat bietet ein kleiner Laden kunstgewerbliche Artikel aus Waldmaterialien an. Im 5 km vom Park entfernten Rumah Aji lebt die größte Langhausgemeinschaft der Region, die mit über hundert Familien einen guten Eindruck vom traditionellen Leben in einem Iban-Dorf vermittelt. Ein Besuch dieses Langhauses ist Bestandteil der meisten Touristenprogramme.

Auch wer das Langhaus nicht besucht, wird zumindest am Straßenrand kunstgewerbliche Gegenstände wie Körbe, Hüte oder Messerscheiden angeboten bekommen. Je nach Jahreszeit werden auch Durian, Bohnen und andere Früchte des Waldes zum Verkauf angeboten. Solche Naturprodukte verdeutlichen, wie wichtig der Wald für seine angestammten Bewohner ist. Naturschutzmaßnahmen müssen deshalb auch deren Belange und Gewohnheiten berücksichtigen. Für den Erhalt von Pflanzen bietet Lambir Hills auch vor diesem Hintergrund die besten Voraussetzungen.

Oben rechts: Bauhinia *ist eine Kletterpflanze, die Hülsenfrüchte trägt. Sie ist sehr verbreitet, aber wenig erforscht, weil sie unzugänglich im Laubdach des Waldes wächst.*
Mitte rechts: *Die gemeinschaftliche Langhausterrasse ist der geeignete Platz, um Waldfrüchte und auf dem Feld geerntete Nüsse und Pfefferkörner zu trocknen.*
Unten rechts: *Der Muntjak ist ein begehrtes Jagdwild, das wegen seiner bellenden Laute im Englischen Barking Deer (»Bellender Hirsch«) genannt wird. Er ist heute im Gebiet von Lambir Hills nur noch selten anzutreffen.*

Nationalpark Loagan Bunut

Reiche Vogelwelt am See

Loagan Bunut ist ein natürlicher See, der zwischen den Flüssen Sungai Tinjar und Sungai Teru im Nordosten Sarawaks liegt. 1991 wurden hier über 100 km² Wasserfläche zusammen mit den umliegenden Landgebieten zu Sarawaks neuntém Nationalpark erklärt. Der See hat eine Größe von 650 ha. Der Rest des Parks besteht aus saisonal überflutetem torfigem Morastwald.

Natürliches Feuchtgebiet

In der Topographie Malaysias stellt ein See wie der Loagan Bunut eine Ausnahmeerscheinung dar. Das Gebiet gehört zu den hier seltenen Naturlandschaften ohne Waldbestand – nahezu alle anderen offenen Gelände in diesen feuchten Tropenzonen wurden von Menschenhand geschaffen. Das Habitat rund um den See wird vom zyklisch wechselnden Wasserstand geprägt. Während und nach der Regenzeit steigt der Wasserspiegel des Sees an und ertränkt alle Pflanzen, die nicht widerstandsfähig genug sind. In Trockenzeiten fällt der Wasserstand und gibt flache, morastige Bereiche frei, die rasch mit üppiger, jedoch kurzlebiger Vegetation überzogen sind.

In der morastigen, mit Gräsern und Schilf bewachsenen Landschaft leben Wasservögel wie Fischreiher, Rohrdommel und Silberreiher. Zimtdommeln und Gelbe Dommeln sind kleine, farbenprächtige Angehörige der Reiherfamilie, die am Seeufer nach Futter stöbern und hin und wieder für einen kurzen Moment auffliegen. Im höheren Gras nisten Purpurreiher. Kleine, Mittlere und Große Reiher – ausnahmslos weiße, sehr elegante Vögel – sind bislang nur als Zugvögel zu Gast. Es gibt nur wenige Hinweise darauf, daß diese Arten auf Borneo nisten, so daß auch Touristen mit ihren Beobachtungen wichtige Informationen beisteuern können – vielleicht brütet ja gerade ein Paar in der Nähe des Sees?

Das offene Feuchtbiotop bietet Hobby-Ornithologen eine ungewöhnliche Mischung aus exotischen und weitverbreiteten Arten. Zu den Vögeln, die sowohl in Stadtparks als auch in abgelegenen Naturschutzgebieten leben, gehören die Dajaldrossel und der Olivflügel-Bülbül. Besonders unter den Zugvögeln gibt es bemerkenswerte Arten, so zum Beispiel Watvögel, Würger und der Feldschwirl. Der vom Aussterben bedrohte Orientalische Schlangenhalsvogel aus der Familie der Kormorane hat im Park ein Rückzugsgebiet gefunden.

Traditioneller Fischfang

Wegen des niedrigen Wasserstands des Sees, der Abhängigkeit von Regenfällen und der starken Einflüsse aus den Randgebieten ist das Ökosystem des Parks

Linke Seite:
Der Orientalische Schlangenhalsvogel muß wie der Kormoran sein Gefieder spreizen, damit es nach der Jagd im Wasser, bei der er fast vollständig untertaucht, wieder trocknen kann (links oben).
Ein aus einem Baumstamm geschnitztes Totem markiert die Grabstätte eines angesehenen Berawan. Davor steht ein Tonkrug für Grabbeigaben (links unten).
Beim Brüten intensivieren sich Gesichts- und Beinfarbe des Großen Reihers, und sein Schnabel wird schwarz (rechts).

Oben rechts: *Den Blauohr-Eisvogel sieht man in den torfigen Sumpfwäldern in der Nähe des Sees.*

Lage: Rund 80 km süd- bis südöstlich von Miri, hinter Beluru im Stromgebiet des Sungai Tinjar.

Klima: Tagsüber heiß, in offenen Gebieten oft drückend (bis 35 Grad). Kühler ist es auf den Waldpfaden. Feuchteres Wetter von September bis Januar.

Reisezeit: Ganzjährig. Trockenste Zeit: Februar (schrumpfende Wasserläufe) sowie Mai bis Juni/Juli (je nach Regenfällen und Wasserstand der Flüsse). Von Jahr zu Jahr große Schwankungen.

Anreise: Auf dem Landweg über die tiefer im Inland gelegene Straße Miri–Bintulu via Beluru, bis zum Rand der Seenplatte. Die Alternative mit Flußbooten via Sungai Baram und Sungai Tinjar ist langsamer und teurer.

Genehmigungen: Zu beantragen beim *National Parks and Wildlife Office* in Miri oder Bintulu.

Ausrüstung: Keine Spezialausrüstung erforderlich. Leichte Kleidung, Sonnenhut, Sonnenbrille, Sonnenschutzmittel. Festes Schuhwerk, das gegen Nässe und Schlamm schützt.

Einrichtungen: Erst im Aufbau. Den neuesten Stand kennt das *National Parks and Wildlife Office.*

Naturbeobachtungen: Vorwiegend Vogelbeobachtungen auf dem See und vor allem in den Uferbereichen sowie am Waldrand. Ausschau halten nach Schlangenhalsvögeln und Reihern. Zuweilen sieht man Störche und Nashornvögel, häufiger Waldvögel. Morgens sind Gibbons zu hören.

Freizeitaktivitäten: Bootsfahrten, Waldwanderungen, Vogelbeobachtungen, Fotografieren. Angeln und Schwimmen sind nicht gestattet.

Rechts und Mitte: *Zu den am Waldrand lebenden Insekten gehören prächtige Schmetterlinge und kräftig gefärbte Gottesanbeterinnen.*

hochempfindlich. Wenn der Wasserstand bei Trockenheit fällt, verhärtet sich der freigelegte Schlamm zu einer Kruste, die in geometrische Muster zerspringt. Die ganze Fläche sieht dann aus wie Kopfsteinpflaster und wird so hart, daß sie begehbar ist. Fische sind plötzlich in vertrocknenden Restpfützen gefangen und werden zur leichten Beute von Vögeln. In trockenen Jahren sind Brackwassertümpel mit faulendem Fisch kein seltener Anblick. Weit verbreitet im See sind Katzenwelse sowie vom Menschen angesiedelte Tilapia.

Der Fischfang bildet traditionell eine der Lebensgrundlagen für die Bevölkerung am See. Aus diesem Grund unterstützt und fördert der Nationalpark verschiedene traditionelle Fangmethoden. Der Einsatz von Hand geführter Schöpfnetze ist zwar für Touristen zum Zuschauen interessant, weiter verbreitet sind jedoch Reusen im tieferen Wasser. Fischfallen werden aus Rattan, Bambus und anderen Materialien hergestellt. Je nach Größe und Gestalt oder der damit zu jagenden Fischart haben die Einheimischen unterschiedliche Namen für sie. Die der Tradition nach bedeutendste gemeinschaftliche Fangmethode heißt *selambau:* Dabei bemüht sich eine Gruppe von Fischern, wandernde Fischschwärme einzufangen. Deren Wanderungen hängen vom Wasserpegel des Sees und der Flüsse Sungai Tinjar, Sungai Baram und Sungai Bunut ab, so daß diese Art des Fischfangs nur zu bestimmten Jahreszeiten zu beobachten ist.

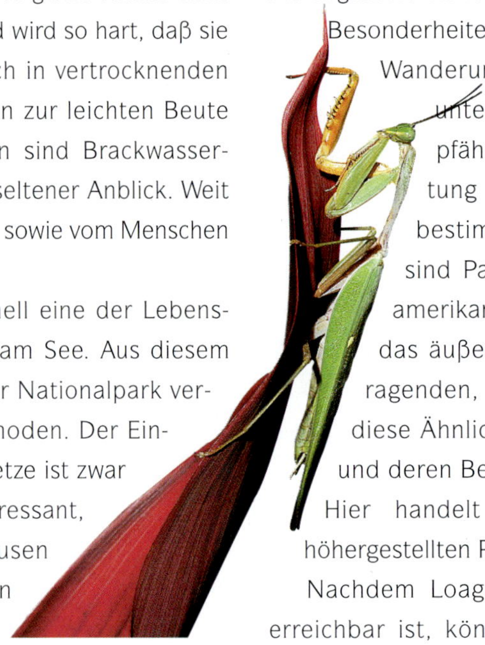

Totems

Die regionale Kultur bietet noch andere interessante Besonderheiten. Wer den See überquert und eine Wanderung in die angrenzenden Wälder unternimmt, wird auf hölzerne Totempfähle stoßen. In ihrer religiösen Bedeutung sowie als Kennzeichen für die von bestimmten Familien beackerten Böden sind Parallelen zum Totemkult der nordamerikanischen Indianer zu erkennen. Auch das äußere Erscheinungsbild der hoch aufragenden, beschnitzten Holzstämme macht diese Ähnlichkeiten deutlich, doch die Motive und deren Bedeutung sind sehr unterschiedlich. Hier handelt es sich um Grabstätten von höhergestellten Persönlichkeiten des Berawan-Volks.

Nachdem Loagan Bunut jetzt über eine Straße erreichbar ist, könnten Totemkult und traditioneller

Unten links: *Verschiedene den Kayan zugehörige Gruppen siedeln in den flußabwärts gelegenen Gebieten zwischen dem See und den Flüssen Tinjar und Baram.*

Unten rechts: *Loagan Bunut bietet je nach Wasserstand einen anderen Anblick: Bei niedrigem Pegel zeigt sich der mit Riedgras gefüllte Sumpf in sattem Grün.*

Fischfang in ihrer Bedeutung beeinträchtigt werden. Der Schutz des Sees und der angrenzenden Wälder soll sicherstellen, daß jede Veränderung in diesem bedeutenden Landschaftspark verträglich und umweltschonend vonstatten geht. Lohnend für Besucher von Loagan Bunut ist ein Abstecher in den Nationalpark Gunung Mulu, den Agenturen vor Ort arrangieren.

Ganz oben: *Fisch ist die Hauptnahrung der Flachkopfkatze, eines seltenen nachtaktiven Raubtiers.*
Oben: *Fischfallen aus Bambus und Rattan werden ins seichte Wasser gestellt und täglich überprüft – die größeren Speisefische werden entnommen, zu kleine wieder freigelassen.*
Rechts: *Einige wenige Purpurreiher nisten im Riedgras und im Röhricht, das den See umgibt.*

NATIONALPARK GUNUNG MULU

Sarawaks größtes Naturschutzgebiet

Der Nationalpark Gunung Mulu ist das größte und attraktivste Schutzgebiet auf Sarawaks Boden. Das im Nordosten des Bundeslandes unmittelbar südlich der Staatsgrenze zu Brunei im Verwaltungsbezirk Miri und Limbang gelegene Gebiet ist 528 km² groß.

Im Herzen des Parks erheben sich schroffe Kalksteinberge, die von tiefen Tälern durchzogen sind. Das Tal des Bergflusses Sungai Melinau trennt den Gipfel des Gunung Api (1 750 m) mit seinen bizarren Felsspitzen aus Kalkstein vom Gunung Benarat. Weiter unten fließt der Fluß gemächlicher durch die Niederungen des Parks. Im Osten schwingt sich der rundliche Sandsteingipfel des Gunung Mulu zu einer Höhe von 2 376 m auf. Er wurde 1932 erstmals bestiegen.

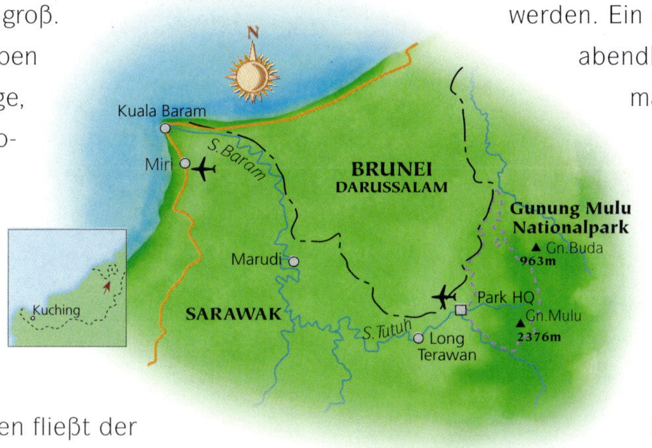

Die Höhlen

Herrliche Kalksteinformationen und atemberaubende Höhlen haben Gunung Mulu weltweit bekannt gemacht. Zu den Superlativen, die zur Beschreibung der Höhlen bemüht werden, gehören »die größte natürliche Kammer der Welt« (die Sarawak-Kammer, ein riesiger Dom ohne Stützwerk), »die weltweit längste bekannte Höhlenpassage« (Deer Cave) und »das umfangreichste Höhlensystem Südostasiens« (Clearwater Cave), in dem Passagen von über 100 km Länge nachgewiesen sind. Weitere Gänge und Kammern warten noch auf ihre Entdeckung. Die beiden zuletzt genannten Höhlen sowie Wind Cave und Lang's Cave können besucht werden. Ein einmaliges Erlebnis ist der abendliche Aufbruch der Fledermäuse aus der Deer Cave. An Abenden mit gutem Wetter schwärmen in aufeinanderfolgenden Wellen mehr als eine Million Bulldog-Fledermäuse zur Nahrungssuche aus. Andere Arten kommen nur in sehr kleiner Zahl vor. Das Schauspiel dauert eine bis anderthalb Stunden, und vor den Höhlen lauern bereits Fledermaus-Gleitaare und Wanderfalken auf Beute.

Linke Seite: *Die Anfahrt zum Nationalpark Gunung Mulu über den romantischen Dschungelfluß Sungai Melinau ist die richtige Einstimmung auf den Besuch im Regenwald.*

Oben rechts: *In diesen langen, schmalen Booten werden die Besucher über die Flüsse des Parks befördert.*

Die Felsnadeln des Gunung Mulu

Eine Trekkingtour zum Gipfel des Gunung Mulu dauert mehrere Tage. Sie beginnt mit einer langen Wanderung durch Tieflandwald, die zu einem ersten Basislager am Fuße des Berges führt. Die Besteigung des Berges erfordert zwei weitere Tage. Übernachtet wird in Camp 4 dicht unterhalb des Gipfels. Der Rückweg zum Besucherzentrum nimmt ebenfalls zwei Tage in Anspruch. Dort, wo man in Gipfelnähe aus dem tiefergelegenen Bergwald in bemoosten Heidewald gelangt, in dem Rhododendren und von Flechten überzogene Bäume stehen, werden die Wege schwieriger: Man klettert über feuchte, bemooste Stämme oder hangelt sich an Baumwurzeln empor – wirklich gefährlich sind die Wege aber nicht.

Zu den herausragenden Sehenswürdigkeiten des Parks gehören die *Pinnacles* auf Gunung Api. Scharf wie

Lage: Ostsarawak, rund 100 km Luftlinie südöstlich von Miri.

Klima: Tagsüber heiß, nachts warm, in den Wäldern kühler; kalte Nächte beim Zelten auf dem Berg. Regenfälle im Jahresablauf jederzeit möglich, feuchteste Zeit Oktober bis Februar.

Reisezeit: Ganzjährig, doch Regenwetter macht sämtliche Unternehmungen schwieriger.

Anreise: Flug von Miri nach Gunung Mulu (täglich) oder mit Booten von Kuala Baram (Hafen vor Miri) nach Marudi und Long Terawan und weiter zum Park.

Genehmigungen: Einzuholen beim *National Parks and Wildlife Office* in Miri oder Kuching. Agenturen besorgen die *Permits* für ihre Kunden. Einzelreisende sollten alle Arrangements (auch Unterkünfte) vorab buchen.

Ausrüstung: Leichte, strapazierfähige Kleidung und feste Schuhe mit gutem Profil für Waldwanderungen und Höhlenbesuche. Taschenlampe. Für Höhlenerkundungen Spezialausrüstung.

Einrichtungen: Besucher- und Informationszentrum, Hütten und Kantine. Zelten an ausgewiesenen Plätzen. Boote und Führer stehen zur Verfügung. Plankenweg zur Deer Cave und Wegesystem. Die vier allgemein zugänglichen Höhlen sind ausgeleuchtet und gesichert. Spezielle Höhlenerkundungen auf Anfrage.

Naturbeobachtungen: Überall im Park gute Vogelbeobachtung. Ausschwärmen der Fledermäuse aus der Deer Cave (wetterabhängig). Fledermaus-Gleitaare, mitunter auch Wanderfalken.

Freizeitaktivitäten: Höhlenbesuche und -erkundungen, auch Ausflüge nach Wunsch und Kletterpartien. Waldwanderungen, Trekking zum Gipfel des Gunung Mulu und zu den Kalkstein-*Pinnacles* mit Übernachtungen unterwegs. Vogelbeobachtungen, Fotografieren.

Oben: *In der Nähe des Parks lebt die kleine Gemeinschaft der Penan. Hier bearbeitet eine Frau auf traditionelle Weise Sago.*

Rasiermesser ragen die von der Erosion geformten Kalksteinfelsen aus dem Wald heraus. In anderen Landesteilen gibt es ähnliche Kalksteinformationen, doch nirgends bieten sie ein so beeindruckendes Bild wie hier. Manche Felsnadeln sind 60 m hoch. Den besten Blick hat man aus der Luft und von dem drei Wegstunden entfernten Camp 5 am Gipfelpunkt der Wanderung. Die Parkverwaltung gibt mit Absicht keine Wegepläne aus, weil Wanderungen nur in Begleitung von Führern unternommen werden dürfen.

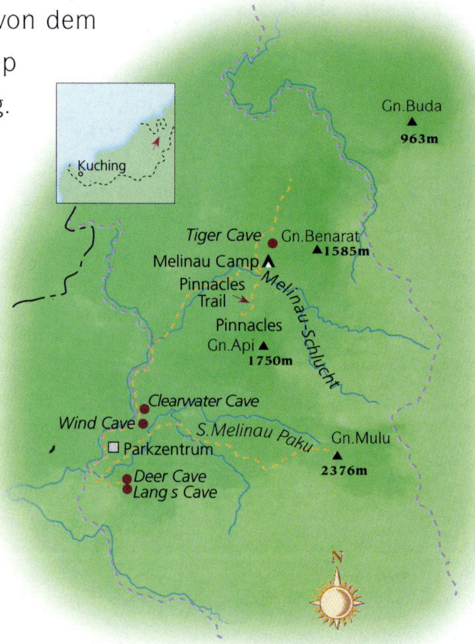

Nashornvögel

Nur selten trifft man im Park auf größere Tiere. Vor allem auf den Wegen zum Camp 5 und zum Gipfel des Gunung Mulu bestehen jedoch gute Chancen, Nashornvögel zu sehen oder zumindest zu hören. Würgende Laute aus mittleren Baumhöhen könnten auf ein schwarzes Nashornvogelpaar hindeuten, während ein bellendes Geräusch im Laubdach den Aufbruch einer kleinen Schar von Blaukehligen Nashornvögeln verkündet. Büschelk-Nashornvögel leben in erweiterten Familienverbänden mit mehreren Gruppen erwachsener Jungtiere, deren Rufe an ein Rudel Welpen erinnert.

Die Pflanzenwelt

Die Natur des Nationalparks ist zum größten Teil unberührt. Seine Waldbestände bestehen aus gemischten Dipterokarpazeen, torfigem Sumpfwald, Wald auf Kalksteinböden und Bergwald. Die Pflanzenwelt ist vielfältig. Entlang des 3 km langen Plankenwegs zur Deer Cave durchquert man artenreichen Tieflandwald, der im Jahresablauf teilweise überschwemmt wird und deshalb morastig ist. An dauerhaft nassen Stellen wächst die seltene kleine Wasserpflanze *Cryptocoryne,* deren Blüten denen der Aronstabgewächse ähneln. Auch auf dem Kalkgestein in der Nähe der Höhlen gedeihen ausgefallene Pflanzen. Der Aufstieg zu den spektakulären Felsformationen bietet auch botanische Besonderheiten. Pinkfarben blühende Balsamarten, Kannenpflanzen und zahlreiche Arten der einblättrigen Pflanzengruppe *Monophyllea* säumen den Weg.

Die dramatische Landschaft von Gunung Mulu: zerklüftete Berge (oben), *ausschwärmende Fledermäuse* (rechts), *Felsgebilde in der Wind Cave* (ganz rechts, oben), *ungestörte Pflanzenwelt* (ganz rechts, unten), *die Clearwater Cave* (rechte Seite, kleines Bild).

Die Menschen

Die einheimische Bevölkerung gehört verschiedenen Volksgruppen an: den Penan, Berawan, Lun Bawang und den Iban. Die Bewohner einzelner Langhäuser dürfen in bestimmten Gebieten des Parks Wildschweine und Rotwild jagen, fischen und im Wald Nahrungsmittel oder Material zur Herstellung kunstgewerblicher Produkte sammeln. Das an der Parkgrenze gelegene Batu Bungan ist ein bekanntes Langhaus der Penan, das im Rahmen von Ausflügen zur Clearwater und Wind Cave häufig von Touristen besucht wird. Wer die Terrasse betreten möchte, wo Körbe und Armreife zum Kauf angeboten werden, muß vor der Treppe seine Schuhe ausziehen.

Forschung

Der Nationalpark Gunung Mulu wird von staatlicher und von privater Seite gefördert. Über seine Flora und Fauna ist noch wenig bekannt. Seit einer ersten großen Expedition, die die Landesregierung von Sarawak 1977/78 in Zusammenarbeit mit der *Royal Geographical Society* unternahm, haben internationale Gruppen von Wissenschaftlern vor allem in den Höhlen geforscht.

Rechts: *Der Größenvergleich mit den Bäumen verdeutlicht die enorme Höhe der scharfkantigen »Pinnacles«.*
Nachfolgende Doppelseite: *Die Deer Cave ist die Heimat von über einer Million Fledermäusen.*

Kelabit Highlands

Heimat von Bergbewohnern

In Borneos gebirgigem Zentrum liegen die Kelabit Highlands. Das Hochlandbecken liegt auf einer Höhe zwischen 980 und 1 065 m und ist von höheren Bergketten und Gipfeln umgeben. Im Westen grenzt die Tamabu-Kette die Kelabit Highlands von Sarawaks Küstengebieten ab, und im Osten trennen als natürliche Grenze die Höhen des Apo Duat das rund 1 500 km² große Gebiet vom indonesischen Kalimantan. Im Norden türmt sich Sarawaks höchster Berg Gunung Murud majestätisch auf 2 422 m auf. Wer ihn besteigt, wird sich der Faszination seines bemoosten, verhangenen Nebelwaldes nicht entziehen können. Üppige Bergwälder und Heidewald bedecken seine Hänge – einer der letzten noch fast unberührten Flecken herrlicher Natur.

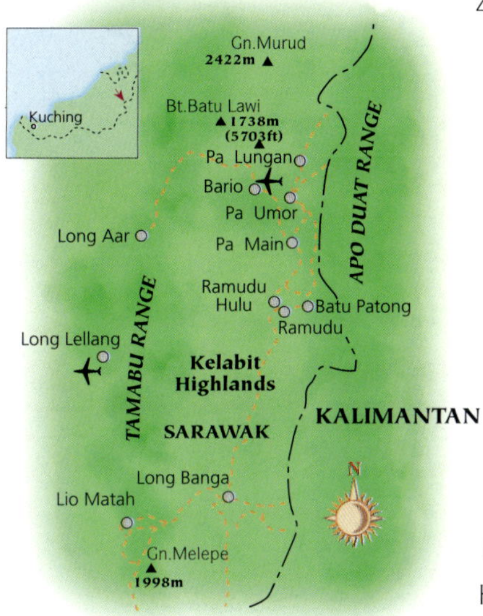

Linke Seite:
Das Verbreitungsgebiet des Binturong, der größten Zibetkatze, erstreckt sich bis hinauf in den Bergwald (links oben).
Im gemäßigten Klima des Hochlands gedeihen zahlreiche Gemüsesorten (links Mitte).
Die Malaiische Zibetkatze ernährt sich vornehmlich von kleinen Fröschen, Insekten und anderem Kleingetier, das sie am Boden jagt (links unten).
Das ebene Plateau zwischen den Berggipfeln gestattet auch in den höheren Lagen der Kelabit Highlands den Naßreisanbau (rechts).

Oben rechts: Globba atrosanguinea *gehört zu den kleineren wilden Ingwergewächsen.*

Die Flüsse Pa' Dabpur und Pa' Kelapang sind wegen reißender Stromschnellen und gefährlicher Felsen nicht befahrbar. Sie sind Zuflußgewässer des Baram und anderer großer Flußläufe im Tiefland. Im Hochland gibt es nur eine Möglichkeit der Fortbewegung: zu Fuß über schmale Dschungelpfade.

Hochlandwälder

Die Wälder der Kelabit Highlands stehen auf stark ausgelaugten weißen Sandböden. Man findet deshalb vorwiegend Heidewald oder Dipterokarpazeenwald mit einigen Merkmalen eines Heidewaldes. Dort, wo in größeren Höhen eine ständige Wolkendecke für eine höhere Feuchtigkeit sorgt, ist der Wald bemoost. Einige Ameisenpflanzen im Heidewald gehören derselben Gattung wie diejenigen im Bako- Nationalpark an. Die Zusammensetzung des Baumbestands ist hier aber wegen der höheren Lage vollkommen anders. Bemerkenswert sind die gigantischen *Agathis*-Bäume – ein malaiischer Nadelbaum mit breiten, nicht nadelförmigen Blättern. Zu den anderen auffälligen Bäumen gehört *Casuarina nobilis*, der zwar wie eine Konifere aussieht, jedoch einer anderen, ursprünglich aus Australien stammenden Art angehört.

Säugetiere

Am weitesten verbreitet sind Bartschweine, die als Jagdwild für die hiesige Hochlandbevölkerung große Bedeutung haben. Sambarhirsche und Muntjaks haben ihre Reviere in den Highlands, und wenn zur Zeit der Obstreife in den Gärten Fallobst liegt, streifen mitunter Bären durch die Dörfer. Zu den interessanten Tieren, die

Lage: Am Ostrand von Sarawak an der Grenze zu Kalimantan (Indonesien). Hochlandbecken südlich des Gunung Murud.

Klima: Gemäßigte 21 Grad am Tag, kühle 14 Grad nachts, mitunter kühler. Viel Regen.

Reisezeit: Ganzjährig möglich, doch die Monate Oktober bis Februar sind regenreich.

Anreise: Auf dem Luftweg; tägliche Flüge von Miri (Sarawak) via Marudi nach Bario oder zweimal wöchentlich nach Long Lellang oder Long Banga. Auf Verspätungen und Stornierungen einrichten, denn Nebel und Regen können Landungen im Hochland tagelang unmöglich machen.

Genehmigungen: Nicht erforderlich.

Ausrüstung: Strapazierfähige Kleidung und festes Schuhwerk für Wanderungen in nassem, matschigem Gelände. Warme, wasserabweisende Kleidung und Schlafsack für kalte Nächte. Blutegelsocken sind nützlich.

Einrichtungen: Gewöhnlich übernachtet man in Langhäusern, doch mit dem Bau von Gästehäusern wurde begonnen. Mißbrauchen Sie die Gastfreundschaft nicht. Spenden an die Langhausgemeinschaft werden erwartet. Agenturen in Miri oder Kuching erleichtern die Vorbereitungen für die Reise nach Bario und in die Kelabit Highlands.

Naturbeobachtungen: Wenige Großtiere, doch vielfältige Vogel- und Pflanzenwelt im Kulturland und im Bergwald. Zu den Attraktionen gehören die auf engem Raum anzutreffenden verschiedenen Waldformen.

Freizeitaktivitäten: Kurze und lange Wanderungen.

hier gesichtet wurden, gehört das über ganz Borneo verbreitete Schopf-Bodenhörnchen. Das mahagonifarbene Tier mit langen Büscheln an den Ohren gehört zu Südostasiens größten Hörnchen und ist auf Borneo endemisch.

Die Menschen

Die abgelegene Region ist die Heimat des Stammes der Kelabit, die Sarawaks einzige Hochlandbewohner sind. Die zu den kleinsten Ethnien des Landes gehörende Gruppe zählt weniger als 7 500 Mitglieder. Zentrum ihres Siedlungsgebiets ist das kleine Dorf Bario. Im Hochland gibt es insgesamt 19 Langhaussiedlungen, deren älteste die Dörfer Long Dano, Ramudu und Pa' Dallih im fruchtbaren Kelapang-Becken sind. Sie liegen ein bis zwei Tagesmärsche von Bario entfernt. Andere Siedlungen sind noch abgeschiedener. Long Lellang und Long Seridan liegen an den Oberläufen des Sungai Tutoh und des Sungai Akah, Long Banga und Long Peluan im oberen Bereich des Baram. Die Kelabit selbst haben die Einrichtung eines Nationalparks namens Pulong Tau in diesem Gebiet angeregt, der Teile der Tamabu-Kette sowie Gunung Murud und den mächtigen, mythischen Sandsteinmonolithen Batu Lawi umfassen soll. Im Gebiet von Pulong Tau leben auch Sarawaks letzte Sumatra-Nashörner.

Oben links: *Bartschweine sind die wichtigsten Fleischlieferanten für die einheimischen Kelabit.*
Links: *Wegen seiner eigenartigen Form besitzt Batu Lawi, eine Felsnadel aus Sandstein, in der Tradition und Mythologie der Kelabit große Bedeutung.*
Unten: *Bei den langen Waldwanderungen von Dorf zu Dorf sind mitunter schwankende Hängebrücken zu überqueren.*

Reisanbau

Wer mit dem Flugzeug nach Bario einfliegt, bekommt unterhalb der Wolkendecke einen unvergeßlichen Blick auf das Patchworkmuster der harmonisch in die Landschaft gefügten überfluteten Reisfelder geboten. Diese Form der Landwirtschaft unterscheidet die Kelabit von den meisten anderen Ethnien auf Sarawak. Hier im Bergland wird auch Trockenreis angebaut. Insgesamt gibt es übrigens 32 verschiedene Reissorten. Besonders

berühmt ist ein weißer Reis mit dem Namen *pade adan,* der in anderen Teilen Sarawaks und Malaysias »Bario-Reis« heißt.

Der Reis steht hier im Hochland im Mittelpunkt des Lebens. In den Langhäusern beginnt der Tag schon vor Sonnenaufgang mit dem Verzehr von *nuba' laya,* einem weichen Reisgericht aus *pade tuan,* das auf dem holzbefeuerten Herd zubereitet wird. Während sich die Langhausbewohner am Feuer wärmen, dreht sich das Gespräch schon um die anstehende Arbeit auf den Reisfeldern. Auch der Jahresverlauf steht ganz im Zeichen der verschiedenen Stadien des Reisanbaus, und die Ernte fällt in die Zeit der fröhlichen Weihnachts- und Neujahrsfeierlichkeiten.

Für die meisten Kelabit ist ihre ethnische Identität untrennbar mit dem Hochland verbunden, das schon ihren Vorfahren seit Jahrhunderten als Lebensraum diente. Aus der festen Verankerung in der Tradition ihres Volkes schöpfen die Kelabit ihre Kraft, die es ihnen ermöglicht, an den raschen Veränderungen im heutigen Sarawak teilzunehmen, ohne ihre kulturelle Identität aufzugeben.

Links: *Die Trachten, die kunsthandwerklichen Fähigkeiten und die künstlerisch-rituellen Zeremonien fördern den Gemeinschaftssinn der Kelabit und der benachbarten Kenyah.*

Unten: *Kunstfertige Perlenstickereien stellen in abstrakt-stilisierter Form den Hornaufsatz des Rhinozerosvogels dar.*

SABAH

Mit einer Fläche von 73 711 km² ist das im Nordosten von Borneo gelegene Sabah Malaysias zweitgrößtes Bundesland. Die ausgezackte, fast 1 800 km lange Küstenlinie ist von zahllosen, zum Teil mit Mangroven bestandenen Buchten und Landvorsprüngen geprägt.

Die in Richtung Nordwestküste strömenden Flüsse sind kurz und haben ein starkes Gefälle. Breiter und langsamer sind die nach Osten fließenden Wasserläufe, die durch ausgedehntes Tiefland mäandern. So hat Sabahs längster Fluß, der Kinabatangan, ein breites Bett mit toten Seitenarmen und jahreszeitlich überfluteten Uferwäldern. Er bietet Süßwasserdelphinen und anderen großen Säugetieren Lebensraum. Ähnliches gilt auch für den Sungai Segama und den Sungai Sugut.

Zum überwiegend hügeligen Norden und Westen des Bundeslandes gehört die Crocker Range, die von Sarawaks Grenze nach Nordosten bis zum Gunung Kinabalu verläuft. Mit 4 095 m ist er der höchste Berg Borneos und zugleich die höchste Erhebung zwischen dem östlichen Himalaya und dem westlichen Irian Jaya. Sabah gilt als Malaysias biologisch vielfältigstes Bundesland. Hauptattraktionen für Besucher sind Nasenaffen, Orang-Utans, *Rafflesia*-Blüten und die eigentümlich geformten Kannengewächse der höheren Berggebiete.

Die Beschreibungen der ausgewählten Gebiete können nur einen ersten Eindruck von Sabah vermitteln. Vorgestellt werden Nationalparks, Meeresparks, Wildreservate und einige Gebiete, die in absehbarer Zukunft unter Schutz gestellt werden sollen. Sie alle haben ihre besondere Bedeutung. So dient Danum Valley zum Beispiel in erster Linie der Forschung. Vor den Inseln Sipadan und Semporna liegen einige der schönsten Korallenriffe der Welt. Pulau Tiga ist klein, doch für das Überleben einer Seeschlangenart wichtig. Sabahs Schutzgebiete sollen den dauerhaften Fortbestand einer repräsentativen Auswahl an natürlichen Lebensräumen mit besonderen Tier- und Pflanzenarten sicherstellen.

Ulu Padas und Long Pasia

Zerklüftete Berggrate und Urwälder

Das Bergdorf Long Pasia im abgeschiedenen Gebiet Ulu Padas in Sabahs Südwesten ist berühmt für seinen roten Fluß. Die Färbung des Wassers verdankt sich Gerbstoffen, die der Regen aus herabfallendem Laub wäscht. In der Sprache der Lun Dayeh ist *pa* die Kurzform für »Fluß«, und *sia* bedeutet »rot«. Die Flüsse Sungai Pasia und Sungai Matang vereinen sich hier zum Oberlauf des Sungai Padas, der nach Sungai Kinabatangan im Osten Sabahs der zweitgrößte Fluß des Bundeslandes ist. Er hat für viele Städte und Siedlungen im Flachland große Bedeutung, denn sein Wasser ist sauber und er ist sehr fischreich.

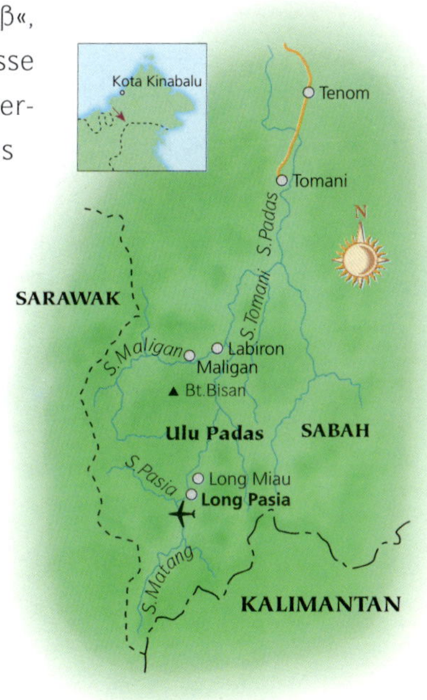

Linke Seite: *Der Asiatische Elfenblauvogel ist mit seinem blau durchsetzten Gefieder einer der auffälligsten kleinen Waldvögel* (links oben).
Nur nachts wagen sich Leopardenkatzen hervor, um kleine Beutetiere zu jagen (links Mitte).
Der scheue und vorsichtige Rotrückenfasan läßt sich höchstens für einige kurze Augenblicke sehen (links unten).
Der eindrucksvolle Tristaniopsis *ist mit seiner roten Rinde ein typischer Baum des Heidewaldes; er ist mit australischen Kautschukbäumen verwandt* (rechts).
Oben rechts: *Die Lun Dayeh leben noch in enger Verbindung mit ihrer natürlichen Umgebung; zu ihrer traditionellen Ausstattung gehören Kleidung aus Schlangenhaut und Baumrinde und der Hauer eines Wildschweins.*
Vorhergehende Seiten: *Sabah ist berühmt für seine herrlichen Strände, wie für diesen hier auf Pulau Sapi im Tunku-Abdul-Rahman-Park* (S. 128). *In Sabahs Küstengewässern wachsen farbenprächtige Korallen* (S. 129 oben).

Geschützte Wälder

Die zwischen 1 200 und 1 800 m hoch gelegenen zerklüfteten Berggrate von Ulu Padas sind von unberührtem Heide- und Bergwald überzogen, in dem besonders in höheren Lagen interessante Pflanzen wachsen. Aufgrund der Unzugänglichkeit des Gebiets birgt die Flora von Ulu Padas noch viele Geheimnisse. Seit 1997 wurden bei Forschungsarbeiten interessante Entdeckungen gemacht, darunter verschiedene der Wissenschaft bis dahin vollkommen unbekannte Orchideen und Ingwergewächse. Erst vor kurzem wurde die im Heidewald wachsende Orchidee *Eria aurantia,* deren belaubter Stengel doppelte Mannshöhe erreichen kann, zum ersten Mal beschrieben. Doch auch viele andere schillernde Pflanzen gedeihen hier.

In dem sehr alten Wald stehen eindrucksvolle *Agathis*-Bäume mit Stämmen, die zehn Männer (die sich an den Händen halten) kaum umfassen können. Der Fortbestand des Waldes liegt im besonderen Interesse des Volks der Lun Dayeh, denn sie beziehen aus dem Wald Baumaterial, Nahrung und Heilmittel – das Wissen darüber geben die Alten an die Jungen weiter. Das Projekt »Menschen und Pflanzen«, das der WWF Malaysia in Zusammenarbeit mit den Dorfbewohnern durchführt, soll das tradierte Wissen für die Zukunft sichern.

Es gibt in Ulu Padas zwei unberührte Dschungelreservate, doch zum größten Teil ist das Gebiet als kommerzieller Forst ausgewiesen, in dem kontrollierter Holzschlag stattfinden darf.

Lage: Ein ca. 90 km² großes Gebiet im äußersten Südwesten Sabahs, das an Sarawak und Kalimantan grenzt.

Klima: Tagsüber warm, nachts besonders im Wald und in erhöhten Lagen frisch. Starke Niederschläge, trockenste Zeit tendenziell im Juli und August.

Reisezeit: Ganzjährig. Im August/September und Januar/Februar rege Aktivitäten auf den Feldern (Aussaat oder Ernte). Die am wenigsten geschäftigen Monate sind März bis Mai.

Anreise: Flüge mit *Twin Otters* der Malaysian Airlines einmal wöchentlich von Kota Kinabalu nach Long Pasia. Überlandfahrzeuge benötigen Allradantrieb, doch manchmal sind die Wege auch für sie unpassierbar.

Genehmigungen: Nicht erforderlich; doch für ein Trekking nach Sarawak muß die Erlaubnis des *Immigration Department* eingeholt werden.

Ausrüstung: Für längere Wanderungen und ausgiebige Trekkingtouren gutes Schuhwerk und ein robuster Rucksack. Sonst leichte Kleidung, ein Pullover für kühle Abende und Fotoausrüstung.

Einrichtungen: Keine Hotels. Man übernachtet bei Einheimischen in einem *Homestay,* das bereits über eine Agentur in Kota Kinabalu gebucht werden kann. Nur kleine Gruppen können untergebracht werden.

Naturbeobachtungen: Kein Ziel für Beobachtungen von Großwild, doch man sieht viele Vögel im freien Feld, am Waldrand und im Wald selbst.

Freizeitaktivitäten: Fotografieren, Wanderungen, Vogelbeobachtung, Botanisieren, Flußfahrten; kulturelle Besichtigungen.

Oben: *Grabbehälter wie diese Drachenkrüge weisen nicht nur auf Begräbnisstätten hin, sondern symbolisieren auch die Verbindung einer Familie mit ihrem angestammten Land.* Rechts: *Am Waldrand gesammelte Früchte bereichern den Speiseplan der Einheimischen.*

Kulturelles Erbe

Die Lun Dayeh betrachten das Land und die Art und Weise, in der sie es seit Jahrhunderten nutzen, als ihr kulturelles Erbe. Sie bauen vor allem trockenen Bergreis und andere Feldfrüchte an. Aus der Vogelperspektive entsteht der Eindruck, das gesamte Gebiet sei von natürlichen Wäldern umgeben, doch weite Bereiche sind ehemaliges Nutzland, das zur Regeneration der Böden zur Zeit brachliegt. Der hier wuchernde Sekundärwald kann also wieder zur Abholzung freigegeben werden. Primärwald wird nur in Ausnahmefällen erschlossen.

In den Wäldern um Long Pasia stößt man auf historisch und kulturell bedeutende Stätten, zu denen eindrucksvolle Steinmonumente, massive behauene Felsen und seltsame, krokodilförmige Erdwälle gehören. Manche dieser Erdwälle sind Gräber der Ureinwohner – wichtiger Persönlichkeiten, die in *tajau* (»Drachenkrügen«) beigesetzt sind. Andere werden in Beziehung zu Upai Semaring gesetzt, einer mythischen Gestalt, die im gesamten Gebiet ihre Spuren hinterlassen hat: Riesige Fußabdrücke auf Steinen und Rillen auf mächtigen Flußfelsen werden als ihre Fingerabdrücke gedeutet.

Unten: *Die Lun Dayeh pflegen ihre Traditionen und kulturellen Bräuche.*

Spiritueller Ort

Long Pasia begeistert Besucher aus aller Welt. Obwohl sich hier das Christentum schon lange durchgesetzt hat, ist das Gebiet für viele ein spiritueller Zufluchtsort und eine Stätte der Kommunikation mit der Natur. Andere suchen das Abenteuer und wandern auf seit Urzeiten genutzten Pfaden bis hinüber nach Sarawak.

PULAU-TIGA-PARK

Riffe und Inseln

Der Pulau-Tiga-Park besteht aus drei Inseln. Die Brandung hat eine von ihnen, Pulau Kalampunian Besar, im Lauf der Zeit zu einer kleinen Sandbank schrumpfen lassen, auf der sich bei Flut große Hauben-Seeschwalben niederlassen. Die zweite, Pulau Kalampunian Damit, ist ein kleines felsiges Eiland von 40 m Länge und 30 m Höhe.

Pulau Tiga selbst ist 607 ha groß – eine flache, längliche Insel, die nicht aus tragendem Gestein, sondern aus Aufwerfungen nach Eruptionen von Schlammvulkanen im Meer entstanden ist. Aus Löchern von zum Teil nicht mehr als einem Meter Durchmesser quillt in unregelmäßigen Abständen heißer Lavaschlamm hervor. Im Falle von Pulau Tiga wuchs der in Schichten trocknende Schlammberg so rasch, daß eine Insel entstehen konnte, die der Kraft der Wellen widersteht. Auch heute sind im Gipfelbereich noch verschiedene Schlammkrater aktiv. Pulau Kalampunian Besar entstand auf die gleiche Art, erreichte jedoch nicht rasch genug eine ausreichende Größe und wurde deshalb vom Meer ausgewaschen.

Inselvegetation

Der 1978 gegründete Park erstreckt sich über ein Gebiet von 158 km², das überwiegend aus Meeresfläche besteht. Die Vegetation von Pulau Tiga zeigt eine Mischung aus relativ unberührtem Wald und eingeführten Baumarten. Zahlreich sind die Würgfeigen, deren Früchte verschiedenen Tauben Nahrung spenden, unter anderem der Bunten Fruchttaube und der Grünen Kaisertaube. In Strandnähe wachsen heimische Bäume wie die *Barringtonia,* deren wundervoll flauschige rosafarbene und weiße Blüten morgens im Sand liegen, sowie Kasuarinen und Kokospalmen.

Im Sand legen große Bodenvögel ihre Eier ab – häufig zwischen den Wurzeln einer *Barringtonia.* Die hier verbreitete Art, die auch Philippinischer Buschvogel genannt wird, erinnert an ein Huhn. Das graubraune Tier besitzt einen kahlen, roten Kopf und riesenhafte Füße und verscharrt seine abgelegten Eier im lockeren, warmen Sand. Die Eiablage erfolgt in Intervallen über mehrere Tage hinweg. Durch die hohe Temperatur des von der Sonne erhitzten Sandes werden die Eier ausgebrütet. Es dauert recht lange, bis die Tiere schlüpfen – wenn das Gelege nicht zuvor von Ratten oder Waranen geplündert wird. Die Jungtiere müssen sich an die Oberfläche graben und sich ohne die Hilfe und den Schutz durch Elterntiere behaupten.

Zu den auf Pulau Tiga anzutreffenden Tieren gehören Bartschweine sowie einige Echsen- und Froscharten. Berühmt aber ist der Park vor allem wegen der hier lebenden Seeschlangen. Auf Pulau Kalampunian Damit und in den umliegenden Gewässern wird die Population der Gelblippen-Seekraits – schwarzgeringelte, perlblaue Schlangen – auf bis zu 800 Tiere geschätzt. Im Gegensatz zu anderen Wasserschlangen hält sich diese Art meistens an Land auf, wo sie sich auch fortpflanzt. Inaktiv und schläfrig überstehen die Tiere die Tageshitze

Oben rechts: *Der Kaiser-Engelfisch gehört zu den farbenprächtigsten Fischen in Sabahs Gewässern.*

Lage: Maritimes Gebiet vor Sabahs Westküste, 50 km südwestlich von Kota Kinabalu.

Klima: Tagsüber sonnig und heiß, nachts warm. Regenfälle sind in den Monaten September bis Februar zu erwarten, in denen auch die See rauher ist.

Reisezeit: Ganzjährig, am besten März bis Juni.

Anreise: Bootsfahrten können in Kota Kinabalu vereinbart werden. Oder via Papar nach Kuala Penyu und von dort weiter mit dem Boot.

Genehmigungen: Einzuholen bei *Sabah Parks Office* in Kota Kinabalu; Unterkünfte müssen im voraus gebucht werden. Für den Besuch von Pulau Kalampunian Damit ist eine Sondererlaubnis erforderlich.

Ausrüstung: Leichte Kleidung, Sonnenschutz, Badezeug. Taucher und Schnorchler müssen Ausrüstung mitbringen (eventuell bei einer Agentur ausleihen). Festes Schuhwerk für den Besuch von Pulau Kalampunian Damit.

Einrichtungen: Besucherzentrum mit Herberge, Landungssteg und Picknickständen. Forschungsstation auf Pulau Tiga.

Naturbeobachtungen: Großfußhühner, Eilseeschwalben und mehrere fruchtfressende Taubenarten. Der Gelblippen-Seekrait ist eine amphibische Seeschlange mit großem Bestand auf Pulau Kalampunian Damit.

Freizeitaktivitäten: Wanderungen, Picknick, Schwimmen und Schnorcheln, Vogelbeobachtung. Schlammvulkane im Zentrum von Pulau Tiga. Tauchgebiete vor dem Landungssteg und an den nahen Mangroven. Südwestlich und südöstlich größere und seltener besuchte Korallenriffe.

Rechts: *Viele Riffbewohner fallen wegen ihrer fluoreszierenden Leuchtfarben auf.*

Unten: *Der Hauptstrand von Pulau Tiga wird bislang nur wenig von Besuchern genutzt.*

– verborgen unter Steinen oder Holz. Zur aktiven Nachtzeit sind Gruppen von jeweils wenigen weiblichen und zahlreichen männlichen Tieren unterwegs.

Im Besucherzentrum im Südwesten von Pulau Tiga beginnen verschiedene Wanderwege. Die Wanderung zum nahe gelegensten Schlammvulkan, der etwa 100 m hoch im Inselzentrum liegt, nimmt rund 20 Minuten Zeit in Anspruch. Andere Wege führen in jeweils etwa einer Stunde zu den Stränden Pagong-pagong im Norden und Larai-larai im Westen der Insel.

Schnorcheln am Riff

Die aus weichen und harten Korallenbänken sowie Gehirnkorallen bestehenden Riffe um die Insel bieten zahlreichen Fischen Lebensraum. Ein leicht erreichbares Riff liegt unmittelbar vor dem Strand Pagong-pagong; wesentlich größere Korallenbänke findet man westlich und südlich von Pulau Tiga. Als Basis für lohnende Schnorchelgänge bietet sich die Sandbank von Pulau Kalampunian Besar an, von wo aus man die Korallen im Zentrum und Norden des Parks erkunden kann. Hier lassen sich Schmetterlingsfische, Clownsfische und Papageienfische beobachten. In den Spalten der Bänke verbergen sich Aale vor den räuberischen Seeschlangen.

Am leichtesten zu erreichen ist das nahe der Mole gelegene Beach Reef. Bei Ebbe liegen weite Teile dieses

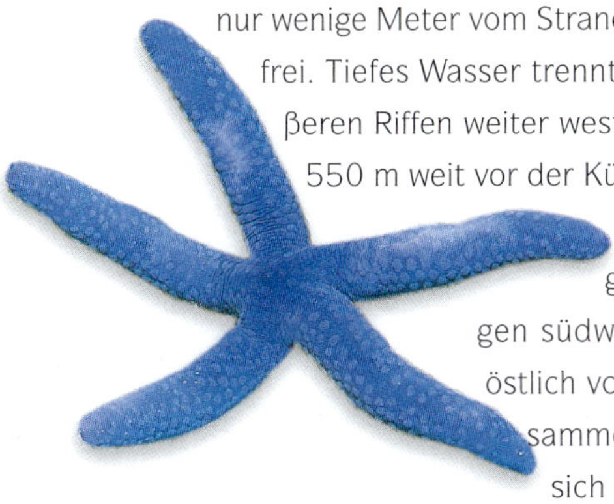

nur wenige Meter vom Strand entfernten Riffs frei. Tiefes Wasser trennt es von den größeren Riffen weiter westlich, die 250 bis 550 m weit vor der Küste liegen.

Die beiden größten Riffe liegen südwestlich und südöstlich vor Pulau Tiga. Zusammen erstrecken sie sich über eine Fläche von 85 ha. Doch anders als die kleineren Riffe in der Nähe der Mole sind sie nur schwer zu erreichen. Sie bieten Tauchern eine immense Vielfalt an bunten Fischen und Korallen. Aufgrund ihrer Größe fallen die zahlreichen Seeigel und Seegurken auf. Die Riffe sind größtenteils von Menschenhand unberührt und deshalb noch intakt. Sie sind Lebensraum der wunderschönen Geißelkorallen und Gorgonen, von Fischen und Algen. Da es im Park keine Tauchagenturen gibt, muß die Ausrüstung mitgebracht oder in Kota Kinabalu ausgeliehen werden.

Oben: Linckia laevigata *gehört mit einer Spannweite von 30 cm zu den größeren Seesternen.*
Rechts: *Eine Süßlippe schwimmt zu einer »Putzstelle«, an der kleinere Fische Schuppenpartikel oder Parasiten der Großen als Nahrung aufnehmen.*

Nationalpark Crocker Range

Sabahs größtes Schutzgebiet

Die Crocker Range ist eine waldbedeckte Bergkette, die sich vom Gunung Kinabalu in südwestlicher Richtung bis zur Grenze zwischen Sarawak und Sabah erstreckt. Bei klarer Sicht reicht der Blick von Sabahs westlichen Küstenebenen bis zu den häufig von Regenwolken umhüllten Gipfeln, die sich etwa 30 km von der Küste entfernt bis in Höhen zwischen 1 200 und 1 800 m aufschwingen. Die zuvor bereits als Forstreservat ausgewiesenen höheren Zonen der Crocker Range wurden 1984 zum Nationalpark erklärt. Mit 1 399 km^2 ist der Park das größte zusammenhängende Naturschutzgebiet Sabahs – und zugleich das unbekannteste und am wenigsten besuchte.

Waldzonen

Die natürliche Vegetation der tieferen Lagen der Crocker Range besteht aus Dipterokarpazeenwald, in dem fünf seltene Dipterokarpazeen wachsen. Sie kommen ausschließlich an den Hängen des nordwestlichen Borneo vor. Die Wälder der höheren Lagen sind reich an Eichen, Kastanien und Nadelbäumen, von deren Früchten und Zapfen sich Eichhörnchen, Waldratten und Stachelschweine ernähren. Die höchsten Grate der Bergkette, auf denen Orchideen, Rhododendren und Kannenpflanzen wachsen, sind häufig in Nebel gehüllt und mit dicken Moosen überzogen. Zu den botanischen Kostbarkeiten der Crocker Range gehört das Vorkommen der *Rafflesia pricei,* die vorwiegend dort gedeiht, wo Dipterokarpazeenwald in Eichen- und Kastanienwald übergeht. Diese etwas kleinere Art ihrer Familie, die es im geöffneten Zustand auf einen Blütendurchmesser von rund 30 cm bringt, blüht während des ganzen Jahres. Meist sieht man aber nur ihre langsam zur Reife gelangenden Knospen. Informationen über diese ungewöhnliche Pflanze gibt es in der *Rafflesia Virgin Jungle Reserve,* die an der Straße zwischen Kota Kinabalu und Tambunan liegt und landesweit zu den am besten zugänglichen Schutzgebieten für *Rafflesia* gehört. Häufig sind hier blühende Pflanzen zu bewundern.

Linke Seite: *Zerklüftete Berge und verwunschene Wälder machen die noch wenig erforschte Crocker Range zu einer romantischen Waldlandschaft.*

Oben rechts: *An versteckten Stellen im Wald wächst die auffällig gezeichnete* Rafflesia pricei.

Scheue Tiere

Die Vogelwelt der Crocker Range ist artenreich, aber nicht leicht zu beobachten. Die rasche Bildung von Nebelbänken, Wolken und Regenfronten, die zu allen Tageszeiten erfolgen kann, vermindert die Aktivität der Tiere. Dann herrscht im Wald eine unheimliche Stille. Bei schönem Wetter aber gehört das konstant rollende »took-took-terroook« des Goldnacken-Bartvogels zu den charakteristischen Geräuschen.

In diesem Park gibt es nur wenige große Tiere, doch ist man stolz auf eine kleine Orang-Utan-Population. Man sieht die Tiere aber nur selten. Andere seltene Säugetiere sind der Sonnendachs und der Schlichtroller, die beide sehr scheu sind und nur in den Bergketten des nordwestlichen Borneo vorkommen. Am häufigsten begegnet man bei einer Wanderung durch die Wälder

Lage: Die lange Bergkette, das Kernstück von Sabahs Westen, verläuft in südwestlicher Richtung hin zur Grenze zu Sarawak. Höchster Gipfel ist der Gunung Alab (1 964 m).

Klima: Tagsüber angenehm warm, nachts kann es kühl werden. Plötzliche Nebel- und Wolkenbildung mit Regenfällen jederzeit möglich. Feuchteste Jahreszeit: Oktober bis Februar.

Reisezeit: Ganzjährig, bevorzugt März bis September.

Anreise: Mit dem Auto in 2 Stunden von Kota Kinabalu via Tambunan nach Keningau. Alternativ mit dem Auto oder Zug nach Beaufort und weiter mit dem Zug nach Tenom. Man kann beide Wege zu einer Rundreise verknüpfen. Zerklüftetes Gelände macht manche Gebiete schwer zugänglich.

Genehmigungen: Einzuholen im Büro von *Sabah Parks* in Kota Kinabalu.

Ausrüstung: Strapazierfähige Kleidung, gute Wanderschuhe mit festem Profil, Regenschutz. Warme Kleidung für abends.

Einrichtungen: Keine festen Einrichtungen im Park. Unterkünfte erst wieder in den Städten um die Crocker Range (Kota Kinabalu, Keningau, Tenom und Beaufort) und auf dem Bergrücken (außerhalb des Parks) an der Straße von Kota Kinabalu nach Tambunan.

Naturbeobachtungen: Im Wald und Kulturland gute Vogelbeobachtung. Interessante Pflanzenwelt.

Freizeitaktivitäten: Einige Agenturen bieten Waldwanderungen im nördlichen Teil der Kette zwischen Kota Kinabalu, Papar und Tambunan an. Mitunter wird Rafting auf dem Sungai Padas bewilligt (vorher informieren).

Oben: *Zwischen die Berge der Crocker Range schmiegen sich an einigen Stellen terrassierte Reisfelder.*

Rechts: *Trekkingfreunde benötigen in diesem Gebiet eine gute Ausrüstung; das Gelände ist oft rauh, und die täglichen Etappen können lang werden.*

Unten: *Junge Männer vom Volk der Murut heißen Besucher in ihrem Dorf willkommen.*

der Crocker Range dem Bergeichhörnchen und dem Bergspitzhörnchen – das ist ein dunkelbraunes Tier mit spitzer Schnauze, das einem Eichhörnchen ähnelt. Vereinzelt streifen Bären und Primaten über die Berghänge.

Reisemöglichkeiten

Es gibt mehrere interessante Reiserouten innerhalb und außerhalb der Gebirgskette. Ein Tal, durch das sich der mächtige Sungai Padas windet, durchschneidet den südlichen Zipfel des Parks von Osten nach Westen. Vor langer Zeit wurde eine Eisenbahntrasse durch diese Schlucht gebaut, die noch heute benutzt wird. Sie ist der einzige Verbindungsweg zwischen den Städten Tenom und Beaufort und bietet Besuchern die Gelegenheit, die zerklüftete Schönheit von Sabahs Inland zu erleben.

Zwei Straßen verlaufen in westöstlicher Richtung durch die Crocker Range – die eine führt von Kota Kinabalu nach Tambunan, die andere von Kimanis nach Keningau. Die erste ist gepflastert und für normale Fahrzeuge geeignet, für die zweite, die in den 1970er

Jahren als Pistenstraße für den Abtransport von Holz aus dem Inselinneren gebaut wurde, sollte besonders bei Nässe ein Wagen mit Allradantrieb benutzt werden.

Das Tambunan-Tal, unmittelbar östlich der Crocker Range auf einer Höhe von 800 m gelegen, ist landschaftlich sehr reizvoll und von Kota Kinabalu aus in zwei Stunden zu erreichen. Neben überfluteten Reisfeldern dominiert hier Bambus das Landschaftsbild, den man für den Bau von Häusern, Zäunen, Brücken und Wasserleitungen sowie für das Flechten von Körben nutzt.

In Lagud Seberang im fruchtbaren Tenom-Tal, das sich an den südöstlichen Zipfel des Parks anschließt, baut das *Agricultural Department* rund um eine Forschungsstation einen Landwirtschaftspark auf. Zu den Attraktionen gehören ein »lebendes Museum« mit nützlichen Kultur- und Wildpflanzen, seltenen tropischen Obstbäumen, regionaltypischen Orchideen und anderen Pflanzen. Man erreicht Tenom von Kota Kinabalu aus über die Straße oder mit der Eisenbahn durch die Padas-Schlucht, die auch als Raftingrevier berühmt ist.

Oben: *Für Besucher ist das Parkgelände mit traditionellen Hängebrücken und Bambusleitern erschlossen. Wer Nervenkitzel liebt, läßt sich auf ein Rafting-Abenteuer in der Padas-Schlucht im Süden des Parks ein.*

Tunku-Abdul-Rahman-Park

Fünf historische Inseln

Der Tunku-Abdul-Rahman-Park (kurz: TAR-Park) besteht aus fünf Inseln, die mit einer kurzen Bootsfahrt von Kota Kinabalu aus leicht zu erreichen sind. Zusammen mit den umliegenden Gewässern bilden sie ein Schutzgebiet von nahezu 50 km^2, das zu zwei Dritteln aus Wasserfläche besteht. Die Namen der Inseln symbolisieren ihre Geschichte oder weisen auf ihre Entdecker hin: Pulau Gaya (»die Große«), Manukan (»Fisch«), Mamutik (»Muschelsammeln«), Sapi (»muhender Wasserbüffel«) und Sulug (»Vorfahren der Suluk«).

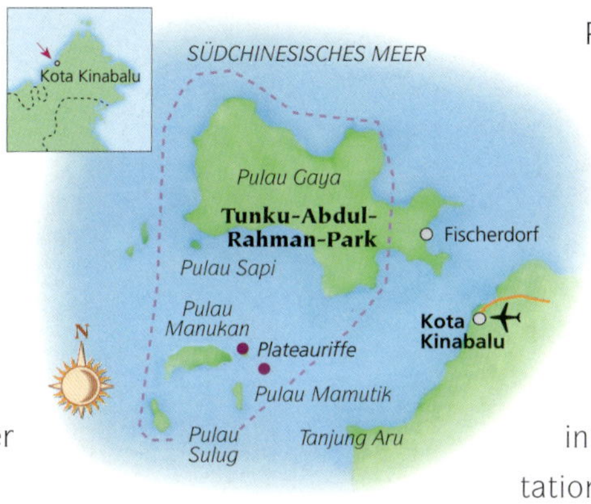

Geschichte des Parks

Die Inseln gehören zur selben geologischen Formation wie der Nationalpark Crocker Range. Als der Meeresspiegel zum Ende der Eiszeit anstieg, wurden die Inseln vom Festland abgeschnitten. Ihre Küsten sind von bizarren Sandsteinformationen geprägt, die vom Wasser erodierte Klippen, Höhlen, Klüfte und Spalten aufweisen.

Wenig ist über die frühe Erkundung der Inseln bekannt. 1881 erwarb die *North Borneo Chartered Company* Land auf Pulau Gaya, und in den späten 1890er Jahren fielen Piraten ein. Nur ein einziges Bajau-Fischerdorf blieb erhalten. Auf Pulau Manukan gab es einen Steinbruch – Ruinen des Verwalter-Hauses und einige alte Gräber sind erhalten geblieben.

Linke Seite: *Die idyllische Insel Pulau Sapi erreicht man von Sabahs Hauptstadt aus mit dem Boot in nur 20 Minuten.* Oben rechts: Nembrotha nugerrina *gehört zu den Seegurken mit der auffälligsten Färbung; sie ist dennoch nicht einfach zu finden.*

Der TAR-Park wurde 1974 gegründet, um die einzigartige Flora und Fauna der Inseln zu erhalten, das maritime Ökosystem zu schützen und Besucher anzulocken. Zuerst stellte man den überwiegenden Teil von Pulau Gaya (ohne das Bajau-Dorf) und Pulau Sapi unter Schutz. Die drei anderen Inseln wurden 1979 in den Park eingegliedert.

Küstenvegetation

Die Inseln weisen ein interessantes Spektrum an Pflanzen auf. Vom Uferbereich zum Inselinneren hin verändert sich die Vegetation – nicht durch die Entfernung zum Meer bedingt, sondern wegen des Bodens und der früheren Nutzung.

Ursprünglichen Wald gibt es heute nur noch auf Pulau Gaya. Die Insel ist das Schutzgebiet des einzigen unberührten Dipterokarpazeen-Küstenwaldes an Sabahs Westküste. *Dipterocarpus grandiflorus* ist ein hoher Baum, der an Pulau Gayas Südseite wächst. Häufig liegen seine charakteristischen zweiflügeligen Früchte, die bis zu 20 cm lang werden, auf den Wanderpfaden.

An den Küsten sämtlicher Inseln stehen Kasuarinen, die ein wenig an Christbäume erinnern, obwohl sie mit den Nadelbäumen des Nordens überhaupt nichts gemeinsam haben. Weiter abseits von der Küste wächst der Pandanusbaum, der Stelzenwurzeln hat und große, runde Früchte hervorbringt. Aus seinen langen, festen Blättern werden Strohhüte und Matten gewebt. An freieren Stellen der Küsten stehen an Palmen erinnernde Cykadeen – sozusagen lebende Fossilien, die es schon vor über 150 Millionen Jahren gab, bevor sich die blühenden Pflanzen entwickelten. Die größten von ihnen sind über 5 m hoch.

Lage: Inselgruppe 3 km vor Sabahs Hauptstadt Kota Kinabalu.

Klima: Heiß und sonnig, feuchteres Wetter und rauhere See von Oktober bis Februar.

Reisezeit: Ganzjährig, doch in der Regenzeit weniger attraktiv.

Anreise: 20 Minuten mit dem Boot von Kota Kinabalu.

Genehmigungen: Unterkünfte im Büro von *Sabah Parks* in Kota Kinabalu buchen. Nach der Ankunft im Besucherzentrum auf Pulau Manukan registrieren lassen.

Ausrüstung: Leichte Kleidung und normales Schuhwerk, Ausrüstung zum Schnorcheln und Tauchen.

Einrichtungen: Auf Pulau Manukan befindet sich das Besucherzentrum mit Hüttenunterkünften, Restaurant, Freizeiteinrichtungen, Landungssteg und Wegesystem. Auf Pulau Sulug stehen Umkleideräume, sanitäre Anlagen, Picknickplätze und Tische zur Verfügung. Einfachere Einrichtungen auf den anderen drei Inseln. Übernachtung auf Pulau Mamutik möglich, auf Pulau Sapi darf (mit Erlaubnis des Parkaufsehers) gezeltet werden.

Naturbeobachtungen: Schnorcheln und Tauchen. Einige Vogelarten, darunter Seeadler.

Freizeitaktivitäten: Picknicken, Schnorcheln, Tauchen und Naturbeobachtung. Surfen, Segeln und Strandaufenthalte. Angeln (nur Angelschnur und Haken). Auf Pulau Gaya sind Police Beach (Bulijong Beach) und Camp Bay populäre Ziele zum Schwimmen, Sporttreiben und Ausruhen; schöne Riffe und gute Waldpfade. Pulau Mamutik und Pulau Sulug zum Picknicken und Schwimmen. Pulau Sapi auch zum Schnorcheln und Tauchen.

Rechts: *Der perlrosafarbene Ziegenfisch schwimmt immer ganz dicht an den Korallen entlang.*

In einiger Entfernung von der Küste und der salzigen Gischt erkennt man, daß hier Sekundärwald den einst abgeholzten Primärwald ersetzt hat. Er ist heute von importierten Pflanzen durchzogen. Dazu gehören Kokospalmen und Obstbäume wie Mango, Nangka und *terap* (eine köstliche Verwandte der Brotfrucht). Reine Ziergewächse sind Korallenbaum und Gardenie. Zu den an schattigen Wasserläufen gedeihenden Palmen gehören die Fischschwanzpalme und die dornige Nibongpalme.

Blick in die Natur

Zahlreiche Vögel siedeln auf den Inseln. Man sieht Seeadler, die in großen isoliert stehenden Bäumen nisten, über das Meer fliegen und – besonders gegen Abend – ihre Lufthoheit demonstrieren. Bunte Nashornvögel flattern vorüber, und an der Küste entdeckt man kleine Reiher und Strandläufer. In der ufernahen Vegetation leben Weißbrust-Waldschwalben, Tauben mit rosafarbenem Hals, Bülbüls, Schwätzer, Schnäpper und Sonnenvögel. Auch Großfußhühner sind ab und an zu sehen. Die Inseln dienen als wichtige Raststation für Zugvögel (vor allem Watvögel), die nach der langen Reise über das Südchinesische Meer hier zum ersten Mal wieder festen Boden erreichen.

Unten: *Anthias und andere winzige Fische treten an weitverzweigten Korallenriffen manchmal in großen Schwärmen auf.*

Zu den Säugetieren gehören Ratten, Eichhörnchen und Affen. Wildschweine sieht man eher selten, doch ihre Fährten und aufgewühlter Boden bezeugen ihre Existenz. Gelegentlich begegnet man einem Schuppentier oder dem Kleinen Ameisenbären.

Maritimes Leben

Der Schutz der Korallenriffe rund um die Inseln war der Hauptgrund für die Einrichtung des TAR-Parks. Besonders attraktiv für Besucher sind die Riffe um Pulau Manukan, Pulau Mamutik und Pulau Sulug, doch auch

zwischen Pulau Sapi und Pulau Gaya gibt es bezaubernde Unterwasserlandschaften. Zur Vielfalt und Farbenpracht der warmen Gewässer tragen Korallen, Anemonen, Schwämme, Fächerwürmer, Seegurken und Haarsterne bei. Die leichte Erreichbarkeit der schönen Riffe macht das Gebiet zu einem Paradies für Taucher. Alle kleinen Arten der Riff-Fische sind vertreten, und in den ersten Monaten des Jahres sind regelmäßig auch Walhaie zu sehen.

Oben: *Pulau Manukan bietet großartige Schnorchelmöglichkeiten – vom Strand oder von einem Boot aus.*
Rechts: *Verschiedene Arten von Seepocken klammern sich an bewegliche rosa- und orangefarbene Schwämme.*

Kinabalu-Park

Südostasiens höchster Berg

Der Kinabalu-Park wurde 1964 gegründet. Er umfaßt Landschaftszonen von flachem Tieflandwald bis hinauf zu nacktem Granitgestein und schützt auf seinen 754 km^2 eine extrem große Pflanzenvielfalt. Auffälligste topographische Erscheinung ist Südostasiens höchstes Bergmassiv Gunung Kinabalu, das am Low's Peak, einem von mehreren ungefähr gleich hohen Gipfeln, mit 4 095 m seinen höchsten Punkt erreicht.

Hoch ragen die Spitzen über Sabahs weiter Landschaft auf. Bei klarem Wetter sind die Gipfel aus weiten Teilen des Parks zu erkennen. In etwa 3 900 m Höhe umschließen zwei felsige, halbmondförmige Flügel, die ein westliches und ein östliches Plateau bilden, das dunkelwandige Loch Low's Gully, das an manchen Stellen über einen Kilometer tief ist.

Linke Seite:
Die glatte, tiefrote Orchidee Bulbophyllum vinaceum *bringt selten mehr als eine wächserne Blüte hervor* (links oben).
Wer nach Vögeln Ausschau hält, kann Bergbewohner wie den Indigoblauen Schnäpper entdecken (links Mitte).
Der Kinabalu-Park ist für seine Rhododendren berühmt, wie Rhododendron rugosum (links unten).
Im Bergwald sind die Bäume knorriger, und die hohe Luftfeuchtigkeit sorgt für eine fast unüberschaubare Zahl von Moosen und Epiphyten (rechts).

Oben rechts: *Zur charakteristischen Silhouette des Gunung Kinabalu gehören auch die beiden Granitnadeln mit dem Namen »Eselsohren«.*

Reichhaltige Flora

Der Kinabalu-Park weist aufgrund der sehr unterschiedlichen Höhenlagen weltweit eine der dichtesten Konzentrationen an Pflanzenarten auf. Man schätzt ihre Zahl auf mindestens 4 500. Von den 1 500 Orchideen sind 77 im Park endemisch. Auch wachsen hier mehr Rhododendren und Kannengewächse als in jedem anderen Raum vergleichbarer Größe. Mit einem Fassungsvermögen von zwei Litern gilt die Rajah-Kannenpflanze als die größte ihrer Art, die eleganteste ist unbestritten die flaschenförmige Low's-Kannenpflanze.

Im Tiefland herrschen gemischte Dipterokarpazeenwälder mit einer enormen Vielfalt an Baumarten vor. Zwischen 1 200 und 2 350 m breitet sich niederer Bergwald mit Eichen, Lorbeerbäumen, Myrten, Nadelhölzern und Teegewächsen aus. Der bis auf 3 000 m reichende höhere Bergwald steht ganz im Zeichen wunderschöner Rhododendren. Mit zunehmender Höhe wird der Wald bemooster, knorriger und karger, bis zwischen 3 350 und 3 700 m die Baumgrenze erreicht ist. Die höchste Vegetation gehört zum subalpinen Bereich – in Malaysia erreicht lediglich der Gunung Kinabalu die dafür erforderliche Höhe. Oberhalb der Baumgrenze gibt es nur noch blanken Fels.

Die Tierwelt

Ebenso bemerkenswert wie die Flora ist die Fauna des Parks. 289 Vogelarten wurden gezählt, zu denen Besonderheiten wie der Kinabalu-Schlangenadler, die Kinabalu-Grasmücke, das Kupfer-Waldrebhuhn und der Borneo-Bergpfeifer gehören. Die Möglichkeiten zur

Lage: 60 km nordöstlich von Kota Kinabalu.

Klima: Breite Spanne der Temperaturen vom heißen und feuchten Tiefland (um 28 Grad) bis zum oft sehr kalten Gipfel des Gunung Kinabalu (6–8 Grad).

Reisezeit: Ganzjährig. Vor allem im regenarmen März ist der Himmel oft klar. Weniger zu empfehlen sind die feuchten Monate November bis Februar.

Anreise: In etwa 2 Stunden mit Bus oder Taxi von Kota Kinabalu. 5 km entfernt ist das neue Besucherzentrum Mesilau. Ca. eine Stunde benötigt man zum Tiefland-Besucherzentrum in Poring.

Genehmigungen: Nur erforderlich für die Besteigung des Gunung Kinabalu. Geringe Gebühr für die Anfahrt zum Ausgangspunkt.

Ausrüstung: Im Tiefland leichte Kleidung für Waldspaziergänge, Wanderschuhe. Für abends Pullover oder Jacke. Gipfelstürmer sollten warme und wasserabweisende Kleidung tragen.

Einrichtungen: Informationszentrum, Buchladen, Restaurants. Unterkünfte im voraus bei *Sabah Parks* in Kota Kinabalu buchen. Wanderpfade beginnen am Besucherzentrum. Besucher benutzen den *Summit Trail* zum Gipfel. Unterwegs Rastplätze ohne Versorgung. Übernachtung und Restaurant in Panar Laban. In Poring heiße Quellen, Bäder und Steg durch Baumkronen.

Naturbeobachtungen: Großartige Vogelbeobachtung. Botaniker entdecken eine breite Pflanzenvielfalt; viele endemische Arten.

Freizeitaktivitäten: Vogelbeobachtungen, Waldwanderungen. Besteigung des Gipfels mit herrlichen Fotomotiven bei jeder Wetterlage.

Oben: *Im Tiefland bei Poring locken heiße Quellen am Wochenende die Besucher in Scharen an.*

Beobachtung sind hier besonders gut – auch in der Nähe des Besucherzentrums. Außerdem gibt es etwa 290 Schmetterlingsarten, 100 Reptilien, 40 Süßwasserfische und eine noch unbekannte, beträchtliche Zahl wirbelloser Tiere. Deren Bestand wird noch erforscht.

Trekking und Bergbesteigung

Rund um das 1 500 m hoch gelegene Besucherzentrum laden mehrere Wanderpfade zur Erkundung des Waldes ein. Zum Gipfel führen drei Routen. Alle Besucher und Touristen benutzen den *Summit Trail,* denn für *Kotal's Trail* und *Bowen's Trail* sind Sondergenehmigungen einzuholen. Für Bowen's Trail ist zudem bergsteigerische Erfahrung erforderlich. Die Gefahren, die am Berg lauern, sollten nicht unterschätzt werden. Ein Trekking zum Low's Peak nimmt zwei Tage Zeit in Anspruch. Es beginnt mit dem beständig bergan führenden Aufstieg zu den 3 300 m hoch gelegenen Unterkünften in Panar Laban. Die meisten Besucher brechen um drei Uhr morgens zum Gipfel auf, um dort den Sonnenaufgang zu erleben. Sabahs weite Landschaften oder die sich auf die Wolken legenden Schatten der Berggipfel bieten unvergeßliche Eindrücke. Es ist möglich, noch am selben Tag wieder zum Besucherzentrum abzusteigen.

43 km südöstlich liegen die heißen Quellen von Poring. Insgesamt fünf heiße Quellen speisen Badebecken, und mehrere Waldpfade führen zu Wasserfällen, Höhlen und einem atemberaubenden Steg durch die Baumwipfel der Urwaldriesen. Unterhalb des Stegs blüht hin und wieder eine *Rafflesia*, oben bieten sich schöne Ausblicke auf die Vogel- und Insektenwelt sowie in die Kronen der höchsten Bäume.

Rechts: *Zu den geometrisch gezeichneten Schmetterlingen gehören einige Tagfalter mit auffälliger Färbung.*

Ganz rechts: *Zu Borneos 33 endemischen Vogelarten gehört der wunderschöne und sehr seltene Weißbrust-Trogon.*

Rechts und ganz rechts: *Der Kinabalu-Park ist berühmt für seine Orchideen. Etwa 1 500 Arten wachsen hier.* Renanthera bella (rechts) *wächst nur auf mineralreichen Böden. Die kleine* Bulbophyllum lobbii (ganz rechts) *ist nur dicht am Boden zu finden.*

Forschung und Ureinwohner

Kinabalu dient als Forschungsstätte, in der immer wieder wichtige Langezeitstudien durchgeführt werden. Es gibt einen Bergpflanzengarten, der zum Schauen und Studieren einlädt, sowie Laboratorien, ein Herbarium und ein Museum. Im Besucherzentrum erhält man ausführliche Informationen.

In der Umgebung des Parks haben die Kadazan Dusun, Sabahs größte Ureinwohnergemeinschaft, weite Landstriche kultiviert. Viele Einheimische erzielen ihr Einkommen als Waldarbeiter oder Touristenführer, so daß der Park den umliegenden Dörfern wirtschaftliche Vorteile bringt. Weitere Einnahmequellen sind der Verkauf von Obst und Gemüse oder die Mitarbeit in einem der zahlreicher werdenden Hotels.

Rechts: *Stufen helfen, den langwierigen Aufstieg auf den Gunung Kinabalu zu bewältigen.*

Unten: *Zu den wunderlich geformten Kannenpflanzen, die hier in mittlerer Höhenlage gedeihen, gehört* Nepenthes lowii.

Ganz oben: *Der St. John's Peak des Gunung Kinabalu zeigt deutliche Spuren von Gletscheraktivitäten.*
Mitte: *Wer frühmorgens zu den Gipfeln aufsteigt, hat genügend Zeit für den Abstieg entlang der Sicherungsseile – bevor die Sonne zu heiß wird.*
Unten: *Gunung Kinabalus massive Gipfelszenerie bildet einen atemberaubenden Kontrast zu den üppig bewaldeten Gebieten weiter unten. Vegetation gibt es hier oben nicht mehr – selbst Flechten sind die Ausnahme.*
Rechts: *Ehrfurchtgebietend überragt der Gunung Kinabalu die landwirtschaftlich genutzten Landstriche von Kundasan.*

Turtle-Islands-Park

Schildkröten in der Sulusee

In den seichten Gewässern der Sulusee liegen kleine, flache und sandige Inseln, die großen Populationen von Grünen Meeresschildkröten und Karettschildkröten als Eiablagestätten dienen. Drei dieser Inseln liegen auf dem Territorium Malaysias, die restlichen auf dem der Philippinen. Malaysias Turtle-Islands-Park erstreckt sich über 17 km^2 und besteht aus den Eilanden Selingaan, Bakkungaan Kecil und Gulisaan sowie den umliegenden Gewässern und Korallenriffen. Das 1977 eingerichtete Schutzgebiet untersteht der Parkverwaltung von Sabah, die auf allen Inseln Mitarbeiter stationiert hat.

Landgang zur Eiablage

Während des ganzen Jahres kommen die Schildkröten nachts an Land, um ihre Eier abzulegen. Die Grünen Meeresschildkröten kommen vor allem zwischen Juli und Oktober und bevorzugen Selingaan. Die Karettschildkröten legen zwischen Februar und April ihre Eier meist auf Gulisaan ab, wo ihnen Strand und Vegetation gute Bedingungen und die umliegenden Korallenriffe wirbellose Tiere als Nahrung bieten. Ausgewachsene Grüne Meeresschildkröten ernähren sich vorwiegend von Wasserpflanzen, die im seichten Gewässer der offenen See wachsen. In kleinerer Zahlen besuchen beide Arten auch Bakkungaan Kecil. Die Schildkröten kriechen den Strand bis zu einer Stelle oberhalb der Flutgrenze hinauf und graben mit den Hinterflossen ein Loch, in das sie ihre kugelförmigen weißen Eier ablegen. In der Oberflächenstruktur gleicht die Schale der Eier dünnem Leder. Das Gelege Grüner Meeresschildkröten enthält etwa 110 Eier, das der Karettschildkröte zwischen 70 und 200 Eier. Nach der Eiablage schieben die Schildkröten mit den Flossen Sand in das Loch und kehren anschließend ins Meer zurück. Der ganze Vorgang dauert etwa eine Stunde. Die Eier reifen 50 bis 60 Tage im warmen Sand, dessen Temperatur sich auf das Geschlecht der Embryos auswirkt – höhere Temperaturen steigern die Zahl der Weibchen. Der Nachwuchs schlüpft gewöhnlich nachts und begibt sich sofort zum Meer, um sich fortan schwimmend in den Gewässern rund um Malaysia, Indonesien und die Philippinen zu ernähren. Man nimmt an, daß Schildkröten erst in einem Alter von 30 Jahren erstmals zur Eiablage zurückkehren.

Linke Seite: *Grüne Meeresschildkröten stehen nicht nur im Turtle-Islands-Park unter Schutz, sondern auch im Rahmen eines zwischenstaatlichen Abkommens zwischen Malaysia und den Philippinen – dem ersten in dieser Region.*
Oben rechts: *Die Korallenriffe sind von farbenprächtigen Tieren bevölkert, zu denen auch dieser Seestern gehört.*

Schutzmaßnahmen

In den späten 1960er Jahren wurden auf den Turtle Islands jährlich noch etwa 700 000 Eier abgelegt. Trotz umfangreicher Schutzmaßnahmen sank diese Zahl beständig, und 1987 wurden nur noch 223 897 Eier gezählt. 1988 war mit 336 475 Eiern erstmals wieder ein deutlicher Anstieg zu verzeichnen. Man hofft, daß nach drei Jahrzehnten des verstärkten Schutzes endlich dauerhafte Erfolge zu verzeichnen sind.

Auf den Turtle Islands verfolgt man die Strategie, die Eier auszugraben, sobald das Muttertier den Legevorgang abgeschlossen hat, und sie sofort zu einem Brutgehege zu bringen, wo sie in entsprechender Tiefe

Lage: 12 km von der Spitze der Halbinsel Sandakan und 36 km von der Stadt Sandakan in Sabahs Osten entfernt.

Klima: Tagsüber heiß und sonnig, feuchteres Wetter und rauhere See von Oktober bis Februar.

Reisezeit: Schildkröten legen rund ums Jahr Eier ab, am häufigsten jedoch zwischen Juli und Oktober, wenn die See ruhiger ist.

Anreise: Mit dem Boot vom Hafen in Sandakan. Schnellboote benötigen eine Stunde.

Genehmigungen: Erhältlich im Büro von *Sabah Parks* in Sandakan. Unterkünfte müssen im voraus gebucht werden.

Ausrüstung: Leichte Kleidung, die vor der Sonne schützt. Sonnenschutzmittel ist wichtig – besonders bei einer Bootsfahrt. Taschenlampe mitnehmen (niemals Schildkröten anleuchten oder mit Blitzlicht fotografieren). Badezeug und Ausrüstung zum Schnorcheln und Tauchen.

Einrichtungen: Begrenzte Übernachtungsmöglichkeiten, Ausstellungsraum und Restaurant auf Pulau Selingaan. Keine regulären Überfahrten, alle Passagen müssen privat organisiert werden.

Naturbeobachtungen: Nachts Grüne Meeresschildkröten und Karettschildkröten. Fledermäuse, einige Vogelarten und wilde Pflanzen wie Würgfeigen, gelbblütige Küstenhülsenfrucht Sophora und *mengkudu* mit ihren übelriechenden Früchten.

Freizeitaktivitäten: Beobachtung der Eiablage von Schildkröten (gewöhnlich nachts). Schwimmen, Schnorcheln, Tauchen, Picknick und Erholung.

Rechts: *Die abgelegten Eier der Grünen Meeresschildkröte werden ausgegraben, eingesammelt, gezählt und wieder im Sand vergraben. Damit soll sichergestellt werden, daß eine möglichst große Zahl der Jungtiere schlüpft und ins Meer gelangt.*

Unten: *Die junge Schildkröte ist während der ersten Tage ihres Lebens besonders gefährdet.*

im Boden vergraben werden. Sobald die Jungtiere ausschlüpfen, werden sie abgefangen und zum Strand transportiert, um dort in die Freiheit entlassen zu werden. Seit den frühen 1970er Jahren konnten jährlich über 200 000 geschlüpfte Tiere ins Meer entlassen werden. Doch nur ein sehr kleiner Prozentsatz von ihnen überlebt die dort lauernden Gefahren. Markierungen erwachsener Tiere haben gezeigt, daß die Schildkröten bis in die Gewässer Indonesiens und der Philippinen schwimmen, jedoch alle paar Jahre zurückkehren, um ihre Eier auf den Turtle Islands abzulegen – auf malaysischem oder philippinischem Gebiet.

Inselbesuch

Meeresschildkröten sind die Hauptattraktion der Turtle Islands, doch das klare türkisfarbene Wasser und die Korallenriffe laden auch zum Schwimmen, Schnorcheln und Tauchen ein. Wenn zur entsprechenden Jahreszeit die Obstbäume der Insel Früchte tragen, schwärmt nachts der seltene Insel-Flughund aus. Die großen Fledermäuse legen weite Entfernungen zurück, um zu den duftenden, reifen Früchten zu gelangen.

Unterkünfte stehen auf Selingaan nur in beschränkter Zahl zur Verfügung, und deshalb kann nicht jeder, der Interesse an einem Aufenthalt bekundet, auch untergebracht werden. Auch die größere Insel Libaran zwischen der Stadt Sandakan und dem Turtle-Islands-Park bietet die Möglichkeit, Schildkröten zu beob-

achten. Doch deren Zahl ist dort weitaus geringer. Streng kontrolliert und in Abstimmung mit den philippinischen Behörden sollen im dortigen Bereich der Turtle Islands Schildkröten-Inseln für Besucher geöffnet werden – es wäre ein erfreulicher Präzedenzfall für grenzüberschreitenden Tourismus und Naturschutz.

Rechts oben: *Sobald sich die Dunkelheit über Pulau Selingaan herabsenkt, steht die Ankunft der Schildkröten bevor; am nächsten Morgen sind die Spuren der Grünen Meeresschildkröten im Sand zu erkennen.*
Rechts Mitte: *Karettschildkröten besiedeln die inselnahen Gewässer und legen ihre Eier meist auf Pulau Gulisaan ab.*
Rechts unten: *Eine Grüne Meeresschildkröte hebt ein Loch aus, um dort ihre Eier abzulegen.*

FORSTRESERVAT KABILI-SEPILOK

Orang-Utan-Refugium

Das Forstreservat Kabili-Sepilok gehört zu den wichtigsten Waldreservaten in Sabahs einst weitläufiger Waldlandschaft. Das 43 km^2 große Gebiet ist nahezu vollständig von Tieflandwald überzogen, der von hohen Bäumen der Familie *Dipterocarpazeae* dominiert wird.

Orang-Utans

Das Auswilderungszentrum für Orang-Utans gehört zu den bekanntesten Einrichtungen von Sepilok, und die hier geleistete Arbeit findet weltweit Anerkennung. Das Zentrum wurde 1964 vom *Sabah Wildlife Department* (damals noch eine Unterabteilung des Forstministeriums) eingerichtet. Es soll aus der Gefangenschaft befreite oder durch Waldrodung um ihren Lebensraum gebrachte Orang-Utans wieder in eine natürliche Umwelt eingliedern. Besucher können die Tiere bei den Fütterungen zweimal täglich aus der Nähe erleben. Es gibt spezielle Fütterungsplattformen, die die Besucher von erhöht liegenden Plankenwegen aus beobachten können. Diese Laufstege schützen zugleich die Bodenvegetation.

Linke Seite:
Die Gesundheit ist ein wichtiges Kriterium bei der Beurteilung, ob ein auszuwildernder Orang-Utan seine ersten Schritte im Wald unternehmen kann (links oben).
Die langfristig angelegten Programme in Kabili-Sepilok ermöglichen es, einzelne Orang-Utans über lange Zeiträume hinweg beobachten zu können (links Mitte).
Wie kleine Kinder brauchen auch junge Orang-Utans für ihre Entwicklung Pflege und Aufmerksamkeit. Dabei lernen sie, mit ihrer Umwelt umzugehen (links unten).
Der gemischte Dipterokarpazeenwald im Forstreservat Kabili-Sepilok ist artenreich und bietet den Tieren alle Möglichkeiten zur artgerechten Bewegung (rechts).

Oben rechts: *Mächtige ausgewachsene Orang-Utan-Männchen halten sich bevorzugt am Boden auf.*

Der Mangrovenpfad

Nur wenige Besucher verlassen die angelegten Plankenwege, doch es gibt auch Waldpfade, deren Betreten erlaubt und lohnend ist. Zu den einfachsten gehört der Mangrovenpfad, der vom Auswilderungszentrum über Sandsteingrate zu den Mangrovenwäldern an der Grenze des Reservats führt. Der Pfad beginnt im niedrigen Gelände, wo auf flachem Land Wälder stehen, die im Jahresverlauf durch Regen und das Hochwasser der nahen Ströme überflutet werden. Hier wächst Borneos berühmtes Eisenholz. Die mächtigen Bäume, die wegen ihres dauerhaften Holzes über Jahrhunderte hinweg begehrt waren, wachsen nur auf Borneo und den Philippinen. Heute sind außerhalb der Forstreservate kaum noch Bestände erhalten. Zu den anderen seltenen Pflanzen gehört die kleine Bodenorchidee *Cymbidium borneense,* die nur hier in diesem Park nachgewiesen werden konnte.

Wo die Wege aus flachem Terrain hinausführen, steigt der Pfad in das Sandsteingebiet an. Verschiedene Baumarten prägen hier das Waldbild. Die hohen Bäume des Tieflands, zu denen *Parashorea tomentella* gehören, weichen allmählich Beständen von *Shorea multiflora* und *Dipterocarpus acutangulus.* Hier gilt es, den anstrengendsten Teil des Weges zu bewältigen, der zu den

Lage: 24 km von der Stadt Sandakan (Ostsabah) und 11 km vom Flughafen entfernt.

Klima: Tagsüber im Wald warm, im offenen Gelände heiß. Nachmittags und abends Neigung zu Niederschlägen. Feuchteste Jahreszeit Oktober bis Februar.

Reisezeit: Ganzjährig. Das Orang-Utan-Auswilderungszentrum ist täglich 9–16 Uhr geöffnet, Fütterungszeiten meist 9.30 Uhr und 14.30 Uhr.

Anreise: Mit dem Bus viermal täglich vom Busbahnhof Sandakan oder mit dem Taxi. Mit Taxifahrern kann der Rücktransport abgesprochen werden.

Genehmigungen: Nicht erforderlich. Eintrittsgebühr für Besucher. Wer den Mangrovenpfad begehen oder mit dem Boot zu den Mangrovensümpfen möchte, benötigt ein *Permit* des *Sabah Forestry Department* (bei Sepilok).

Ausrüstung: Normale leichte Kleidung und normales Schuhwerk für das Zentrum, Wanderschuhe für die Waldpfade.

Einrichtungen: Rezeption, Restaurant, Ausstellungsräume, Wanderpfade, Plankenweg zur Fütterungsstelle der Orang-Utans. Übernachtung in einem von Sandakans Hotels.

Naturbeobachtungen: Im Mittelpunkt stehen die Orang-Utans, doch auch 277 Vogelarten wurden gezählt. Weitere Tiere und zahlreiche Pflanzen im Tieflandwald.

Freizeitaktivitäten: Beobachtung und Fotografieren der Orang-Utans. Nicht füttern, nichts Eßbares mitnehmen. Wanderungen über Waldpfade. Bootsfahrten zu den Mangroven.

Rechts: *Erhöht angelegte Plankenwege gestatten gute Einblicke in die Pflanzen- und Tierwelt.*

Oben: *Sobald die Orang-Utans ihre morgendliche Mahlzeit beendet haben, sammeln Schweinsaffen auf der Fütterungsplattform die Reste ein.*

sanftwelligen Hügeln hinaufführt – zumindest aber ist hier die Luftfeuchtigkeit nicht mehr so hoch wie unten im Flachland.

Beim Abstieg gelangt man in die Randgebiete und alsbald ins Zentrum der Mangrovensümpfe, wo die Bäume tief im Schlamm stehen und besondere Wurzeln bilden müssen, um sich verankern und atmen zu können. Hier leben Nasenaffen, die sich fast ausschließlich von Mangrovenblättern ernähren. Der Pfad endet am Empfangszentrum Sepilok Laut.

Eine andere Möglichkeit, die Mangroven zu erleben, bietet die Fahrt mit dem Schnellboot von Sandakan aus. Auch mit kleinen Booten kann man sich in die Mangroven bringen lassen, um von dort über die Höhen zurückzuwandern.

Waldressourcen

Empfehlenswert ist der Besuch des 2 km vom Auswilderungszentrum entfernten *Rainforest Interpretation Centre,* von dem ein gut ausgeschilderter Pfad durch das Arboretum des *Forest Research Centre* führt.

In der botanischen Schatztruhe von Sepilok entdecken Fachleute immer neue Pflanzenarten. Erst kürzlich beschrieb ein einheimischer Botaniker zwei neue Palmenarten, die es nur hier gibt. Die Waldvegetation bietet ein großes Potential für neue Heilmittel, und insgesamt kann man das Reservat als lebendige Genbank betrachten, die anderen Waldgebieten dringend benötigtes Saatgut liefern kann. Interessant ist das Gebiet nicht zuletzt, weil hier Inlandswälder bis nah an die Küste heran wachsen.

Sungai Kinabatangan

An Sabahs längstem Fluß

Das Wildreservat Kinabatangan liegt im ausgedehnten Überschwemmungsgebiet des Sungai Kinabatangan, der zu Malaysias längsten Flüssen gehört. Das 270 km^2 große Gebiet umfaßt im Flachland von Sabah eine ganze Reihe von bedeutenden Schutzräumen. Zusammen bilden sie einen langen Korridor naturbelassener Vegetation, der die niederen, von Gezeiten beeinflußten und von Mangroven gesäumten Bereiche des Flusses mit den scheinbar endlosen Inlandswäldern an seinem Oberlauf und im Hügelland verbindet.

Tiefland-Vielfalt

Der Sungai Kinabatangan entspringt tief im bewaldeten Inneren von Sabah. Sobald er ins Flachland gelangt, durchfließt er ein schillerndes Landschaftsmosaik aus Wäldern, Sümpfen und Kalksteinformationen, die eines der ausgedehntesten Überschwemmungsgebiete Malaysias prägen. Wo der Boden für längere Zeit überflutet wird, weicht der Wald offenem Unterholz oder kräuterreichen Sümpfen, die an manchen Stellen flächendeckend mit Schilf und Gras überzogen sind. Tote Seitenarme sind dort entstanden, wo Bereiche des mäandernden Flusses vom Hauptlauf abgeschnitten wurden.

Es gibt hier so viele unterschiedliche Lebensräume, daß die hohen Bestände und die Vielfalt der Tierwelt kaum überraschen können. Zu den Primaten, die im Wald ihr Revier haben, gehören Orang-Utans. In den trockeneren Monaten des Jahres streift der Asiatische Elefant, der zu den gefährdetsten Arten der Region gehört, auf seinen jährlichen Wanderungen durch die Überschwemmungsgebiete. Im Netzwerk der Flüsse, Sümpfe und Seen leben zahlreiche Wassertiere, darunter Knochenfische, Süßwasserrochen und -haie sowie Krokodile. Bei einer Zählung der Haie wurde erst kürzlich eine Süßwasserart nachgewiesen, die seit acht Jahrzehnten als ausgestorben galt.

Eine Flußsafari

Am eindrucksvollsten präsentiert sich die Schönheit des Sungai Kinabatangan bei einer Flußsafari. In den Dörfern am Flußufer wie Sukau oder Batu Putih stehen Boote von Dorfbewohnern oder Reiseagenturen für Besucher bereit. Die bezauberndsten Momente bietet die kurze Frist vor der Morgendämmerung, wenn der Chor der Vögel und das hohle Geschrei der Gibbons die Ankunft eines neuen Tages ankündigen. Oft ist das unverwechselbare Geräusch fliegender Nashornvögel zu hören, deren festes Gefieder jeden Flügelschlag hörbar macht. Zuweilen gelingt ein Blick auf die besonders scheuen Bewohner des Parks: auf spielende Otter oder langsam und träge durch den Wald wandernde Orang-Utans.

In der Abenddämmerung versammeln sich Nasenaffen in den Wäldern am Fluß. Männliche Tiere sind leicht an ihren riesigen, nach unten gerichteten roten Nasen zu erkennen. Die markanten Primaten scheinen sich wenig an Menschen zu stören, wenn sie sich auf die Nacht vorbereiten. Es ist faszinierend, sie im weichen Licht des ausgehenden Tages aus geringer Entfernung zu beobachten.

Oben rechts: *Das milchige Licht der Abenddämmerung verbreitet eine friedliche Stimmung über dem mächtigen Flußlauf des Sungai Kinabatangan.*

Lage: Breiter Fluß, der sich durch Sabahs Osten windet und nördlich der Halbinsel Dent ins Meer mündet.

Klima: Tagsüber im Tiefland heiß und feucht, nachts angenehm kühl. Regnerisches Wetter von Oktober bis Februar. Dann sind die Waldgebiete überflutet.

Reisezeit: Ganzjährig, doch Regenwetter erschwert das Reisen beträchtlich.

Anreise: Mit dem Auto (bevorzugt Allradantrieb) von Sandakan westlich, dann südlich und wieder östlich zu den Gomantong-Höhlen und von dort zum Zugangsort Sukau (32 km von der Mündung entfernt). Manche Agenturen befördern ihre Kunden im Boot die Küste entlang und den Fluß hinauf nach Sukau.

Genehmigungen: Gegenwärtig nicht erforderlich.

Ausrüstung: Leichte Kleidung für Bootsfahrten und Wanderungen. Feste Wanderschuhe. Taschenlampen für Höhlenbesuche und Nachtwanderungen.

Einrichtungen: Privatunternehmer bieten in Sukau Unterkünfte mit Vollpension sowie Boote an und organisieren Ausflüge zu den toten Flußarmen und den Gomantong-Höhlen.

Naturbeobachtungen: Nasenaffen und andere Primaten, Tiefland-, Nashorn- und Raubvögel. Mit Glück sieht man Elefanten.

Freizeitaktivitäten: Naturbeobachtung, Flußfahrten, Waldwanderungen, Ausflüge zu Flußarmen und Höhlenbesuche. Abendliche Bootsfahrten eröffnen die besten Chancen, Nasenaffen zu sehen. Ausschau nach dem Orientalischen Schlangenhalsvogel und dem Storms Storch halten.

Die Gomantong-Höhlen

Die Höhlen liegen etwa 10 km von den Unterkünften in Sukau entfernt und sind bequem über eine Straße zu erreichen. Die Höhlen sind berühmt für ihre Salanganen (eine Mauerseglerart) und deren Vogelnester, die hier gesammelt werden. Während Sammler in anderen Höhlen über lange Stangen zu den an der Decke klebenden Nestern hinaufklettern, steigen sie hier von dem oben auf den Kalksteinfelsen gelegenen Dorf durch Schächte hinab. Der Preis für die eßbaren Nester ist hoch: Ein Kilogramm wird für mehrere tausend Dollar gehandelt. Dafür nehmen die Sammler beim Klettern

Wenn es Abend wird, versammeln sich Nasenaffen in den Bäumen am Fluß, um sich auf die Nacht vorzubereiten (unten). *Das ist die beste Zeit, um Borneos ungewöhnlichste Affen zu beobachten. Die Annäherung mit dem Boot bringt die unmittelbarsten Begegnungen* (unten links). *Als bestes Gebiet für die Beobachtung von Nasenaffen gilt der Sungai Menanggul, ein Nebenfluß des Kinabatangan* (links).

hohe Risiken in Kauf. Wer die Höhlen betritt, nimmt sofort den beißenden Geruch von Ammoniak wahr, der den immensen Mengen Guano entströmt, die Salanganen und Fledermäuse produzieren. Der nährstoffreiche Guano ist ein Mikrolebensraum für Millionen wirbelloser Tiere. Die am Boden liegende Masse scheint zu brodeln – diesen Effekt verursachen Kakerlaken und Schaben.

Schutz des Überschwemmungsgebiets

Seit den frühen Tagen des Handels auf Borneo war der Kinabatangan einer der wichtigsten Zugangswege zu den natürlichen Ressourcen der Wälder. Begehrt waren unter anderem Rattan und Harze sowie die eßbaren Vogelnester aus den Gomantong-Höhlen. Die Region stellt auch die Versorgung mit Trinkwasser sicher und bietet eine reichhaltige Auswahl an eßbarem Fisch. Wo all diese Schätze in erreichbarer Nähe waren, bauten die Orang Sungai (eine allgemeine Bezeichnung für am Fluß siedelnde Menschen) ihre Siedlungen.

Links und oben: *Ein Leitersystem ermöglicht es den Nestsammlern in den Gomantong-Höhlen, die Salanganennester an der Decke zu erreichen. Die begehrten eßbaren Nester werden auf der Gemeinschaftsterrasse des Langhauses sortiert.*

Unten: *Am Oberlauf des Flusses, wo die meisten Unterkünfte zur Verfügung stehen, hat man Zugang zu einigen Seitenarmen. Dort gibt es auch Krokodile.*

Wildreservat Tabin

Ein Paradies für große Säugetiere

Das Wildreservat Tabin wurde 1984 für den Schutz von drei stark gefährdeten großen Säugetierarten eingerichtet: des Asiatischen Elefanten, des Sumatra-Nashorns und des Wildrinds Banteng. Das 1 205 km^2 große Gebiet besteht hauptsächlich aus altem Nutzwald, in dessen Zentrum einige Areale mit unberührtem Regenwald erhalten sind. Das Zentrum und der Westen des Gebietes sind hügelig, der von Sumpfwald durchzogene Norden ist flach. Die Nebenflüsse des unteren Sungai Segama säumen Mangroven.

Elefanten und Nashörner

Tabins Elefantenpopulation ist eine der größten und gesündesten von Sabah. Eine Zählung kam 1992 zu dem Ergebnis, daß sich während der Trockenzeit zwischen 212 und 297 Tiere in dem Gebiet aufhielten. Die Elefanten durchstreifen vorwiegend flaches Gelände an Flußufern, wo reichlich pflanzliche Nahrung (Ingwergewächse, Bananen und Bambus) zur Verfügung steht und Störungen durch den Menschen selten sind.

Linke Seite: *Auf Borneo ist das Vorkommen des Asiatischen Elefanten auf Sabahs Osten beschränkt. Besonders zahlreich sind die Tiere in Tabin. Die Elefanten halten sich meist in der Umgebung der Flüsse auf, in denen man sie häufig baden und Wasser speien sieht. In Tabin wurde ein Umsiedlungsprojekt für Elefanten ins Leben gerufen, um Tiere aus jenen Gegenden, wo Landwirtschaft betrieben wird, umzusiedeln.*

Oben rechts: *Der Malaienbär ist sehr kurzsichtig und kann aggressiv werden, wenn man ihm zu nahe kommt.*

Über das Sumatra-Nashorn ist nur wenig bekannt. In den frühen 1980er Jahren war von sieben bis zwanzig im Park lebenden Exemplaren die Rede. Jüngeren Berichten zufolge wurden fast ausschließlich Spuren von ausgewachsenen Tieren gefunden, und es ist zweifelhaft, daß die Art überleben kann. Die Tiere, die den Menschen meiden, sind in ihrer Kost anpassungsfähig genug, um sich auch in wieder aufgeforsteten Wäldern ernähren zu können – sie dürfen nur nicht gestört werden. Wichtig für Elefanten, Nashörner und andere große Säugetiere sind Mineralstoffe, mit denen sie sich an Salzlecken, aus Trinkwasserquellen und an Schlammvulkanen versorgen können.

Der Schlammvulkan Lipad

Lipad, der größte von Tabins drei Schlammvulkanen, ist ohne große Anstrengung über einen 2 km langen Pfad zu erreichen. Auf dem netten Spaziergang sieht man vielleicht Pisangeichhörnchen, Zwergeichhörnchen und große Spitzhörnchen. Der völlig vegetationslose Vulkan erstreckt sich über eine Fläche von etwa zwei Hektar Land. Der aktive »Kegel« ist 2 bis 3 m hoch und stößt unter Blasenbildung aus tief unter dem Erdboden gelegenen Schichten salzigen, grauen Schlamm aus, der reich an Natrium und Kalzium ist. Immer sind hier Fährten von Säugetieren zu sehen, denn Elefanten, Sambarhirsche, Bartschweine, kleinere Säugetiere und viele Vögel kommen zum Vulkan, um sich am Schlamm zu laben oder sich in ihm zu suhlen.

Forschung in Tabin

Von besonderem Interesse ist Wildreservat Tabin für die Forschung, denn der Park ist groß genug, um lebens-

Lage: Etwa 50 km nordöstlich von Lahad Datu im Zentrum der Halbinsel Dent, Ostsabah.

Klima: Im gesamten Jahresablauf warm und feucht. Höchste Niederschläge Oktober bis Februar. Mai und Juni sind relativ trocken.

Reisezeit: Ganzjährig, doch Regenwetter erschwert das Reisen beträchtlich.

Anreise: Fahrzeug mit Allradantrieb. Von Lahad Datu 20 km Richtung Tungku, von dort 17 km nördlich bis zum Parkzugang in Jalan Porim (unbefestigte Straße). Weitere 9 km bis zum Hauptquartier.

Genehmigungen: Tabin hat den Status eines Forschungs- und Naturschutzraums, doch kontrollierte Besuche sind möglich. Man benötigt die Erlaubnis der Zentrale des *Sabah Wildlife Department* in Kota Kinabalu oder des Bezirksbüros in Lahad Datu. Zuweilen können Besucher mit Erlaubnis des Reservatmanagers im Gästehaus übernachten.

Ausrüstung: Lebensmittel und Kochgerätschaften mitnehmen. Leichte Kleidung, robuste Wanderschuhe, Kompaß, Fernglas und Kamera.

Einrichtungen: Besucherzentrum im Tal des Sungai Lipad mit Gästehaus, Forschungsstätten und Schautafeln. Im Normalfall keine Übernachtungen.

Naturbeobachtungen: Am einfachsten von den unbefestigten Straßen aus. Vorsicht bei möglichen Begegnungen mit großen Säugetieren.

Freizeitaktivitäten: Dschungeltrekking zum Schlammvulkan bei Lipad oder zu den felsigen Höhlen am Fluß. Beobachtung von Säugetieren und Vögeln. Beobachtung nachtaktiver Säugetiere im Scheinwerferlicht.

Oben: *Schlammsuhlen locken in Tabin große Säugetiere an. Auch das seltene Sumatra-Nashorn gehört dazu.*

Rechts: *Einzelne Individuen einer Gruppe von Grauen Languren sind an ihren Gesichtsmerkmalen wiederzuerkennen.*

Unten: *Die Forschungsstation von Tabin ist ein bedeutendes Zentrum für Naturschutz-Studien.*

fähige Populationen vieler Tierarten zu beherbergen. Malaienbären, Leoparden, Moschustiere sowie Graue und Rotbraune Languren gehören zu den Arten, die im gesamten Gebiet anzutreffen sind. Forschungsarbeiten jüngeren Datums haben sich mit Zibet- und Dschungelkatzen sowie deren Hauptnahrung, den Ratten, befaßt. Die Ergebnisse verdeutlichen, wie wichtig es ist, Waldgebiete neben kultiviertem Land zu erhalten: Im Wald lebende Raubtiere tragen dazu bei, Ratten von den Feldern fernzuhalten. Der Wald bietet auch anderen nützlichen Arten Lebensraum, zum Beispiel Eulen.

Das zusammenhängende, wenngleich nicht mehr unberührte Waldgebiet von Tabin ist auch für die biologische Vielfalt von Bedeutung. Am weitesten verbreitet ist Tiefland-Dipterokarpazeenwald mit großen Beständen von *Parashorea tomentella* und *Dipterocarpus caudiferus*. Die Pflanzenliste nennt derzeit über 700 Arten, doch sicher werden in Zukunft noch etliche Neuentdeckungen dazukommen.

Forstreservat Danum Valley

Forschung in einem einzigartigen Reservat

Im Jahr 1976 brach eine wissenschaftliche Expedition im Auftrag des *Sabah National Parks Board* (so der damalige Name) ins Gebiet von Danum auf. Der abschließende Bericht empfahl die Einrichtung eines Nationalparks. Damals unterlag das gesamte Gebiet jedoch einer auf hundert Jahre abgeschlossenen Holzschlagkonzession der privaten *Sabah Foundation*. Eine landesweite Untersuchung der Fauna ergab wenige Jahre später, daß Danum Valley zu Sabahs bedeutendsten Verbreitungsgebieten wilder Säugetiere und Vögel gehört. 1980 beschloß deshalb die Foundation freiwillig, Danum Valley im Rahmen ihrer Konzession als Schutzgebiet zu behandeln. 1995 wurde dieser Status durch Umwandlung des Gebiets in ein geschütztes Forstreservat untermauert. Heute ist hier der Holzeinschlag gesetzlich verboten.

Das geschützte Forstreservat Danum Valley ist 438 km² groß und schmiegt sich an den Oberlauf des Sungai Segama. Es ist von ausgedehnten Nutzholzwäldern umgeben, wird jedoch zu allen Seiten von einer breiten Pufferzone ursprünglicher Wälder geschützt, die den Fortbestand von Populationen seltener Tierarten gewährleisten.

Pflanzen und Tiere

Die Katalogisierung ergab etwa 1 300 Pflanzenarten. Zu den interessantesten gehören zwei Dipterokarpazeen: *Parashorea malaanonan* und *Parashorea tomentella*, der wohl häufigste große Baum im Naturwald dieser Region von Sabah. Andere nennenswerte Gewächse sind *Citrus macroptera*, ein großer wilder Baum mit gelben Früchten, *Mangifera pajang*, ein großer Baum der Mangofamilie, und *Nenga gajah*, eine sehr seltene Palmenart, die nur in Danum Valley und auf Sumatra, Indonesien, nachgewiesen ist. Auf Danum Valleys Hügelketten wachsen mehrere Arten Nadelhölzer, vier verschiedene Kannenpflanzen, eine seltene Pantoffelorchidee sowie eine kletternde Bambusart.

Auch die Tierwelt ist beeindruckend. 124 Säugetierarten wurden nachgewiesen, dazu 275 Vogelarten, 72 Reptilien-, 56 Amphibien- und 37 Fischarten. Zu den zehn Primaten unter den Säugetieren gehören der Orang-Utan und der Rote Langur. Auch der Asiatische Elefant, das Sumatra-Nashorn, das Wildrind Banteng, der Malaienbär und der Leopard sind hier anzutreffen. Außerdem wurden alle auf Borneo heimischen Nashornvögel in Danum registriert und darüber hinaus sieben Pitta-Arten – farbenprächtige, scheue Vögel, die am schattigen, feuchten Waldboden leben.

Unternehmungen

Vier Fünftel der Fläche von Danum Valley bestehen aus Hügelland, dessen höchster Punkt mit 1 090 m der Gipfel des Gunung Danum ist. Wegen des schroffen Geländes und der nur schwer befahrbaren Flußläufe bleiben die meisten Besucher in den tiefergelegenen Bereichen des Parks. Abenteuerwillige Trekker können abgelegene Gebiete erwandern, die phantasievolle

Oben rechts: *Der Kupferne Sonnenvogel gehört zu den schillerndsten Bewohnern der Waldrandgebiete.*

Lage: Bewaldetes Gebiet in Sabahs Südosten, ca. 70 km westlich von Lahad Datu.

Klima: Tagsüber heiß und feucht, nachts im Wald gemäßigte Temperaturen. Wie die meisten Waldgebiete Borneos häufig naß, stärkste Regenfälle von September bis Februar.

Reisezeit: Ganzjährig.

Anreise: Die Fahrt von Lahad Datu über eine Pistenstraße zur *Borneo Rainforest Lodge* dauert ca. 2,5 Stunden.

Genehmigungen: Für die *Borneo Rainforest Lodge* nicht erforderlich, doch wer forschen oder im Forschungszentrum bleiben will, benötigt die Erlaubnis einer der beteiligten Organisationen, die ein Mitarbeiter vor Ort besorgt.

Ausrüstung: Leichte Kleidung, Blutegelsocken, robustes Schuhwerk und Insektenschutzmittel.

Einrichtungen: Die *Borneo Rainforest Lodge* bietet Naturlehrpfade, einen Steg durch Baumkronen sowie nächtliche Wildbeobachtung. Auf Wunsch Einblick in die Forschungsarbeiten im Danum Valley.

Naturbeobachtungen: Breite Vielfalt an Pflanzen des Tieflandwaldes. Große Säugetiere zeigen sich selten, doch vielleicht hört man Elefanten. Nachts sieht man mit Glück Orang-Utans, Gibbons, andere Primaten und den Koboldmaki.

Freizeitaktivitäten: Vogel- und Wildbeobachtung, Botanisieren. Schwimmen in kühlen Flüssen unweit der *Borneo Rainforest Lodge*. Informationen über Wiederaufforstungsprogramme, Zuchtversuche und Forschungen zu umweltverträglichem Holzeinschlag. Dia- und Videovorträge.

Oben: *Der sonderbar flache Feilenohrige Laubfrosch kommt nur auf Borneo vor; nachts hört man seinen knarrenden Ruf.*

Rechts, Mitte: *Der Orientalische Zwergeisvogel ernährt sich von Fischen und Insekten, die er in den Flüssen findet.*

Rechts: *Ein Rubinbürzel-Trogon hält in seiner typischen ruhigen Stellung nach Insekten Ausschau.*

Ganz rechts, oben: *Von den acht hier lebenden Nashornvogelarten ist der Weißkronen-Nashornvogel der seltenste.*

Ganz rechts, unten: *Der Rotbärtige Bienenfresser hält sich in den mittleren und oberen Waldzonen auf.*

Rechte Seite: *Der Hängesteg durch die Baumkronen eröffnet faszinierende Möglichkeiten, das Leben in den Baumkronen mit dem am Boden zu vergleichen.*

Namen tragen: zum Beispiel das »Düstere Tal« mit seinen Wasserfällen und Stromschnellen oder den »Berg der Entbehrungen«, der zwar nicht besonders hoch ist, dafür jedoch sehr steil und ungewöhnlich reich an Farnen, Orchideen und Kannengewächsen.

Seit 1994 empfängt die etwa 10 km vom *Field Centre* am Ufer des Sungai Danum gelegene *Borneo Rainforest Lodge* Touristen. In ihrer Nähe laden einige schöne Plätze zum Schwimmen ein, und Pfade führen von hier durch verschiedene Waldformen, in denen kontrollierter Holzeinschlag vorgenommen wird. Vor allem in den Randzonen sind die Wälder mehr oder weniger unberührt. Man kann die gut gekennzeichneten Pfade allein erkunden oder mit einem Führer losziehen. Ein Hängesteg, der in 25 m Höhe durch die Baumkronen führt, eröffnet ungewöhnliche Einblikke in die Pflanzen- und Tierwelt der oberen Waldebene.

Bei einer nächtlichen Fahrt im offenen Jeep entdeckt man vielleicht im Scheinwerferlicht einige nachtaktive Tiere. Moschustiere sind häufig zu sehen, und mitunter bekommt man auch Zibetkatzen, Flughörnchen, Muntjaks und Bartschweine zu Gesicht.

Forschungsprojekte

Seit 1984 wurden hier in internationaler Zusammenarbeit über hundert Forschungsprojekte durchgeführt. Basis aller Projekte ist das *Danum Valley Field Centre.* Verglichen wurden zum Beispiel die Pflanzen- und Tierwelt unberührter und kommerziell genutzter Wälder, und es gab ebenfalls Studien über Spitzhörnchen, Nashörner und Moschustiere.

Forschungsprojekte förderten auch unerwartete Hinweise auf Menschen zutage: große Krüge chinesischen Ursprungs, Eisenholzsärge, Menschenknochen. Diese Dinge wurden am Sungai Danum und am Oberlauf des Sungai Segama entdeckt und stammen vermutlich aus dem 17. Jahrhundert. Dennoch scheint Danum Valley, abgesehen von gelegentlichen Streifzügen einiger Jägergruppen, größtenteils unberührt geblieben zu sein. Der Wert des geschützten Waldes ist unermeßlich, doch die interessanten Funde, die von menschlichen Aktivitäten Zeugnis ablegen, beweisen, daß selbst abgelegene Waldgebiete Borneos über längere Zeiträume hinweg nicht vor Veränderungen geschützt waren.

Sipadan und Semporna Islands

Malaysias schönste Tauchreviere

Die Halbinsel Dent südlich der Nordostspitze Borneos ist von etlichen winzigen Inseln umgeben. Die kleine Insel Sipadan steht bereits seit 1933 unter Naturschutz, doch in jüngerer Zeit wurde die Notwendigkeit erkannt, auch die umliegenden Meeresgebiete unter Schutz zu stellen.

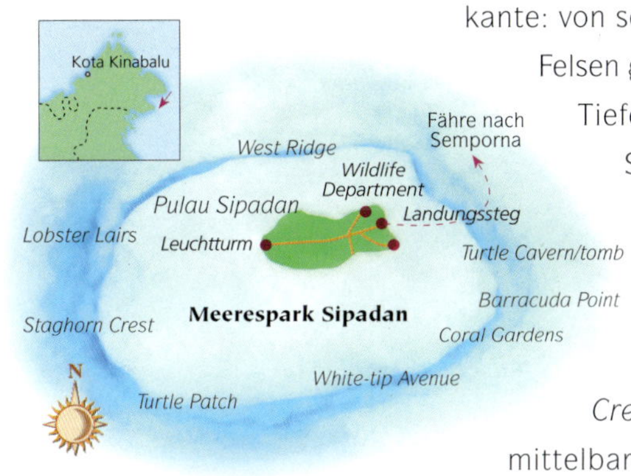

Pulau Sipadan

Pulau Sipadan ist Malaysias einzige Insel, die in ozeanischen Gewässern jenseits des kontinentalen Schelfs liegt. Sie steigt aus einer Tiefe von über 600 m herauf und ist 16,4 ha groß. Die attraktiven weißen Sandstrände lenken davon ab, daß nur wenig natürliche Vegetation erhalten ist. Taucher aus aller Welt buchen die zur Verfügung stehenden Hütten, weil herrliche Korallenriffe vor der Küste Einblicke in ungeheuer reichhaltige maritime Lebensformen bieten.

Ein Schnellboot bringt den Gast von Semporna in einer Stunde her. Unterwegs bieten die auf Korallenriffen errichteten Wasserdörfer – eine Bauweise, die den Riffen jedoch Schaden zufügt – einen interessanten Anblick. Sipadan ist Malaysias beste Adresse für Taucher und eines der großartigsten Tauchgebiete der Welt. Spektakulär ist das jäh abfallende Gebiet an der Riffkante: von senkrechten und überhängenden Felsen geprägt und zum Teil bis in 600 m Tiefe abfallend. Die bekanntesten Schnorchel- und Tauchgründe tragen Namen, die auf ihre Besonderheiten hinweisen: *Barracuda Point, Coral Gardens, Turtle Patch, Staghorn Crest.* Die Kante des Riffs, die unmittelbar hinter dem Hauptkamm abbricht, ist das aktivste Wachstumsgebiet von Korallen. Zu den hier lebenden Fischen gehören Schmetterlingsfische, Jungfrauenfische und Grouper. Arten, die auch im offenen Meer bestehen können, sind Schnäpper und Chirurgenfische. Durch das Gebiet streifen auch Riffhaie mit weißer Rückenflosse, Schildkröten und riesige Teufelsrochen.

Eine Höhle in der Riffwand stellt eine Falle für Schildkröten dar, von denen schon etliche hier verendet sind – ihre leeren Panzer beweisen es. Mitunter legen Schildkröten an Sipadans Stränden ihre Eier ab, und mit etwas Glück sieht man vielleicht eine der letzten Kokoskrabben. Seit langem ist die Insel zudem Vogelschutzgebiet. Neben der Bunten Fruchttaube sollte man nach dem Weißkehligen Mangrovenpfeifer Ausschau halten, der mit Ausnahme der Philippinen nur hier heimisch ist.

Die Semporna-Inseln

Etwa 50 km weiter nördlich bilden einige etwas größere Inseln einen kleinen Archipel, den man ebenfalls mit Booten von der Hafenstadt Semporna aus erreicht. Die Überfahrt ist schwieriger zu organisieren, denn die Agen-

Linke Seite:
Die Artenvielfalt in den Gewässern reicht von großen Tonnenschwämmen bis zu winzigen Fischen (links oben). *Bigeye Trevallies streifen in großen Schwärmen durch die Tiefen* (links Mitte). *Sipadan ist berühmt dafür, daß Taucher mit Grünen Meeresschildkröten um die Wette schwimmen können* (links unten). *Die hiesigen Korallengärten sind Teil eines Unterwasserparadieses, das dauerhaften Schutz verdient* (rechts).

Oben rechts: *Der schmale, weiße Sandstreifen von Pulau Sipadan liegt im Schatten eleganter Palmen.*

Lage: Die Stadt Semporna liegt an der gegenüberliegenden Küste des Bundeslandes an der Spitze der südöstlichsten Halbinsel Sabahs, ca. 350 km von Kota Kinabalu entfernt. Nördlich von ihr liegen die Semporna Islands, südlich die Inseln Sipadan und Mabul.

Klima: Heiß, meist sehr trocken.

Reisezeit: Ganzjährig. Von März bis Juli ist ruhige See zu erwarten, ab Oktober wird sie im Zuge regnerischer Wetterfronten rauher.

Anreise: Flug nach Tawau, von dort mit Bus oder Taxi nach Semporna. Besuche auf Sipadan und Mabul schon vor der Anreise über Agenturen buchen. Fahrten zu den Semporna Islands können vor Ort am Semporna-Landungssteg vereinbart werden.

Genehmigungen: Nicht erforderlich, doch vor der Überfahrt zu den Semporna Islands muß man sich bei der Polizei in Semporna registrieren lassen.

Ausrüstung: Darauf achten, daß es in den Booten Rettungswesten gibt. Auf Sipadan stellen die Agenturen alles Notwendige bereit und vermieten Tauchausrüstung. Auf die Semporna Islands müssen auch Lebensmittel und Kochgeschirr mitgenommen werden.

Einrichtungen: Mehrere Agenturen unterhalten Hütten auf Sipadan und bieten geführte Tauchgänge an. Keine Einrichtungen auf den Semporna Islands. Auf Mabul gibt es zwei Tauchresorts.

Naturbeobachtungen: Beste Möglichkeiten, Fische, Korallen und wirbellose Tiere zu sehen. Nur wenige an Land lebende Tierarten, z. B. die Kokoskrabbe.

Freizeitaktivitäten: Auf Sipadan Tauchen rund um die Insel, Tauchgänge tags und nachts.

Oben: *Die auf einer Fächerkoralle sitzende Grundel hat zur Tarnung einen fast transparenten Körper.*

turen sind auf diese Inseln, zu denen Sebangkat, Selakan, Maiga, Sibuan, Bodgaya, Boheydulang und Tetagan gehören, nicht eingerichtet. An manchen Stellen sprechen Anzeichen dafür, daß die Riffe aus dem Meer emporgedrückt wurden. Pulau Selangan besteht vollständig aus Riff-Kalkstein, und die Stadt Semporna steht auf einem Korallenriff, dessen Alter auf 35 000 Jahre geschätzt wird. Das gesamte umliegende Gebiet inklusive Meeresboden unterliegt einer langsamen Hebung. Andere Inseln sind vulkanischen Ursprungs. Pulau Bodgaya und Pulau Boheydulang bilden den nördlichen Rand eines nun überfluteten erloschenen Vulkantrichters, dessen südlicher Bereich vollständig überschwemmt ist. Wer sich den Inseln Bodgaya, Boheydulang und Tetagan nähert, wird von der smaragdgrünen Lagune entzückt sein, die im Schutze steiler Abhänge liegt. Die Lagune ist etwa 8 km breit, und die steilen Klippen ragen bis zu 460 m weit über den Meeresspiegel auf. Die Korallenriffe sind weniger farbenprächtig als in Sipadan, die Artenvielfalt dürfte jedoch größer sein.

Von Insel zu Insel

Wer die Semporna-Inseln erkunden will, mietet am besten ein kleines Boot. Auf den Inseln gibt es keine Unterkünfte, obwohl einige von ihnen besiedelt sind. Auf Pulau Maiga lebt eine kleine Gemeinschaft des Volkes der Taosug. Ihre auf Stelzen über dem Wasser stehenden Häuser haben Wände aus Kokosgeflecht und Dächer aus Nipahpalmblättern. Männer und Kinder gehen dem Fischfang nach, und manche Dorfbewohner haben sich

auf den Bau von Booten spezialisiert. Auf Boheydulang und Bodgaya gibt es mehr Siedlungen. Dort wurde auch Land erschlossen, doch die meisten dort lebenden Bajau Samal und Taosug leben auch hier vom Fischfang.

Die nächste Insel, die ein gewisses Maß an Komfort bietet, ist das auf halber Strecke zwischen Pulau Sipadan und Semporna gelegene Pulau Mabul. Hier gibt es ein Dorf mit Hüttenunterkünften auf Stelzen über dem Wasser.

Rechts: *Das klare Wasser und der Artenreichtum machen die Riffe zu einem Paradies für Taucher.*
Unten: *Es gibt riesige Bestände an phantastisch verzweigten, farbigen Kolonien von Seefächern.*
Linke Seite, unten: *Zwei gelbe Maskierte Kaninchenfische gleiten über einen wundervollen Korallengarten hinweg.*

Folgende Doppelseite: *Kristallklare Gewässer und weiße Sandstrände sind typisch für die Semporna Islands.*

Liste der Naturschutzgebiete

Im folgenden finden Sie eine Liste aller Naturschutzgebiete, die zur Zeit in Malaysia als solche ausgewiesen sind. Viele sind in diesem Buch beschrieben. Manche dienen nur der Forschung und sind deshalb für Touristen gesperrt. Die Liste enthält auch Gebiete, für die Naturschutz empfohlen wurde – hier ist der Stand der Dinge unterschiedlich weit fortgeschritten. Wer eine Reise plant, findet in den Infokästen der jeweiligen Kapitel Informationen und kann die auf S. 174 aufgeführten Adressen kontaktieren.

Malaiische Halbinsel

Belum und Temenggor, Forstreservat (2 000 km²). Bundesland: Perak. Gründungsjahr: 1989. See, Wälder, Obstbäume, wichtig für große Säugetiere, Affen und Nashornvögel.

Bukit Kutu, Wildreservat (30 km²). Bundesland: Selangor. Gründungsjahr: 1922. Bergwald und reiche Tierwelt. Von historischer und botanischer Bedeutung.

Cameron Highlands, Naturheiligtum (530 km²). Bundesland: Pahang. Gründungsjahr: 1962. Bergwald, Teeplantagen, Vögel, kleine Säugetiere, seltene und endemische Pflanzen.

Endau Rompin, Nationalpark (489 km²). Bundesländer: Pahang und Johor. Gründungsjahr: 1989. Berg- und Flußlebensräume, Fächerpalmen. Wichtiger Lebensraum für Sumatra-Nashörner und endemische Pflanzen, biogeographische Beziehung zu Borneo.

Four Islands, Vogelschutzgebiet (2 ha). Bundesland: Pahang. Gründungsjahr: 1954. Rastplatz für Seevögel. Gegenwärtige Situation unklar.

Fraser's Hill, Wildreservat (29 km²). Bundesland: Selangor. Gründungsjahr: 1922. Bergwald. Wichtig für Vögel und blütentreibende Pflanzen.

Krau, Wildreservat (520 km²). Bundesland: Pahang. Gründungsjahr: 1924. Wichtiges Forschungsgebiet für Siamang; Affen; Übergangszone von Tiefland- zu Berglandtieren.

Kuala Selangor, Naturpark (324 ha). Bundesland: Selangor. Gründungsjahr: 1989. Küstenlebensräume, Mangroven. Wichtig für ziehende Watvögel, Otter, Languren.

Kuala Selangor, Wildreservat (44 ha). Bundesland: Selangor. Gründungsjahr: 1922. Mit dem Naturpark verbunden. Historische Stätte, zahlreiche Languren.

Melaka, Inseln. Bundesland: Melaka. Empfohlen als Schutzgebiet für Vögel, die im offenen Gelände und an der Küste leben.

Mersing, Meerespark. Bundesland: Johor. Gründungsjahr: 1984. Gewässer um 13 Inseln. Korallen, Fische, Tiere des Südchinesischen Meeres.

Nakawan, Staatspark (50 km²). Bundesland: Perlis. Empfohlen. Wichtig für Stummelschwänzige Makaken, Kalksteinflora und -fauna. Höhlen.

Pahang Tua, Vogelschutzgebiet (13 km²). Bundesland: Pahang. Gründungsjahr: 1954. Küstenvögel.

Port Dickson Islands, Vogelschutzgebiet (2 ha). Bundesland: Negeri Sembilan. Gründungsjahr: 1926. Küstenvögel.

Pulau Payar, Meerespark. Bundesland: Kedah. Gründungsjahr: 1985. Gewässer um vier Inseln. Korallenriffe und Meerestiere. Übergangszone zwischen der Straße von Melaka und der Andamanensee.

Pulau Redang, Meerespark. Bundesland: Terengganu. Gründungsjahr: 1984. Gewässer um neun Inseln. Korallenriffe und Meerestiere. Strände mit nistenden Schildkröten.

Pulau Tioman, Meerespark. Bundesland: Pahang. Gründungsjahr: 1984. Gewässer um neun Inseln. Korallenriffe, Meerestiere (auch Haie). Auf Pulau Tioman wurde 1972 ein Wildreservat (72 km²) eingerichtet.

Rompin Endau, Nationalpark (300 km²). Bundesland: Pahang. Gründungsjahr: 1986. Sandsteinklippen im Wald, Flora mit Affinität zu Borneo, Vögel und Säugetiere.

Sungai Dusun, Wildreservat (43 km²). Bundesland: Selangor. Gründungsjahr: 1964. Wichtig für Sumatra-Nashorn, torfiger Sumpfwald, Siegelwachspalmen.

Sungkai, Wildreservat (25 km²). Bundesland: Perak. Gründungsjahr: 1921. Wichtige Zuchtstation. Tiefland- und Bergwaldtiere.

Taman Negara, Nationalpark (4 343 km²). Bundesländer: Pahang, Kelantan und Terengganu. Gründungsjahr: 1938/39. Malaysias größter Park. Wichtig für Tieflandwälder und deren Tierwelt, viele seltene Pflanzen. Höchster Berg der Halbinsel, Höhlen, breite Artenvielfalt.

Taman Rimba Kenong (130 km²). Bundesland: Pahang. Gründungsjahr: 1918 als Forstreservat, Nationalpark seit 1988. Wichtig für große Säugetiere. Flora der zentralen Halbinsel, Kalksteinhöhlen, wundervoller Tieflandwald und unberührte Flußläufe.

Tasik Bera (384 km²). Bundesland: Pahang. Gründungsjahr: 1995. Seltener natürlicher See, Fische, torfiger Sumpfwald.

Unberührte Dschungelreservate

Außer den aufgelisteten Gebieten gibt es auf der Malaiischen Halbinsel noch etwa 80 unberührte Dschungelreservate, die überwiegend kleine Parzellen (weniger als 10 km²) unberührten Waldes innerhalb größerer, kommerziell genutzter Wälder schützen. Einige Waldgebiete an steilen Hängen sind als »Geschützter Wald« ausgewiesen.

Sarawak

Bako, Nationalpark (27 km², Ausweitung empfohlen). Gründungsjahr: 1957. Verschiedene Waldarten, Kannengewächse, Nasenaffen, Sandsteinformationen und Wälder auf Sandsteinplateau.

Batang Ai, Nationalpark (240 km²). Gründungsjahr: 1991. Wichtiges Schutzgebiet für Orang-Utans. In der Nähe: künstlicher See und Iban-Langhäuser.

Batu Laga, Naturheiligtum. Empfohlen. Breite Vielfalt an Tieren des Tiefland- und Hügelwaldes.

Gunung Gading, Nationalpark (41 km²). Gründungsjahr: 1983. Eingerichtet zum Schutz von *Rafflesia*-Pflanzen.

Gunung Mulu, Nationalpark (528 km², Ausweitung empfohlen). Gründungsjahr: 1974. Kalksteinberge und -höhlen. Waldtiere und -pflanzen auf Schwemmlandterrassen, vielfältige Waldarten.

Hose Mountains, Nationalpark. Empfohlen. Diverse Tiere des Hügelwaldes, erstreckt sich bis in gebirgige Höhen.

Kubah, Nationalpark (22 km²). Gründungsjahr: 1989. Weltweit eines der wichtigsten Gebiete für Palmen.

Lambir Hills, Nationalpark (70 km²). Gründungsjahr: 1973. Wichtig für die Erforschung des Regenwaldes. Weltweit eine der höchsten Dichten verschiedener Baumarten.

Lanjak-Entimau, Naturheiligtum (1 688 km², Ausweitung empfohlen). Gründungsjahr: 1983. Hügelwald. Schutzgebiet für Orang-Utans, Gibbons und Nashornvögel.

Loagan Bunut, Naturheiligtum (107 km²). Gründungsjahr: 1991. Seltener natürlicher See, umgeben von torfigem Sumpfwald.

Maludam, Naturheiligtum. Empfohlen. Torfiger Sumpfwald mit seltenen Languren und anderen Tierarten.

Niah, Nationalpark (31 km²). Gründungsjahr: 1975. Kalksteinhöhlen mit Fledermäusen und eßbaren Vogelnestern; wichtige archäologische Stätte.

Pelagus, Nationalpark. Empfohlen. Stromschnellen, Tierwelt im angrenzenden Wald.

Pulau Bruit, Nationalpark. Empfohlen. Mangroven und Schlickboden, viele Zugvögel (Watvögel) und Seevögel.

Pulau Tokong Ara-Banun, Naturheiligtum (1,4 ha). Futter- und Rastplatz für diverse Vogelarten.

Pulong Tau, Nationalpark. Empfohlen. Hochlandwald und entsprechende Tierwelt.

Samunsam, Naturheiligtum (60 km², Ausweitung empfohlen) Gründungsjahr: 1979. Mischwald. Nasenaffen.

Semengoh, Auswilderungszentrum für Tiere (740 ha). Gründungsjahr: 1984. Gründung zur Rettung und Auswilderung aus Gefangenschaft befreiter Tiere (Orang-Utans, Affen, Nashornvögel).

Sibuti, Vogelschutzgebiet. Empfohlen. Küstenlebensräume, Mangroven und torfige Sümpfe.

Similajau, Nationalpark (70 km²). Gründungsjahr: 1976.

Stutong, Naturreservat (33 ha). Gründungsjahr: 1994. Küstenvegetation und entsprechende Tierwelt.

Talang-Satang, Meerespark. Empfohlen. Nistende Schildkröten, Seeschwalben, Meerestiere.

Tanjung Datu, Nationalpark (14 km²). Gründungsjahr: 1994. Ungewöhnlicher Mischwald, Küstenvegetation, unberührte Flußläufe. Wichtig für Vögel und nistende Schildkröten.

Usun Apau, Nationalpark. Empfohlen. Hochlandwald und im Bergland lebende Tiere.

Wind Cave und Fairy Cave, Naturreservat (115 ha). Gründungsjahr: 1994. Erholungsgebiete, Höhlen und entsprechende Fauna.

Sabah

Crocker Range, Nationalpark (1 399 km²). Gründungsjahr: 1984. Bergwaldgebiete, *Rafflesia*, diversifizierte Vogelwelt.

Danum Valley, Naturschutzgebiet (438 km²). Gründungsjahr: 1980. Wichtiges Forschungsgebiet für Pflanzen und Tiere. Unberührter Tieflandwald.

Kabili-Sepilok, Forstreservat (43 km²). Gründungsjahr: 1956. Auswilderungszentrum für Orang-Utans. Mangrovenwälder, Tiefland-Dipterokarpazeenwald.

Kinabalu, Nationalpark (754 km²). Gründungsjahr: 1964. Höchster Berg Südostasiens. Diversifizierte Landschaft von Tieflandwald bis zu Granitgipfeln. Wichtig für Pflanzen (besonders Orchideen). Malaysias bestes Gebiet für Vogelbeobachtung.

Kota Belud, Vogelschutzgebiet (120 km²). Gründungsjahr: 1971. Vögel, die an Küsten und im offenen Gelände leben, u.a. Fisch- und Silberreiher.

Kulamba, Wildreservat (207 km²). Gründungsjahr: 1984. Tieflandwald mit entsprechender Flora und Fauna, große Säugetiere.

Labuan, Meerespark im Föderationsterritorium Labuan. Gründungsjahr: 1994. Gewässer um die Inseln Pulau Kuramun, Pulau Rusukan Kecil und Pulau Rusukan Besar. Korallen und Meerestiere.

Maliau-Becken, Naturschutzgebiet (390 km²). Gründungsjahr: 1983. Auffällige Sandsteingrate, Wasserfälle, Wälder.

Pulau Mantanani, Vogelschutzgebiet (ca. 5 km²). Mantanani-Eulen, andere kleine Inselvögel, Seevögel.

Pulau Tiga, Park (158 km²). Gründungsjahr: 1978. Drei kleine Inseln und angrenzende Gewässer. Berühmt für Seeschlangen und Schlammvulkane. Seeschwalben und andere See- und Küstenvögel.

Sipadan, Vogelschutzgebiet (16,4 ha). Gründungsjahr: 1933. Schutzgebiet für Bunte Fruchttauben, Weißkehlige Mangrovenpfeifer und andere Arten.

Tabin,Wildreservat (1 205 km²). Gründungsjahr: 1984. Schutzgebiet für Asiatische Elefanten, Sumatra-Nashörner und Banteng (Wildrinder).

Tawau Hills, Park (280 km²). Gründungsjahr: 1979. Vielfältige Flora und Fauna des Hügelwaldes.

Tunku Abdul Rahman, Nationalpark (50 km²). Gründungsjahr: 1974. Schutzgebiet für fünf Inseln und angrenzende Gewässer. Riffe.

Turtle Islands, Nationalpark (17 km²). Gründungsjahr: 1977. Wichtige Eiablagestätten für Grüne Meeresschildkröten und Karettschildkröten.

Dschungelreservate und Geschützte Wälder

In Sabah gibt es ca. 50 kleine unberührte Dschungelreservate, die innerhalb größerer, kommerziell genutzter Wälder liegen. Außerdem unterliegen 42 als »Geschützter Wald« ausgewiesene Gebiete besonderen gesetzlichen Bestimmungen.

Nützliche Adressen

In der folgenden Liste sind die Adressen von Behörden und Institutionen aufgeführt, die Malaysias Nationalparks verwalten bzw. Informationen geben können. Den Infokästen in den Kapiteln können Sie entnehmen, welche Stelle jeweils für die Erteilung von Genehmigungen zuständig ist.

In Deutschland

Tourism Malaysia
Roßmarkt 11, 60311 Frankfurt/M.,
Tel. 069-28 37 82, Fax 28 52 15

Malaysische Botschaft
Mittelstr. 43, 53175 Bonn,
Tel. 0228-30 80 30, Fax 37 65 84

Malaiische Halbinsel

Department of Fisheries Malaysia
Floors 8 & 9, Wisma Tani, Jalan Sultan Salahuddin
50628 Kuala Lumpur
Tel. 03-2982011, Fax 03-2910305
e-mail: hqhelp@dof.mda.my

Department of Wildlife and National Parks
Km. 10, Jalan Cheras
50664 Kuala Lumpur
Tel. 03-9052872, Fax 03-9052873
e-mail: kp@jphltn.sains.my

Forestry Department Headquarters Peninsular Malaysia
Jalan Sultan Salahuddin
50660 Kuala Lumpur
Tel. 03-2988244, Fax 03-2925657
e-mail: uts@forestry.gov.my

Johor Parks Board
JKR 475, Bukit Timbalan
80000 Johor Bahru
Tel. 07-2237471, Fax 07-2237472
e-mail: npcjohor@tm.net.my

Malaysian Nature Society
PO Box 10750
50724 Kuala Lumpur
Tel. 03-6329422, Fax 03-6358773
e-mail: natsoc@po.jaring.my

Malaysian Society of Marine Sciences
PO Box 250, Jalan Sultan PO,
46730 Petaling Jaya
Fax 03-7348065

Malaysia Tourism Promotion Board
Floors 24-27, Menara Dato' Onn, Putra World Trade Centre, 45 Jalan Tun Ismail, 50480 Kuala Lumpur
Tel. 03-2935188, Fax 03-2935884

Ministry of Culture, Arts and Tourism
Floors 34-36, Menara Dato' Onn, Putra World Trade Centre, 45 Jalan Tun Ismail, 50694 Kuala Lumpur
Tel. 03-2937111, Fax 03-2910951

World Wide Fund For Nature (WWF) Malaysia
Locked Bag No. 911, Jalan Sultan PO, 46990 Petaling Jaya
Tel. 03-7033772, Fax 03-7035157
e-mail: wwfmal@pop.jaring.my

Sarawak

National Parks and Wildlife Office
Sarawak Forestry Department, Wisma Sumber Alam, Jalan Stadium, Petra Jaya, 93660 Kuching
Tel. 082-319126, Fax 082-441702

Sarawak Tourism Board
No. 3.43 & 3.44, Level 3, Wisma Satok, Jalan Satok/Kulas,
93400 Kuching
Tel. 082-423600, Fax 082-416700
e-mail: sarawak@po.jaring.my

Sabah

Sabah Forest Department
PO Box 311, 90007 Sandakan
Tel. 089-660811, Fax 089-669170

Sabah Parks
PO Box 10626, 88806 Kota Kinabalu (Postanschrift); Block K, Lot 3, Sinsuran Complex, 88806 Kota Kinabalu
Tel. 088-212508, Fax 088-211585

Sabah Tourism Promotion Corporation
Mail Bag 12, 88999 Kota Kinabalu (Postanschrift); 51 Jalan Gaya, 88000 Kota Kinabalu
Tel. 088-218620, Fax 088-212075
e-mail: sabah@po.jaring.my

Sabah Wildlife Department
5th floor, Block B, Wisma MUIS, Sembulan, 88300 Kota Kinabalu
Tel. 088-214317, Fax 088-222476
e-mail: jhlsabah@tm.net.my

Literaturhinweise

Deutsch:

Aarau, Alice/Craig, JoAnn: *Reisegast in Malaysia/Singapur*. Iwanowski, Dormagen 1995

Bötig, Klaus: *Malaysia/Borneo*. Goldstadt-Reiseführer, Pforzheim 1997

Ferrari, Andrea u. Antonella: *Tauchführer Malaysia*. Jahr-Verlag, Hamburg 1997

Haenlein, Rudi: *Malaysia mit Brunei*. Mai('s) Weltführer, Mai-Verlag, Dreieich 1995

Huehn, Kurt G.: *Malaysia/Singapur*. Hildebrand's Urlaubsführer, Karto + Grafik, Frankfurt 1995

Jackson, Jack: *Malaysia, Singapur*. Tauchen & Reisen, Delius-Klasing, Bielefeld 1997

Loose, St./Ramb, R./ Schindler, K.: *Malaysia, Singapur, Brunei*. Traveller-Handbuch, Verlag St. Loose, Berlin 1997

Loose, Stefan: *Südostasien-Handbuch*, Verlag St. Loose, Berlin 1998

Lutterjohann, M./Hohmann, K./ Kuster, R.: *Malaysia mit Singapur und Brunei*. Peter Rump Verlag, Bielefeld 1998

Oon, Helen: *Malaysia*. Reiseführer & Reisekarte, Könemann, Köln 1998

Oppermann, Martin: *Tourismus in Malaysia*. Verlag für Entwicklungspolitik, Saarbrücken 1992

Prager, Christian/Munan, Heidi: *Malaysia und Singapur*. terra magica, Reich Verlag, Luzern 1995

Rauchwetter, Gerhard, *Malaysia sehen & erleben*. Süddeutscher Verlag, München 1990

Schmitz, Siegfried: *Singapur und Malaysia*. Thomas Cook Reiseführer, Droemer-Knaur, München 1995

Stecker, Bernd: *Ökotourismus – Potential für Schutz und Nutzung der Tropenwälder*. TZ-Verlag 1998

Stelling, Susanne: *Malaysia*. Richtig reisen, DuMont, Köln 1999

Südostasien-Informationsstelle: *Malaysia*. Asienstiftung 1993

Time-Life: *Malaysia*. Faszination ferne Länder, München 1996

Wagner, Hannelore M.: *Malaysia, Sarawak, Sabah*. Fun & Fly 1998

Deutsch/Englisch:

Strange, Morton/Jeyarajasingam, Allen: *Birds/Vögel, A photographical Guide*. Tropical Edition, VVB Laufersweiler 1996

Englisch:

Bernard, H.-U.: *Insight Guide: Southeast Asia Wildlife*. APA, Hong Kong 1991

Bransbury, J.: *A Birdwatcher's Guide to Malaysia*. Waymark, Australia, 1993

Cox, M.J./van Dijk, P.P./ Nabhitabhata, J./Thirakhupt, K.: *A Photographic Guide to Snakes and Other Reptiles of Peninsular Malaysia, Singapore and Thailand*. New Holland, London 1998

Davison, G.W.H./Chew, Y.F.: *A Photographic Guide to the Birds of Peninsular Malaysia and Singapore*. New Holland, London 1995

Davison, G.W.H./Chew, Y.F.: *A Photographic Guide to the Birds of Borneo*. New Holland, London 1996

Inger, R.S./Tan, F.L.: *The Natural History of Amphibians and Reptiles in Sabah*. Natural History Publications (Borneo), Kota Kinabalu 1996

Jackson, J.: *The Dive Sites of Malaysia and Singapore*. New Holland, London 1995

Moore, W./Cubitt, G.: *This is Malaysia*. New Holland, London 1995

Payne, J./Cubitt, G./Lau, D.: *This is Borneo*. New Holland, London 1994

Strange, M./Jeyarajasingam, A.: *Birds: A Photographic Guide to the Birds of Peninsular Malaysia and Singapore*. Sun Tree Publications, Singapur 1993

Wells, D.: *The Avifauna of the Malay Peninsula*. Acad. Press, London 1998

Wong, M.P.: *Malaysia – Beneath the Waves*.VVB Laufersweiler 1998

REGISTER

Halbfette Ziffern verweisen auf Abbildungen. Geographische Objekte wie Inseln (pulau), Berge (gunung) oder Flüsse (sungai) werden unter ihrem vollen malaysischen Namen geführt (z.B. Pulau Tioman, Gunung Kinabalu, Sungai Kinabatangan). Siehe auch Glossar auf Seite 4.

Wohlig warme Winterküche

Caroline Hofberg

Foto: Tia Borgsmidt & Ove Lindfors

Lifestyle
BUSSE
SEEWALD

Impressum

Idee, Konzept, Rezepte: Caroline Hofberg

Layout: Ove Lindfors

Foto: Tia Borgsmidt, Ove Lindfors

Satz: Elanders Fälth & Hässler, Värnamo

Dank an www.honningogflora.dk für die gute Zusammenarbeit.

Die schwedische Originalausgabe erschien unter dem Titel „Värmande Vintermat“ bei der Norstedts Förlagsgrupp AB, Stockholm

Für die deutsche Ausgabe:

Übersetzung: Marie-Luise Schwarz

Lektorat: Sabine Schwarz, Bettina Snowdon

Programmleitung & Produktmanagement: Susanne Klar

Satz und Covergestaltung: Arnold & Domnick

Druck & Bindung: Livonia, Lettland

2. Auflage 2014

ISBN: 978-3-7724-7371-5 • Best.-Nr. 7371

Inhalt

Vorwort

Man zündet Kerzen an, macht Feuer im Kamin und lässt einen Schmortopf lange auf dem Herd vor sich hin köcheln. Behaglicher Duft und wohlige Wärme breiten sich aus. Stellt man sich nicht so eine gemütliche Winterzeit vor? Ich muss zugeben, dass ich es wirklich liebe, mich zu Hause mit bequemen Leggings und Kuschelsocken zurückzuziehen. Jetzt, wo es draußen so lange dunkel ist, dürfen wir uns mehr denn je gestatten, Ruhe und Energie in unseren eigenen vier Wänden zu suchen.

Im Winter nehme ich mir viel Zeit zum Kochen. Es ist für mich eine fantastisch schöne und entspannende Winterbeschäftigung. Von der Ernte im Herbst habe ich hoffentlich etwas aufbewahrt: Pilze, Wildfleisch, Früchte und Beeren kommen nun sehr gelegen. Und wenn es jetzt in unseren Flüssen und Seen eiskalt ist, fühlen sich die Fische am wohlsten. Heimisches Wurzelgemüse und Kohl sind zu dieser Zeit frische Zutaten aus unserer nächsten Umgebung. Aber die Vitamine, die uns Zitrusfrüchte und exotisches Obst in herrlichen Farben schenken, geben uns den dringend notwendigen Kick im dunklen Winter. Und genau so, wie wir im Sommer saftig-frische Beeren genießen, sollten wir nun reichlich Nüsse und Trockenfrüchte knabbern. Unser Körper sagt uns genau, was wir bei Dunkelheit und Kälte benötigen. Wir sehnen uns nach allem, was Wärme spendet. Streut man beispielsweise etwas Kreuzkümmel oder Chili über das Essen, dann bekommt man gleich ein wärmendes Gefühl. Ein Hauch Zimt in den Lammhackbällchen oder im Dessert hat denselben Effekt, genauso wie frischer Ingwer in der Möhrensuppe.

Manche meinen, im Sommer sei es so einfach, zum Essen einzuladen. Man müsse nur etwas auf den Grill legen und einen Salat zusammen schnippeln. Aber auch im Winter lässt es sich leicht für Gäste kochen. Eine einfache, warme Suppe mit frischem Brot ist genau das Richtige zu dieser Jahreszeit. Oder ein deftiger Eintopf. Herzhafte und unkomplizierte Gerichte.

LARS NORÉN

Warmer Apfelpunsch

Zu dieser Jahreszeit ist ein warmer Apfelpunsch perfekt zum Aufwärmen. Ich nehme dazu einen guten Cidre aus der Normandie und würze ihn mit Vanille, Zimt und Sternanis. Wer mag, kann auch noch einen Schuss Calvados dazugeben.

ca. 1,3 l

1 Vanilleschote
600 ml Apfelsaft
2 Zimtstangen
1 Sternanis
750 ml trockener Apfelwein, z. B. Cidre aus der Normandie

1. Die Vanilleschote längs aufschlitzen und das Mark auskratzen. Mit Apfelsaft, Zimtstangen und Sternanis in einem geschlossenen Topf ca. 5 Minuten leicht köcheln. Einige Stunden ziehen lassen, dann die Gewürze absieben.

2. Den Apfelsaft mit dem Apfelwein mischen und bis zum Siedepunkt erwärmen.

Alkoholfreier Heidelbeerpunsch

Ein Beerensaft von guter Qualität ist ideal, um ihn zusammen mit winterlichen Gewürzen aufzuwärmen und in einer Thermosflasche mit in den Schnee zu nehmen. Diesen Heidelbeerpunsch kann man auch gut als alkoholfreie Alternative zum Glühwein anbieten.

ca. 1 l

1 l Heidelbeersaft
2 Pomeranzenschalen (getrocknet, z. B. aus der Apotheke)
1 Zimtstange
6 Gewürznelken
½ EL Kardamomsamen
100 ml frisch gepresster Orangensaft

1. Alle Zutaten bis auf den Orangensaft in einen Topf geben. Die Zutaten erhitzen, von der Kochstelle nehmen und ein paar Stunden ziehen lassen. Die Gewürze absieben.

2. Den Orangensaft vor dem Servieren zugeben und noch einmal erhitzen.

Spinatmuffins
mit Cheddar

Mit ihrer herzhaften Füllung aus Spinat, Knoblauch und Käse sättigen diese Muffins nicht nur gut – sie schmecken auch herrlich, besonders an der frischen Luft.

6–8 Stück
300 g Weizenmehl und etwas für die Form
2 ½ TL Backpulver
½ TL Salz
3 Eier
75 ml Olivenöl und etwas für die Form
300 g türkischer Joghurt
80 g mittelalter Cheddar, gerieben
Meersalz

Füllung
200 g Spinat
1 kleine Zwiebel
2 Knoblauchzehen
Olivenöl
frisch gemahlener Pfeffer
Salz

1. **Füllung:** Den Spinat waschen, Zwiebel und Knoblauch klein schneiden. Spinat, Zwiebel und Knoblauch in Olivenöl anbraten. Mit Salz und Pfeffer abschmecken. Abkühlen lassen.

2. Den Backofen auf 200 °C aufheizen. Ein Muffinblech (ca. 200 ml je Mulde) fetten und mit Mehl bestäuben. Alternativ Muffinförmchen aus Papier doppelt nehmen.

3. Mehl, Backpulver und Salz mischen. Eier, Olivenöl und Joghurt verrühren. Die Mehlmischung und den geriebenen Käse unterrühren.

4. In jedes Förmchen etwas Teig geben. Darauf einen Löffel Spinat setzen und restlichen Teig obenauf verteilen. In jeden Muffin eine kleine Vertiefung drücken und zusätzlich etwas Spinat hineingeben. Mit etwas Meersalz bestreuen.

5. Auf der mittleren Schiene ca. 20 Minuten im Backofen backen. Frisch gebacken servieren.

Dinkelmuffins
mit Früchten und Nüssen

Gesund und lecker: Muffins aus Dinkelflocken, Dinkelmehl und Weizenflakes sind echte Energiespender für den Schneeausflug, können aber auch schnell für ein luxuriöses Frühstück oder einen Brunch am Wochenende gebacken werden.

12 Muffins
100 g Dinkelmehl und etwas für die Form
30 g Dinkelflocken
30 g Branflakes (aus Vollkornweizen)
2 TL Backpulver
1 Prise Salz
60 g getrocknete Aprikosen, klein geschnitten
7 EL Walnüsse, grob gehackt
3 Eier
65 g brauner Zucker
150 ml Milch
50 ml Sonnenblumenöl und etwas für die Form

1. Den Backofen auf 200 °C vorheizen. Ein Muffinblech mit kleinen Förmchen fetten und mit Mehl bestäuben. Alternativ Muffinförmchen aus Papier doppelt nehmen.

2. Das Mehl sieben und mit Dinkelflocken, Branflakes, Backpulver, Salz, Aprikosen und Nüssen mischen.

3. Eier und Zucker schaumig rühren, Milch und Öl unterrühren. Die Eiermischung mit der Müslimischung verrühren.

4. Den Teig in die Förmchen verteilen. Auf der mittleren Schiene des Ofens ca. 15 Minuten backen. Frisch gebacken servieren.

Heiße Schokolade
mit Schuss

Ein wärmendes Schokoladengetränk für Erwachsene. Nach einem Winterspaziergang oder einem Tag in der Loipe genau so lecker wie als Dessert.

4 Tassen
1 Vanilleschote
800 ml Vollmilch
100 g Bitterschokolade (mind. 70 % Kakaogehalt)
4 EL Whisky, brauner Rum oder Grand Marnier
200 g Sahne, geschlagen

1. Die Vanilleschote längs aufschlitzen und das Mark auskratzen. Zusammen mit der Milch erhitzen. Von der Kochstelle nehmen, grob gehackte Schokolade zugeben und verrühren, bis sie geschmolzen ist.

2. Den Alkohol zugießen und die Schokolade in Gläser gießen. Mit Schlagsahne garnieren und mit Schokoladenraspeln bestreuen.

Weiße heiße Schokolade

Zum Mitnehmen in der Thermoskanne, für eine „Tasse warmes Dessert" während der Ski- oder Schlittentour. Für die Großen darf auch noch ein Schluck brauner Rum dazu und zum Garnieren etwas Schlagsahne.

4 Tassen
1 Vanilleschote
1 l Vollmilch
3 Sternanis
3 Zimtstangen
1 TL Kardamomsamen, zerstoßen
100 g weiße Schokolade

1. Die Vanilleschote längs aufschlitzen und das Mark auskratzen. Zusammen mit der Milch und den Gewürzen aufkochen. Von der Kochstelle nehmen und zugedeckt ca. 20 Minuten ziehen lassen.

2. Die Milch absieben und zurück in den Topf gießen. Erneut aufkochen, die grob gehackte Schokolade zugeben und verrühren, bis sie geschmolzen ist.

Kakao mit Orange

Heißer Kakao ist für alle Winterausflüge einfach ein Muss. Dieser hat einen wunderbar frischen Geschmack durch Orange und frischen Ingwer.

4–6 Tassen
3 EL Kakaopulver
3 EL brauner Zucker
1 EL Ingwer, frisch gerieben
abgeriebene Schale und Saft von 1 unbehandelten Orange
1 l Vollmilch

1. Kakao, Zucker, Ingwer, Orangenschale und -saft in einem Topf verrühren.

2. Die Milch zugeben und unter Rühren vorsichtig erhitzen.

Café au cacao

Ein heißes Kaffeegetränk, das man vielleicht statt eines Desserts an einem kalten Winterabend vor dem Kaminfeuer genießen kann.

4 Tassen
400 ml Vollmilch
8 cl Cognac
8 cl Kakaolikör
4 doppelte Espresso
Kakaopulver

1. Die Milch aufkochen und kräftig aufschäumen.

2. Cognac und Likör in Tassen oder Gläser füllen. Jeweils einen Espresso zugießen. Mit aufgeschäumter Milch auffüllen und mit Kakao bestäuben.

Wraps
mit Kartoffelfüllung

Gefüllte Wraps machen schön satt und lassen sich ideal für den Ausflug einpacken.

4 Stück
400–500 g mehlig kochende Kartoffeln
4 EL Butter
5 Wacholderbeeren, zerstoßen
1 TL Thymian
Meersalz
frisch gemahlener Pfeffer
150–200 g geräucherter Kochschinken oder Kasseler, in Scheiben
4 EL Lauch, in Ringe geschnitten
1 Apfel, fein gewürfelt
4 weiche, dünne Wraps

1. Die Kartoffeln waschen und abbürsten. Mit der Schale in leicht gesalzenem Wasser weich kochen, Kochwasser abgießen und die Kartoffeln abdämpfen.

2. Kartoffeln mit Butter, Wacholder, Thymian, Salz und Pfeffer grob zerstampfen.

3. Kartoffelstampf, Schinken oder Kasseler, Lauch und Apfelstücke auf den Wraps verteilen, aufrollen und in Folie wickeln.

Hühnersuppe mit Tomaten und Safran

Diese kräftige, sättigende Hühnersuppe erinnert an die französische Fischsuppe Bouillabaisse. Ich serviere sie zusammen mit selbstgemachter Orangen-Aïoli, mit der man sowohl die Suppe verfeinern kann als auch einen leckeren Dipp zu frischem Brot hat.

4 Portionen

1 Zwiebel
3 Knoblauchzehen
1 Fenchelknolle
Olivenöl zum Anbraten
1 Döschen Safran (0,1 g)
1 Dose stückige Tomaten (400 g)
1,5 l Hühnerbrühe
2 Lorbeerblätter
abgeriebene Schale von ¼ unbehandelten Orange
ca. 400 g Kartoffeln
ca. 400 g Hähnchenfilet
1 EL Zitronensaft
ca. ½ TL Harissa
Meersalz
1 Topf Basilikum

1. Zwiebel und die Knoblauchzehen hacken und Fenchel in dünne Streifen schneiden.

2. Das Gemüse sanft in Olivenöl anbraten, gegen Ende den Safran hinzufügen. Tomaten, Hühnerbrühe, Lorbeerblätter und Orangenschale dazugeben. Die Suppe erhitzen, umrühren und bei geschlossenem Deckel ca. 20 Minuten köcheln lassen.

3. In der Zwischenzeit die Kartoffeln schälen. Kartoffeln und Hähnchenfilet in kleine Stücke schneiden.

4. Kartoffeln und Hähnchenfilet zur Suppe geben und ca. 10 Minuten kochen lassen, bis die Kartoffeln weich sind. Mit Zitronensaft, Salz und Harissa abschmecken. Basilikumblätter in Streifen schneiden und unterrühren.

Orangen-Aïoli

2 Knoblauchzehen
2 Eigelb
250 ml Rapsöl
½ TL abgeriebene Schale von 1 unbehandelten Orange
1 Msp. Harissa
Meersalz

1. Es ist wichtig, dass alle Zutaten Zimmertemperatur haben.

2. Knoblauchzehen durch die Knoblauchpresse drücken, mit den Eigelben verrühren.

3. Tropfenweise das Öl zugießen, dabei mit dem Schneebesen des Handrührgeräts verrühren. Das Öl nicht zu schnell zugießen, sodass es sich mit dem Eigelb schließlich zu einer dickcremigen Masse verbinden kann.

4. Orangenschale untermischen und mit Harissa und Salz abschmecken. Mindestens 1 Stunde vor dem Servieren durchziehen lassen, damit sich der Geschmack entfalten kann.

Kartoffelsuppe
mit Roggenbrot-Croûtons

Eine cremige Suppe, die zu dieser Jahreszeit wunderbar wärmt. Als Kontrast zu der sahnigen Suppe passen gut die knusprigen Croûtons.

4 Portionen
600 g mehlig kochende Kartoffeln
1 Zwiebel
700 ml Gemüsebrühe
300 ml Vollmilch
200 g Crème fraîche
Meersalz
frisch gemahlener weißer Pfeffer

Croûtons
3 Scheiben Roggenbrot
1 Knoblauchzehe
50 g Walnüsse
etwas Butter zum Anbräunen
50 g Schnittlauch, in Röllchen geschnitten
40 g Käse (Västerbotten, alternativ Appenzeller), grob gerieben

1. Die Kartoffeln schälen und in kleine Stücke schneiden. Die Zwiebel schälen und würfeln. Kartoffeln und Zwiebel in der Gemüsebrühe im geschlossenen Topf ca. 20 Minuten kochen, bis die Kartoffeln schon etwas zerfallen sind.

2. Milch und Crème fraîche zur Suppe geben und alles fein pürieren. Nochmals erhitzen und mit Salz und Pfeffer abschmecken.

3. **Croûtons:** Das Brot in kleine Würfel schneiden, Knoblauch durch die Knoblauchpresse drücken, Nüsse kleinhacken. Alles zusammen in einer Pfanne in Butter anbräunen.

4. Vom Herd nehmen und Schnittlauch sowie Käse untermischen.

Topinambur-Suppe
mit Zwiebel-Confit

Die Zubereitung einer Gemüsesuppe ist wirklich ganz einfach. Zu dieser milden Suppe passt wunderbar eine Garnierung aus langsam gebratenen Zwiebeln, die durch Anchovis herrlich salzig schmecken.

4 Portionen
800 g Topinambur
1 Zwiebel
1 l Gemüsebrühe
250 g Sahne
1 EL Zitronensaft
Meersalz
frisch gemahlener Pfeffer

Zwiebelconfit
2 Zwiebeln
Butter zum Schmoren
6 Anchovisfilets in Lake
1 EL Thymian

1. Die Topinambur schälen und in Stücke schneiden, die Zwiebel schälen und würfeln. Zusammen mit Gemüsebrühe und Sahne im geschlossenen Topf ca. 20 Minuten weich köcheln.

2. Die Suppe cremig pürieren, mit Zitronensaft, Salz und Pfeffer abschmecken. Warm halten.

3. **Confit:** Die Zwiebeln schälen, halbieren und in dünne Scheiben schneiden. In Butter ca. 15 Minuten langsam weich schmoren.

4. Die Anchovis klein schneiden, mit 2 TL Lake und dem Thymian vermengen. Zum Zwiebel-Butter-Gemisch geben und unterrühren.

Möhren-Linsensuppe

Durch die roten Linsen wird die Suppe cremig und sättigend. Mit einem Löffel türkischem Joghurt mit fein gehacktem Koriandergrün wird sie raffiniert garniert.

4 Portionen
300 g Möhren
1 Zwiebel
2 Knoblauchzehen
Rapsöl zum Anbraten
½ EL Curry
1 l Gemüsebrühe
80 g rote Linsen
200 ml Möhrensaft
1 EL Zitronensaft
Meersalz
frisch gemahlener Pfeffer

Zum Garnieren
türkischer Joghurt
frischer Koriander

1. Möhren, Zwiebel und Knoblauch schälen und klein schneiden. Alles zusammen einige Minuten in Öl anbraten, gegen Ende den Curry dazugeben.

2. Gemüsebrühe und Linsen hinzufügen und im geschlossenen Topf ca. 15–20 Minuten köcheln lassen.

3. Möhren- und Zitronensaft dazugeben und die Suppe pürieren. Mit Salz und Pfeffer abschmecken.

Möhrensuppe mit Kokos

Eine Suppe mit leichter Schärfe wärmt in der dunklen Jahreszeit angenehm. Ingwer und Limette schaffen einen harmonischen Kontrast zum natürlich süßen Geschmack von Möhren und Kokos. Eine Garnierung mit gerösteten Erdnüssen und Koriander verleiht der Suppe einen asiatischen Hauch. Die Möhren können auch gut durch Süßkartoffeln ersetzt werden.

4 Portionen
800 g Möhren
1 Zwiebel
2 Knoblauchzehen
1 l Gemüsebrühe
400 ml Kokosmilch
½–1 TL Sambal Oelek
1 ½ EL frisch geriebener Ingwer
1 Limette, Saft und abgeriebene Schale
Meersalz

Garnierung
trocken in der Pfanne geröstete Erdnüsse
frischer Koriander

1. Möhren, Zwiebel und Knoblauch schälen und klein schneiden.

2. In einen Topf geben, Gemüsebrühe und Kokosmilch hinzufügen und ca. 15–20 Minuten bei geschlossenem Deckel köcheln lassen.

3. Suppe pürieren und mit Sambal Oelek, Ingwer, Limettensaft und -schale sowie Salz abschmecken. Erdnüsse und Koriander grob hacken und die Suppe damit garnieren.

Französische Bauernsuppe mit Pistou

Mit Südfrankreich verbindet man meist sommerliche Gerichte, die von der Sonne verwöhnt sind. Aber wenn eiskalte Winde wehen, braucht man kräftiges Essen, das einen aufwärmt. Diese sättigende Gemüsesuppe aus Bohnen und Nudeln darf sich jeder selbst mit einem Pistou und Parmesankäse würzen. Auch geröstetes Bauernbrot, das mit Knoblauch, Olivenöl und Meersalz gewürzt wurde, schmeckt gut dazu.

6 Portionen
1 Zwiebel
3 Knoblauchzehen
1 kleine Stange Lauch
4 fest kochende Kartoffeln
1 große Möhre
150 g grüne Bohnen
2 Stangen Staudensellerie
4 große Tomaten
Olivenöl zum Anschwitzen
1,7 l Gemüsebrühe
1 EL Kräuter der Provence
1 Dose weiße Riesenbohnen (400 g)
50 g Spaghetti, in kleine Stücke gebrochen
Meersalz
frisch gemahlener Pfeffer

Pistou
4 Knoblauchzehen
1 Topf Basilikum
40 g Parmesan, frisch gerieben
100 ml Olivenöl
Meersalz
frisch gemahlener Pfeffer

Zum Garnieren
Pistou
Parmesan, grob gerieben

1. Zwiebel und Knoblauch schälen und fein würfeln. Lauch waschen und in feine Streifen schneiden. Kartoffeln und Möhren schälen und würfeln. Grüne Bohnen halbieren und Sellerie in Streifen schneiden. Tomaten in kleine Stücke schneiden.

2. Zwiebel, Knoblauch und Lauch in Olivenöl anschwitzen, dann Kartoffeln und Möhren, grüne Bohnen und Sellerie zugeben und alles einige Minuten anbraten.

3. Tomaten, Gemüsebrühe und Kräuter der Provence zufügen, alles bei schwacher Hitze im geschlossenen Topf ca. 40 Minuten köcheln lassen.

4. Die Bohnen abspülen und abtropfen lassen. Zusammen mit den klein gebrochenen Spaghetti in die Suppe geben und 10 Minuten gut köcheln lassen. Mit Salz und Pfeffer abschmecken.

5. **Pistou:** Alle Zutaten fein pürieren und mit Salz und Pfeffer abschmecken.

Überbackene Zwiebelsuppe

Ein Klassiker der französischen Küche, der an frostigen Abenden gut einheizt. Die Suppe eignet sich sowohl als Hauptgericht als auch als kräftige Vorspeise.

4–6 Portionen
6–8 Zwiebeln
25 g Butter
1 TL Salz
1 TL Zucker
3 EL Mehl
1,8 l Rinderbrühe
200 ml Weißwein
1 EL Cognac
3 EL Thymian
Meersalz
frisch gemahlener Pfeffer
4–6 Scheiben Toastbrot
160 g Gruyère, gerieben

1. Die Zwiebeln schälen und in dünne Ringe schneiden, bei schwacher Hitze in einem geschlossenen Topf ca. 15 Minuten in Butter anschwitzen. Hin und wieder umrühren.

2. Salz und Zucker zugeben. Den Deckel schließen und weitere 30 Minuten bei etwas erhöhter Hitze schmoren lassen. Hin und wieder umrühren und aufpassen, dass die Zwiebeln nicht anbrennen.

3. Das Mehl einrühren und Brühe sowie Wein hinzugeben. Die Suppe bei leicht geöffnetem Deckel ca. 30 Minuten köcheln lassen, eventuell abschäumen. Mit Cognac, Thymian, Salz und Pfeffer abschmecken.

4. Den Backofengrill auf 250 °C vorheizen. Die Suppe in ofenfeste Suppentassen geben, je eine Toastscheibe auf jede Tasse legen und mit dem geriebenen Käse bestreuen.

5. Im oberen Teil des Ofens 5–7 Minuten überbacken, bis der Käse goldbraun ist.

Pastinakensuppe
mit Pilzen

Diese cremige Gemüsesuppe wird wie die überbackene Zwiebelsuppe zubereitet. Sie erhält einen „Deckel“ aus Brot und Käse, bevor sie im Ofen überbacken wird.

4 Portionen
400 g Champignons
Butter zum Braten
1 TL Thymian
Meersalz
frisch gemahlener Pfeffer
400 g Pastinaken
2 Zwiebeln
800 ml Gemüsebrühe
100 ml Weißwein
100 g Crème fraîche
8 Scheiben Baguette
120 g mittelalter Käse, grob gerieben

1. Die Pilze klein schneiden und in Butter braten, bis sie leicht braun werden. Mit Thymian, Salz und Pfeffer würzen, zur Seite stellen.

2. Die Pastinaken schälen und in kleine Würfel schneiden. Zwiebeln schälen und fein würfeln. Butter in einen Topf geben und Pastinaken und Zwiebel einige Minuten darin dünsten.

3. Die Brühe und den Wein zugeben. Die Suppe im geschlossenen Topf ca. 15 Minuten köcheln. Crème fraîche und die gebratenen Pilze dazugeben und mit Salz und Pfeffer abschmecken.

4. Den Backofengrill auf 250 °C vorheizen. Die Suppe in ofenfeste Suppentassen geben. Jede Tasse mit 2 Scheiben Baguette belegen und mit geriebenen Käse bestreuen.

5. Im oberen Teil des Ofens 5–7 Minuten überbacken, bis der Käse goldbraun ist.

Einfache Minestrone

Italienische Bauernsuppe, bei der man die Zutaten danach wählt, was der Vorrat zu bieten hat. Diese vereinfachte Variante ist ideal, wenn die Zeit knapp ist und die Familie hungrig.

4 Portionen
1 Zwiebel
2 Knoblauchzehen
1 Zucchini
1 Möhre
1 große festkochende Kartoffel
1 Stange Staudensellerie
140 g Bacon
Olivenöl zum Anbraten
1,2 l Hühnerbrühe
1 Dose stückige Tomaten (400 g)
1 Dose weiße Riesenbohnen (400 g)
50 g Spaghetti, in kleine Stücke gebrochen
1 Topf frisches Basilikum
Meersalz
frisch gemahlener Pfeffer

Zum Servieren
Olivenöl
Parmesan

1. Zwiebel und Knoblauch schälen und klein schneiden. Zucchini, Möhre und Kartoffel in Würfel, Sellerie und Bacon in Streifen schneiden.

2. Die Zutaten in Olivenöl anbraten. Hühnerbrühe und Tomaten hinzufügen und zugedeckt ca. 15 Minuten köcheln lassen.

3. Die Bohnen abtropfen und abspülen, mit den klein gebrochenen Spaghetti in die Suppe geben. Weitere ca. 8 Minuten köcheln, bis die Spaghetti weich sind.

4. Zum Schluss Basilikum klein schneiden und unterrühren, mit Salz und Pfeffer abschmecken. Lassen Sie jeden seine Suppe selbst mit etwas Olivenöl und grob geriebenem Parmesan würzen.

Linsensuppe
mit Aprikosen und Feta

Eine kinderleichte Suppe für jeden Tag, die raffiniert mit Aprikosen, Feta und Kreuzkümmel gewürzt ist. Die roten Linsen sind viel schneller gar als die grünen, weil sie geschält sind. Deshalb zerfallen sie auch, was für eine Suppe ideal ist.

4 Portionen
2 Möhren
1 Zwiebel
2 Knoblauchzehen
Olivenöl zum Anbraten
1 TL Kreuzkümmel
160 g rote Linsen
1,2 l Gemüsebrühe
100 g getrocknete Aprikosen
1 EL Weißweinessig
1 Topf frischer Koriander
1 TL Tabasco
Meersalz
150 g Feta

1. Die Möhren grob raspeln, Zwiebeln und Knoblauch fein würfeln. Alles zusammen in Olivenöl anbraten und zum Schluss den Kreuzkümmel dazugeben.

2. Linsen und Gemüsebrühe zugeben. Zugedeckt ca. 10 Minuten köcheln lassen.

3. Die Aprikosen in Streifen schneiden und zusammen mit dem Essig und dem gehackten Koriander zur Suppe geben. Mit Tabasco und Salz abschmecken. Den Feta darüber krümeln.

Fenchel-Focaccia mit Walnüssen

Passend zu dieser Jahreszeit kann man das Fladenbrot mit einer Kohlsorte und Nüssen pikant würzen. Und mit diesem simplen Hefeteig kann man seine Gäste sogar mit selbst gebackenem Brot überraschen. Der Hefeteig wird morgens angesetzt, darf dann den Tag über im Kühlschrank gehen und eine halbe Stunde, bevor die Gäste kommen, schiebt man die Focaccia in den Ofen.

1 große Focaccia
½ Würfel Hefe (ca. 20 g)
4–5 TL Meersalz
5 EL Olivenöl und etwas für die Schüssel
ca. 800 g Weizenmehl
1 Fenchel
75 g Walnüsse

1. Die Hefe in 600 ml kaltem Wasser auflösen. 2 TL Meersalz, 2 EL Olivenöl und das Mehl nach und nach dazugeben. Alles kräftig durchkneten, bis ein glatter Teig entsteht.

2. Eine Schüssel mit Olivenöl einölen und den Teig hineinlegen. Die Schüssel sollte so groß sein, dass der Teig zu doppelter Größe aufgehen kann. Mit Folie bedecken und die Schüssel 8–12 Stunden in den Kühlschrank stellen.

3. Den Teig auf ein mit Backpapier ausgelegtes Blech geben und mit bemehlten Händen zu einem Fladen formen.

4. Den Fenchel in dünne Streifen schneiden, Walnüsse klein hacken, beides auf dem Teig verteilen, dabei etwas eindrücken. Mit bemehlten Fingern einige Vertiefungen in den Teig drücken. 3 EL Olivenöl darüber träufeln und mit 2–3 TL Meersalz bestreuen.

5. Den Backofen auf 225 °C vorheizen. Den Teig unabgedeckt 20–30 Minuten gehen lassen.

6. 25–30 Minuten auf mittlerer Schiene backen und ofenwarm servieren.

Rote-Bete-Schnecken

Die Rote-Bete-Füllung ist schon etwas ungewöhnlich. Aber damit erhält man wirklich einen besonders guten Geschmack und ein farbschönes Gebäck. Die Rote Beten können auch gut durch Möhren ersetzt werden.

40 Stück

1 Würfel Hefe (42 g)
500 ml Milch
3 EL Rapsöl
2 TL Salz
1 EL Honig
200 g Dinkelvollkornmehl
ca. 480 g Dinkelmehl Type 1050

Füllung

3 große Rote Bete
3 rote Zwiebeln
1 EL Thymian
3 EL Rapsöl
Meersalz
120 g Kürbiskerne

Zum Bestreichen

1 Ei
Kürbiskerne
Meersalz

1. Die Hefe in eine Schüssel bröckeln. Handwarme Milch nach und nach zugeben und die Hefe darin unter Rühren auflösen.

2. Öl, Salz, Honig und einen Großteil des Mehls zugeben und zu einem glatten Teig kneten. Abgedeckt ca. 45 Minuten gehen lassen.

3. Die Rote Bete schälen und grob raspeln. Zwiebeln schälen und würfeln. Rote Bete, Zwiebeln und Thymian in Rapsöl ca. 10 Minuten leicht anbraten, anschließend salzen.

4. Den Teig auf einer bemehlten Arbeitsfläche nochmals durchkneten und in zwei Platten von 50 x 30 cm ausrollen.

5. Rote-Bete-Füllung und Kürbiskerne darauf verteilen und die Längsseiten fest zu einer Rolle zusammenwickeln. Jede in 20 Stücke schneiden und jedes Stück in ein Muffin-Förmchen setzen. 30 Minuten abgedeckt gehen lassen.

6. Den Backofen auf 250 °C vorheizen. Die Schnecken mit verquirltem Ei bestreichen und mit Kürbiskernen sowie etwas Meersalz bestreuen.

7. Auf der mittleren Schiene ca. 7 Minuten backen. Dann mit einem Tuch abgedeckt auf einem Kuchengitter abkühlen lassen. Entweder frisch gebacken servieren oder nach dem Einfrieren kurz aufbacken.

Möhrenknoten mit Käse

Dieses herzhafte Gebäck wandert ungebacken in den Gefrierschrank und dient als stille Reserve. Wenn dann unerwarteter Besuch vor der Tür steht, können Sie es in einer Viertelstunde frisch gebacken servieren.

20–22 Stück

1 Würfel Hefe (42 g)
300 ml kalte Milch
1 TL Salz
3 EL Rapsöl
2 EL Honig
ca. 480 g Weizenmehl

Füllung

2 Möhren
2 Zwiebeln
2 TL Thymian
3 EL Rapsöl
½ Bund Petersilie
Meersalz
80 g Käse, grob gerieben

Zum Bestreichen

1 Ei
Kürbiskerne
Meersalz

1. Hefe in eine Schüssel bröckeln, mit der Milch verrühren. Mit den übrigen Zutaten zu einem glatten Teig verarbeiten. 40 Minuten abgedeckt gehen lassen.

2. Möhren raspeln, Zwiebeln klein schneiden. Beides mit Thymian in Rapsöl ca. 10 Minuten anbraten, anschließend die gehackte Petersilie unterrühren und salzen. Abkühlen lassen und Käse untermengen.

3. Den Teig auf einer bemehlten Arbeitsfläche nochmals durchkneten und zu zwei Platten von 50 x 30 cm ausrollen.

4. Jeweils die Hälfte der Füllung auf der unteren Teighälfte verteilen. Obere Hälfte darüberklappen. In ca. 2 cm breite Streifen schneiden und diese wieder halb einschneiden, sodass sie noch wie eine Hose oben zusammenhängen. Beide Enden zu einem Knoten verschlingen und auf mit Backpapier bedeckten Schneidbretter 30 Minuten abgedeckt gehen lassen.

5. Alles in den Gefrierschrank schieben. Das gefrorene Gebäck in Gefrierbeutel umpacken.

6. **Backen:** Den Backofen auf 225 °C vorheizen. Währenddessen das Gebäck bei Zimmertemperatur antauen lassen. Auf einem mit leicht verquirltem Ei bestreichen. Mit Kürbiskernen und etwas Meersalz bestreuen.

7. Auf mittlerer Schiene 10–12 Minuten backen und ofenwarm servieren.

Südfranzösische Zwiebelpizza

Dieses delikate Fladenbrot aus Südfrankreich serviere ich während der kalten Wintermonate gern zusammen mit einem Glas kräftigem Rotwein.

1 großes Fladenbrot

Teig
½ Würfel Hefe (ca. 20 g)
2 TL Salz
2 EL Olivenöl
360–420 g Weizenmehl

Zwiebelconfit
1,5 kg Zwiebeln
50 ml Olivenöl
3 Lorbeerblätter
1 EL Thymian
Meersalz
frisch gemahlener Pfeffer

Garnierung
ca. 16 Sardellen
5 EL schwarze Oliven

1. **Confit:** Die Zwiebeln schälen, halbieren und in dünne Ringe schneiden. Olivenöl in einen Schmortopf geben. Die Zwiebeln bei schwacher Hitze mit den Gewürzen 1–1 ½ Stunden sanft schmoren. Die Zwiebeln dürfen nicht anbrennen, sie sollen als Confit zerfallen. Gelegentlich umrühren und zum Schluss mit Salz und Pfeffer abschmecken.

2. **Teig:** Während die Zwiebeln schmoren den Teig zubereiten. Dazu die Hefe in eine Schüssel bröckeln, 250 ml handwarmes Wasser dazugeben und mit der Hefe verrühren. Salz, 1 EL Olivenöl und das Mehl nach und nach dazugeben. Alles kräftig durchkneten, bis ein glatter Teig entstanden ist. Mit dem restlichen Öl beträufeln und den Teig abgedeckt ca. 30 Minuten gehen lassen.

3. Den aufgegangenen Teig erneut durchkneten, bis er wieder zusammenfällt. Weitere 30 Minuten abgedeckt gehen lassen. Den Backofen auf 225 °C vorheizen.

4. Den Teig auf einer bemehlten Arbeitsfläche zu einen großen Fladen ausrollen. Diesen auf ein mit Backpapier ausgelegtes Blech legen. Die Teigränder etwas hochdrücken.

5. Die Zwiebeln auf dem Teig verteilen und mit Sardellen und Oliven belegen.

6. Auf der mittleren Schiene 30–35 Minuten backen. Ofenwarm servieren.

Buttermilchbrot
mit Cranberries und Nüssen

Dieses saftige Buttermilchbrot, das man in Schweden mit der cremigen Dickmilch „Filmjölk" und arktischen „Tranbär" backen kann, schmeckt auch in der mitteleuropäischen Variante mit Buttermilch und Cranberries oder Heidelbeeren köstlich. Und es ist ganz einfach zu backen: Einfach alle Zutaten verrühren und in eine Form geben. Die restliche Arbeit übernimmt der Backofen.

1 Brot

etwas Öl für die Form
1 l Buttermilch (falls erhältlich auch „Filmjölk")
1 ½ TL Natron
14 EL Malz oder Zuckerrübensirup (z. B. Bio-Supermarkt, Reformhaus)
1 TL Salz
600 g Dinkelmehl Type 1050
120 g Roggenmehl Type 1150
100 g Sonnenblumenkerne
50 g Leinsamen
100 g TK-Cranberries (alternativ TK-Heidelbeeren), aufgetaut
65 g Haselnüsse

1. Den Backofen auf 200 °C vorheizen. Eine Brotbackform (2 l) einfetten und mit Mehl ausstreuen oder mit Backpapier auslegen.

2. Die Buttermilch mit Natron, Sirup und Salz in einer Schüssel verrühren. Das gemischte und gesiebte Mehl, Sonnenblumenkerne, Leinsamen sowie die Beeren und Nüsse einarbeiten. Den Teig in die Backform geben.

3. Das Brot auf der unteren Schiene des Ofens ca. 60 Minuten backen.

4. Die Hitze auf 175 °C reduzieren und das Brot weitere 40 Minuten backen. Sollte die Oberfläche zu dunkel werden, diese mit einem Stück Alufolie abdecken. Mit einem Stäbchen testen, ob das Brot durchgebacken ist.

5. Nach dem Backen das Brot eine Weile in der Form stehen lassen. Dann auf ein Kuchengitter stürzen, mit einem Tuch abgedeckt auskühlen lassen.

Früchte-Walnussbrot

Getrocknete Früchte und Nüsse machen dieses Brot so wunderbar würzig. Es passt auch gut zu einem reifen, kräftigen Käse. Das Malz, das man z. B. in Reformhäusern erhält, verleiht dem Brot einen würzigen Geschmack. Flüssiger Honig ist aber ein gleichwertiger Ersatz.

2 Brote

1 Würfel Hefe (42 g)
50 g Butter
500 ml Porter (Schwarzbier)
4 EL Malz oder flüssiger Honig
1 EL Salz
50 g Leinsamen, gemahlen oder fein geschrotet
180 g Roggenmehl Type 1150
ca. 720 g Weizenmehl
150 g getrocknete Feigen
150 g getrocknete Aprikosen
100 g Rosinen
100 g Walnüsse
75 g Kürbiskerne
75 g Sonnenblumenkerne

1. Die Hefe in eine Schüssel zerbröckeln. Die Butter in einem Topf zerlassen, das Schwarzbier zugießen und handwarm auf max. 37 °C erwärmen. Die Hefe in der Flüssigkeit auflösen. Malz bzw. Honig, Salz, Leinsamen und Roggenmehl zugeben. Zum Schluss das Weizenmehl einarbeiten und alles zu einem geschmeidigen Teig verkneten. Anschließend die klein geschnittenen Früchte, die Nüsse und Kerne in den Teig einarbeiten.

2. Den Teig ca. 1 Stunde gehen lassen. Zwei Brotbackformen (je 2 l) einfetten und mit Mehl ausstreuen.

3. Den Teig auf einer bemehlten Arbeitsfläche in zwei Hälften teilen und jede zu einem länglichen Brot formen. Die beiden Brote in die Backformen legen. Mit einem Tuch bedeckt 40 Minuten gehen lassen. Den Backofen auf 200 °C vorheizen.

4. Die Brote im unteren Teil des Ofens 1-1 ¼ Stunde backen. Stäbchenprobe machen.

5. Nach dem Backen die Brote noch eine Weile in den Backformen stehen lassen. Auf ein Kuchengitter stürzen und mit einem Tuch abgedeckt auskühlen lassen.

Olivenbrot mit Rosmarin und Zwiebeln

Dieses köstliche Brot ist eigentlich eher ein Flammkuchen. Es passt ideal zu einer winterlichen Suppe, man kann es aber auch gut zu einem Glas Wein knabbern oder zu einem Buffet stellen.

1 Brot
1/3 Würfel Hefe (ca. 15 g)
1 TL Meersalz
2 EL Olivenöl
180–240 g Weizenmehl

Füllung
1 Zwiebel
1 rote Zwiebel
2 Knoblauchzehen
5 EL schwarze Oliven
2 EL Rosmarin
2 EL Olivenöl
2 EL flüssiger Honig
Meersalz

1. Die Hefe in eine Schüssel bröckeln, 125 ml handwarmes Wasser dazugeben und mit der Hefe verrühren. Salz, Olivenöl und das Mehl nach und nach unterrühren. Alles kräftig durchkneten, bis ein glatter Teig entstanden ist. Den Teig mit einem Tuch abgedeckt ca. 30 Minuten gehen lassen.

2. Die beiden Zwiebelsorten schälen und in dünne Scheiben schneiden. Zwiebeln, Oliven und Rosmarin in eine Schüssel geben, Olivenöl und Honig zugeben und alles zusammen gut vermengen.

3. Den Backofen auf 225 °C vorheizen. Den Teig auf einer bemehlten Arbeitsfläche durchkneten. Auf ein Stück Backpapier legen und mit bemehlten Händen zu einem großen Fladen formen. Backpapier mit dem Teig auf ein Blech legen.

4. Die Zwiebel-Füllung auf dem Fladen verteilen und weitere 15 Minuten gehen lassen. Mit etwas Meersalz bestreuen.

5. Auf der mittleren Schiene 15–20 Minuten backen. Ofenwarm servieren.

Apfel-Knäckebrot
mit Haselnüssen

Nichts gegen gekauftes Knäckebrot – aber so ein knuspriges Frucht-Knäckebrot schmeckt unvergleichlich, besonders zu einem kräftig-reifen Käse. Die getrockneten Äpfel kann man auch durch 5 EL getrocknete Heidelbeeren ersetzen.

16 Stück
250 g getrocknete Apfelringe
50 g Haselnüsse
½ Würfel Hefe (ca. 20 g)
300 ml Vollmilch
½ TL Salz
ca. 360 g Dinkelmehl

Zum Backen
Dinkelkleie

1. Den Backofen auf 250 °C vorheizen. Die Apfelringe klein schneiden, die Nüsse grob hacken.

2. Die Hefe in eine Schüssel bröckeln, die Milch handwarm auf max. 37 °C erwärmen und mit der Hefe verrühren. Salz, gesiebtes Mehl, Apfelstücke und Nüsse zugeben und zu einem Teig verarbeiten. Er muss nicht gehen.

3. Den Teig auf einer bemehlten Arbeitsfläche in 16 Stücke teilen und diese zu Kugeln formen.

4. Die Arbeitsfläche mit Kleie bestreuen und die Kugeln darin wälzen. Die einzelnen Kugeln zu dünnen Fladen von ca. 15 cm Durchmesser ausrollen. Zum Schluss mit einer Gabel Muster hineinstechen. Die Brote auf ein mit Backpapier ausgelegtes Blech legen.

5. Die Knäckebrote auf mittlerer Schiene des Ofens ca. 5 Minuten backen, bis sie an den Rändern dunkel werden. Dann auf einem Kuchengitter abkühlen lassen.

Beerenknäcke
mit Anis

Wie das Apfel-Knäckebrot passt auch diese knusprige Beerenvariante gut mit mittelaltem Käse zusammen.

24 Stück
120 g getrocknete Cranberries
½ Würfel Hefe (ca. 20 g)
3 EL Rapsöl
½ TL Salz
1 EL Honig
2 TL Anissamen, zerstoßen
7 EL Dinkelkleie
ca. 300 g Dinkelmehl

Zum Backen
Dinkelkleie

1. Den Backofen auf 250 °C vorheizen. Die Beeren grob hacken.

2. Die Hefe in eine Schüssel bröckeln, 200 ml handwarmes Wasser dazugeben und mit der Hefe verrühren. Öl, Salz, Honig, Anis, Cranberries, Kleie und Mehl unterrühren und zu einem Teig verarbeiten. Der Teig muss nicht gehen.

3. Den Teig auf einer bemehlten Arbeitsfläche in 24 Stücke teilen und zu Kugeln formen.

4. Die Arbeitsfläche mit Kleie bestreuen und die Kugeln darin wälzen. Jede Kugel zu einem dünnen Fladen von ca. 15 cm Durchmesser ausrollen. Zum Schluss mit einer Gabel Muster hineinstechen. Die Brote auf ein mit Backpapier ausgelegtes Blech legen.

5. Die Knäckebrote auf mittlerer Schiene des Ofens ca. 5 Minuten backen, bis sie an den Rändern dunkel werden. Auf einem Kuchengitter abkühlen lassen.

Weißer Glögg

Zu dieser Jahreszeit schmeckt ein Glas selbstgemachter Glögg – wie der Glühwein in Skandinavien genannt wird – vor einem prasselnden Kaminfeuer einfach herrlich. Man kann aber auch durchaus ein winterliches Abendessen mit einem Glas dieses wärmenden Getränks beginnen. Wie auch beim roten Glögg serviert man im Norden dazu Rosinen und geschälte Mandelkerne.

4–6 Gläser
750 ml halbtrockener Weißwein
90 g brauner Zucker
1 TL Kardamomsamen
1 Stück frischer Ingwer
12 Gewürznelken
6 cl Calvados

1. Den Wein mit Zucker und Gewürzen vorsichtig erhitzen, er darf nicht kochen. Zugedeckt mehrere Stunden durchziehen lassen, anschließend die Gewürze entfernen.

2. Vor dem Servieren erneut vorsichtig erwärmen, der Glögg darf nicht kochen. Zum Schluss den Calvados zugeben.

Portwein-Glögg

Zum Weihnachtsfest gehört für mich unbedingt auch ein echter Rotwein-Glögg. Mein Favorit ist der aus Portwein, der dem Glögg einen runderen, fülligeren Geschmack verleiht. Rosinen und Mandeln sind klassische Beilagen zum schwedischen Weihnachtsglögg, aber auch andere Trockenfrüchte, Cranberries, Heidelbeeren und Walnüsse passen gut dazu.

6 Gläser
750 ml Rotwein
375 ml roter Portwein
½ EL Kardamomsamen
1 Zimtstange
10 Gewürznelken
1 Sternanis
90 g brauner Zucker

1. Alle Zutaten vorsichtig zusammen erhitzen, der Glögg darf aber nicht kochen. Zugedeckt mehrere Stunden durchziehen lassen, anschließend die Gewürze entfernen.

2. Vor dem Servieren erneut vorsichtig erhitzen, der Glögg darf nicht kochen.

CONDITIONS
et 1734 du Code
en matériaux durs,

Heiße Sangria

Als Alternative zum Glühwein hier eine warme Variante der spanischen Weinbowle.

4–6 Gläser
2 Orangen
1 Zitrone
100 g Zucker
2 Zimtstangen
4 Gewürznelken
1 Flasche Rotwein (0,7 l)
8 cl Cognac

1. Die Orangen und die Zitrone auspressen.

2. Saft, Zucker und Gewürze vorsichtig erhitzen und umrühren, bis der Zucker sich aufgelöst hat. Von der Kochplatte nehmen und zugedeckt ein paar Stunden ziehen lassen.

3. Wein und Cognac zugießen und vorsichtig erhitzen, die Sangria darf nicht kochen.

Pflaumen im Speckmantel

Eine unschlagbare Kombination: Der salzige Bacon bildet einen herrlichen Geschmackskontrast zu den süßlichen Trockenpflaumen. Sie passen wunderbar zur heißen Sangria oder zu einem Glögg.

16 Stück
16 saftige Trockenpflaumen
8 Scheiben Bacon
frische Rosmarinzweige oder Holzspießchen

1. Den Backofengrill auf 275 °C vorheizen. Die Trockenpflaumen eventuell entkernen, die Baconscheiben längs halbieren. Je eine Baconscheibe um jede Pflaume wickeln.

2. Mit einem Rosmarinzweig oder einem Holzspießchen feststecken. Auf ein mit Backpapier ausgelegtes Blech legen.

3. Auf der mittleren Schiene des Ofens ca. 7 Minuten grillen.

Crostini mit Entenleber

Diese kleinen Happen finden beim Glögg-Empfang besondere Beachtung. Das Chutney passt gut zur Entenleber, es krönt aber auch jeden würzigen Kuh- oder Ziegenkäse.

24 Stück
12 größere Scheiben Nussbrot oder 24 Scheiben in Baguettegröße
ca. 350 g Entenlebermousse
3 frische Feigen

Chutney
200 g in Cognac eingelegte Feigen
2 EL Cognac-Lake (von den Feigen)
ca. 20 g kandierter Ingwer
1 EL Zitronensaft

1. **Chutney:** Das holzige Stielende der Feigen wegschneiden. Die Feigen klein schneiden und mit der Cognac-Lake, dem zerkleinerten Ingwer und Zitronensaft vermischen.

2. Die Brotscheiben toasten. Größere Scheiben diagonal schneiden.

3. **Zum Servieren:** Ein Stück Entenlebermousse auf jedes Brot legen, eine kleine Portion Chutney obenauf geben.

Gorgonzola-Kugeln

Eine klassische Beilage zum schwedischen Glögg sind auch die würzigen Pfefferkuchenkekse („Pepparkakor“) zusammen mit Gorgonzola. Ich bin noch einen Schritt weiter gegangen und habe daraus Käsekugeln gemacht, die in Pfefferkuchenbröseln gewälzt werden.

ca. 30 Stück
250 g Gorgonzola
125 g Quark
8–10 Pfefferkuchenkekse (alternativ Spekulatius)

1. Gorgonzola und Quark miteinander verrühren. Die Käsemasse zu kleinen Kugeln formen und in den Kühlschrank stellen.

2. Die Kekse fein zerkrümeln. Die Kugeln darin wälzen und bis zum Servieren kühl stellen.

Grobe Landleberpastete

Für die Weihnachtstage bietet sich eine Pastete ideal für den Vorrat an. Sie passt zum Weihnachtsbuffet genauso gut wie als Vorspeise zum festlichen Familienessen am Weihnachtstag. Servieren Sie die Pastete zusammen mit Cornichons.

ca. 15 Scheiben
150 g geräucherter Bauchspeck
200 g Champignons
1 große Zwiebel
3 Knoblauchzehen
Butter
500 g Rinderhack
2 EL Cognac
1 ½ TL Salz
½ TL Thymian
2 Eier
1 EL Kartoffelstärke
200 g Sahne
400 g Hähnchenleber

1. Den Speck und die Champignons fein hacken. Zwiebel und Knoblauch schälen und hacken. Den Speck ca. 2 Minuten in Butter auslassen, dann die Champignons mit Zwiebeln und Knoblauch zugeben und ca. 5 Minuten braten. Abkühlen lassen.

2. Das Hackfleisch in einer Küchenmaschine mit Cognac, Salz, Thymian, Eiern und Kartoffelmehl vermengen. Bei laufender Maschine die Sahne zugeben und alles zu einer geschmeidigen Masse verarbeiten.

3. Von der Leber eventuell Haut und Sehnen entfernen, fein hacken. Die Hackfleischmasse in eine Schüssel geben und vorsichtig die feingehackte Leber und die Pilzmasse untermischen.

4. Den Backofen auf 150 °C vorheizen. Eine Kastenform (1,5 l) mit Backpapier auslegen. Den Fleischteig darin verteilen und die Oberfläche glatt streichen.

5. Auf der unteren Schiene ca. 1 ½ Stunden backen, anschließend erkalten lassen.

6. Die Pastete mit Alufolie abdecken und mit Gewichten beschweren (z. B. mit Konservendosen). Bis zum nächsten Tag im Kühlschrank stehen lassen.

Gegrillte Feigen
mit Rosmarinbalsamico

Frische Feigen mit Balsamico sind einfach köstlich. Als Beilage zum Glögg oder auf dem Weihnachtsbuffet, zum Putenbraten oder zum festlichen Käsedessert.

8 Stück
8 frische Feigen

Rosmarinbalsamico
90 g Zucker
100 ml Weißwein
3 Zweige Rosmarin
8 schwarze Pfefferkörner
3 EL Balsamico-Essig

1. Alle Zutaten für den Balsamico in einen Topf geben. 15–20 Minuten ohne Deckel zusammen aufkochen, bis er dickflüssig wird.

2. Den Backofengrill auf 275 °C vorheizen. Jede Feige oben kreuzweise einschneiden und sie dann auf ein mit Backpapier ausgelegtes Blech setzen.

3. Die Feigen 8–10 Minuten grillen. Etwas abkühlen lassen.

4. Den süßen Balsamico über die lauwarmen Feigen träufeln und mit einem frischen Kräuterzweig garnieren.

Überbackene Champignons mit Sardellen

Mit Knoblauch überbackene Champignons werden auch „falsche Schnecken“ genannt. Mit Sardellen erhalten sie ein besonderes Extra. Die Champignons sind eine köstliche Kleinigkeit zu Wein oder Bier, aber auch eine delikate Beilage zu gegrilltem Kalbsbraten.

4–6 Portionen

500 g große Champignons
2 Knoblauchzehen
2 TL Meersalz
100 ml Weißwein
3 EL Olivenöl
6 Sardellenfilets
3 EL glatte Petersilie, gehackt
frisch gemahlener Pfeffer
Paniermehl

1. Die Pilzstiele vorsichtig herausdrehen und klein hacken. Den Knoblauch zusammen mit dem Salz im Mörser zerstampfen. Die Pilzköpfe von innen mit dem Knoblauchbrei einreiben.

2. Pilzköpfe zusammen mit dem Pilzgehackten in eine Pfanne geben. Den Wein und 2 EL Olivenöl zugießen und bei geringer Hitze ca. 10 Minuten zugedeckt schmoren lassen, die Pilzköpfe dabei öfter wenden.

3. Den Backofen auf 225 °C vorheizen. Pilzköpfe mit der runden Seite nach unten in eine ofenfeste Form setzen. Die Sardellen klein schneiden. Zusammen mit Petersilie und Pfeffer zum Pilzgehackten geben. Solange köcheln lassen, bis die Flüssigkeit nahezu verdampft ist.

4. Füllung in die Pilzköpfe geben. Paniermehl darüber streuen und mit dem restlichen Olivenöl beträufeln. Auf der mittleren Schiene 8–10 Minuten goldbraun überbacken.

Kartoffeltaler mit Forellenkaviar

Eine edle winterliche Vorspeise aus Kartoffeln, Forellenkaviar und frischen Kräutern.

4 Portionen
300–400 g mehlig kochende Kartoffeln
2–3 EL Butter
2–3 EL Dill, gehackt
3–4 EL Schnittlauchröllchen
Meersalz
frisch gemahlener weißer Pfeffer

Garnierung
Crème fraîche
Forellenkaviar
Dill, Schnittlauch

1. Die Kartoffeln waschen und mit der Schale in leicht gesalzenem Wasser weich kochen. Abgießen und abdampfen lassen.

2. Die Kartoffeln ungeschält grob mit einem Löffel zerdrücken. Butter, 2 EL Dill und 3 EL Schnittlauch untermengen und mit Salz und Pfeffer abschmecken.

3. Die Kartoffelmasse zu dicken Talern formen, eventuell Ausstecher oder Vorspeiseringe zu Hilfe nehmen.

4. Einen kleinen Löffel Crème fraîche und etwas Forellenkaviar auf jeden Kartoffeltaler geben und mit Dill und Schnittlauch garnieren.

Bulgursalat mit Feta
und Cranberries

Ein winterlicher Bulgursalat, der seinen besonderen Geschmack durch Fetakäse und getrocknete Cranberries erhält. Die Cranberries können auch gut durch Rosinen oder andere Trockenfrüchte ersetzt werden, die man dann klein schneiden sollte.

4 Portionen

200 g Bulgur
500 ml Gemüsebrühe
65 g geschälte Pistazien
½ Stange Lauch, in Ringe geschnitten
100 g getrocknete Cranberries
1 Bund glatte Petersilie, fein gehackt
½ Bund Minze, fein gehackt
2 EL Olivenöl
3 EL Zitronensaft
150 g Feta
Meersalz
frisch gemahlener Pfeffer

1. Den Bulgur in der Gemüsebrühe aufkochen und quellen lassen, abkühlen.

2. Die Pistazien grob hacken. Zusammen mit Lauch, Cranberries, Kräutern, Olivenöl und Zitronensaft zum Bulgur und vermengen.

3. Den Feta zerbröseln und dem Salat untermischen. Mit Salz und Pfeffer abschmecken.

Orangensalat

Dieser Salat gehört bei mir unbedingt zum Weihnachtsbuffet. Orangen, Granatapfel und Zimt sind typische Weihnachtsaromen, die perfekt zu Schinken, Würsten und Hackfleischbällchen passen. Genauso gut schmeckt der Salat aber auch zu einem Kotelett oder einem Brathähnchen.

4 Portionen
4 Orangen
1 kleine rote Zwiebel
5 EL schwarze Oliven
3 EL glatte Petersilie, gehackt
1 Granatapfel

Dressing
Saft der Orangen
2 EL Olivenöl
½ TL gemahlener Kreuzkümmel
1 Msp. Zimt
Meersalz
frisch gemahlener Pfeffer

1. Die Orangen sorgfältig schälen und filetieren, dabei den Saft auffangen. Die Orangenscheiben auf eine Platte legen.

2. Die Zutaten für das Dressing verrühren und über die Orangenscheiben geben.

3. Die Zwiebel schälen und in dünne Ringe schneiden. Die Zwiebelringe über die Orangen verteilen. Oliven und Petersilie darüber geben.

4. Die Granatapfelkerne mit einem kleinen Löffel herausholen und von den weißen Häutchen lösen. Die Kerne über den Salat streuen.

Zitrusfrüchtesalat
mit Avocado

Zitrusfrüchte kann man im Winter nie genug essen. Dieser Salat bildet eine frische Ergänzung zu gegrilltem Geflügel, Schweinekoteletts und Lachs. Man kann ihn auch noch mit gegrilltem Halloumi-Käse garnieren.

4 Portionen
1 kg gemischte Zitrusfrüchte, z. B. rosa Grapefruit, Orangen, Clementinen
2 Avocados
1 Kopf Friséesalat
5 EL schwarze Oliven
50 g Kürbiskerne

Dressing
4 EL Olivenöl
1 ½ EL flüssiger Honig
Saft und Schale von 1 unbehandelten Zitrone
½ TL Sambal Oelek
Meersalz

1. Die Zitrusfrüchte mit dem Messer bis zum Fruchtfleisch abschälen und die weißen Häutchen wegschneiden. Die Früchte quer in Scheiben schneiden.

2. Avocados schälen, halbieren und in Scheiben schneiden. Den Friséesalat putzen und zerkleinern. Zusammen mit Zitrusfrüchten, Avocados und Oliven auf einer Platte anrichten.

3. Die Zutaten für das Dressing verrühren und zum Salat geben. Die Kürbiskerne rösten und darüber streuen.

Risotto mit Rote Bete und Pecorino

Zur natürlichen Süße der Rote Bete im Risotto passt gut ein Pecorino. Der italienische Hartkäse aus Schafmilch erinnert an Parmesan, hat aber einen salzigeren, kräftigeren Geschmack.

4 Portionen
350 g Rote Bete
1 Zwiebel
3 EL Butter
140 g Risotto-Reis
2 Zweige Rosmarin
200 ml Weißwein
ca. 800 ml Gemüsebrühe
80 g Pecorino, fein gerieben
Rucolasalat
Pinienkerne, geröstet

1. Die Rote Bete weich kochen, die Schale anschließend unter fließendem Wasser abziehen. Rote Bete in kleine Würfel schneiden. Die Zwiebel schälen und fein würfeln.

2. Die Zwiebel in 1 EL Butter anbraten, Reis zugeben und unter Rühren leicht anrösten. Die Rosmarinzweige dazugeben, den Wein zugießen und unter Rühren nahezu einkochen lassen.

3. So viel Gemüsebrühe angießen, bis der Reis bedeckt ist. Weiterkochen lassen, bis die Flüssigkeit verdampft ist. Immer wieder etwas Brühe nachgießen, dabei regelmäßig umrühren. Insgesamt ca. 20 Minuten köcheln lassen.

4. Den Topf von der Kochplatte nehmen und die Rosmarinzweige entfernen. Rote-Bete-Würfel, geriebenen Käse und 2 EL Butter untermengen, mit Pfeffer abschmecken. Einige Minuten bei geschlossenem Deckel durchziehen lassen. Eventuell noch etwas warmes Wasser zugießen, sodass das Risotto schön cremig ist.

5. Mit einer Handvoll Rucola und gerösteten Pinienkernen garnieren und servieren.

Rotkohlsalat
mit Cranberries und Birnen

Rohkost kann so gut schmecken. Dieser farbenprächtige Kohlsalat steckt voller leckerer Cranberries, Birnen, Nüsse und cremigem Balsamico-Essig.

4 Portionen
120 g TK-Cranberries
1 Kopf Rotkohl (ca. 500 g)
1 Birne
2 EL Crema di Balsamico
2 EL Nussöl, z. B. Walnussöl
50 g Walnüsse, grob gehackt
Meersalz
frisch gemahlener Pfeffer

1. Die Cranberries auftauen lassen. Den Kohl in dünne Streifen schneiden, z. B. mit einem Hobel. Die Birne schälen und in Spalten schneiden.

2. Alle Salatzutaten vermengen und mit Salz und Pfeffer abschmecken.

Warmer Salat
aus Wurzelgemüse mit Käsecreme

Der gut sättigende Salat aus Wurzelgemüse mit Linsen und Käse ist ein warmer Salat, der zur Herbst- und Winterzeit aufgetischt wird. Wer mag, kann noch knusprig ausgebratenen Bacon über den Salat streuen.

4 Portionen
1 kg Wurzelgemüse, z. B. Möhren, Pastinaken, Knollensellerie, Steckrübe, Rote Bete
2 rote Zwiebeln
50 ml Rapsöl
1 EL Thymian
Meersalz
frisch gemahlener Pfeffer
1 Dose Linsen (400 g)
2 Birnen, in Spalten geschnitten
100 g gemischte Blattsalate
2 EL Zitronensaft
50 g Kürbiskerne, geröstet

Käsecreme
100 g Appenzeller, fein gerieben
200 g Crème fraîche
2 EL Thymian
Meersalz
frisch gemahlener Pfeffer

1. Alle Zutaten für die Käsecreme verrühren. Backofen auf 225 °C vorheizen. Wurzelgemüse putzen und schälen, alles Gemüse in kleinschneiden. Zwiebeln in Ringe schneiden. Alles auf ein mit Backpapier ausgelegtes Blech legen, Rote Bete separat. Mit Gewürzen und Hälfte des Öls würzen. 25–30 Minuten backen, dabei einige Male wenden.

2. Die Linsen abspülen und abtropfen lassen. Die Birnen in dünne Spalten schneiden.

3. Wurzelgemüse mit Linsen, Birnen, Salat, Zitronensaft und dem restlichen Öl vermengen. Abschmecken, mit Kürbiskernen bestreuen und mit der Käsecreme servieren.

Lauwarmer Wirsingsalat
mit Äpfeln

Nun darf man sich satt essen an Krautsalaten!

4 Portionen
ca. 500 g Wirsing
50 ml Rapsöl
1 EL Apfelweinessig
1 TL brauner Zucker
2 TL Kümmel
2 rote Äpfel, in Spalten
Meersalz
frisch gemahlener Pfeffer

1. Den Wirsing in dünne Streifen schneiden und in eine Schüssel geben.

2. Öl, Essig, Zucker und Kümmel verrühren und über den Wirsing geben. Vermischen und 1 Stunde ziehen lassen.

3. Salat und Äpfel 5–10 Minuten unter Rühren leicht braten. Mit Salz und Pfeffer würzen.

Kartoffelgratin

mit Spinat und Blauschimmelkäse

Dieses Gratin erhält seinen besonders herzhaften Geschmack durch den Spinat und den Blauschimmelkäse. Die meisten Blauschimmelkäse werden aus Kuhmilch gemacht, aber für ein Gratin zu Lammfleisch würde ich den gehaltvollen französischen Roquefort empfehlen, der aus Schafmilch hergestellt wird.

4 Portionen

1 kg mehlig kochende Kartoffeln
300 g junger Spinat
1 große Zwiebel
3 Knoblauchzehen
Olivenöl zum Anbraten
½ TL gemahlener Muskat
150 g Blauschimmelkäse, klein gebröckelt
200 g Sahne
100 ml Milch
Meersalz
frisch gemahlener Pfeffer
60 g Käse, gerieben

1. Den Backofen auf 225 °C vorheizen. Die Kartoffeln schälen und in dünne Scheiben schneiden.

2. Den Spinat waschen und gut abtropfen lassen. Die Zwiebel in Ringe schneiden, den Knoblauch fein hacken. Spinat zusammen mit Zwiebelringen und Knoblauch in Olivenöl kurz anbraten, bis er zusammenfällt. Abkühlen lassen.

3. Mit allen weiteren Zutaten, bis auf den Käse, in einer großen Schüssel vermengen; das geht am einfachsten mit den Händen.

4. Die Mischung in eine ofenfeste Form geben und mit Käse bestreuen.

5. Auf der mittleren Schiene ca. 45 Minuten backen, bis die Kartoffeln weich sind und das Gratin goldgelb ist.

Gratin von Wurzelgemüse

mit Ziegenkäse

Auch wenn ein Kartoffelgratin allein schon gut schmeckt, wird der Geschmack noch kräftiger, wenn man die Kartoffeln mit Wurzelgemüse mischt. Geriebener Hartkäse passt ausgezeichnet zum Kartoffelgratin, aber als Kontrast zur Süße des Wurzelgemüses wähle ich dazu einen salzigeren, etwas strengeren Ziegenkäse oder Fetakäse.

4 Portionen

500 g Kartoffeln
1 große Möhre
1 große Pastinake
100 g Knollensellerie
100 g Steckrübe
2 Knoblauchzehen, gepresst
2 TL Thymian
150 g Ziegen- oder Fetakäse, klein gebröckelt
200 g Sahne
100 ml Milch
Meersalz
frisch gemahlener Pfeffer
60 g Käse, gerieben

1. Den Backofen auf 225 °C vorheizen. Die Kartoffeln und das Wurzelgemüse schälen und in dünne Scheiben schneiden.

2. Mit allen weiteren Zutaten, bis auf den Käse, in einer großen Schüssel vermengen; das geht am einfachsten mit den Händen.

3. Die Mischung in eine ofenfeste Form geben und mit Käse bestreuen.

4. Auf der mittleren Schiene 45–50 Minuten backen, bis die Kartoffeln und das Wurzelgemüse weich sind und das Gratin goldgelb ist.

Wurzelgemüse aus dem Ofen

Gebackenes Wurzelgemüse passt zu allem. Als Beilage zu gegrilltem Fleisch, zum Sonntagsbraten, zum Grillhähnchen, zum Lachs oder in einem sättigenden warmen Salat.

4 Portionen
1 kg Wurzelgemüse, z. B. Möhren, Rote Bete, Pastinaken, Knollensellerie, Steckrübe
2 EL Raps- oder Olivenöl
1 EL Thymian oder Rosmarin
Meersalz

1. Den Backofen auf 225 °C vorheizen. Das Wurzelgemüse schälen und in kleinere Stücke schneiden.

2. Alles auf ein mit Backpapier ausgelegtes Blech legen und mit Öl und den Kräutern vermischen.

3. Auf der mittleren Schiene ca. 30 Minuten im Ofen backen. Dabei einige Male das Gemüse wenden. Zum Schluss salzen.

Gestampftes Wurzelgemüse mit Käse

Statt eines Kartoffelpürees passt dieses rustikale Kartoffel-Gemüse-Gericht auch gut zur kalten Jahreszeit. Es wird mit Käse, roten Zwiebeln und Schnittlauch kräftig gewürzt.

4 Portionen
400 g mehlig kochende Kartoffeln
2 Möhren
200 g Knollensellerie
100 g Steckrübe
2–3 EL Butter
80 g Käse, grob gerieben
2 TL Zitronensaft
1 rote Zwiebel, fein gewürfelt
Meersalz
frisch gemahlener Pfeffer
3 EL Schnittlauchröllchen

1. Die Kartoffeln und das Wurzelgemüse schälen und in Würfel schneiden. Das Wurzelgemüse in kleinere Stücke schneiden, da es eine längere Kochzeit hat.

2. Kartoffeln und Wurzelgemüse in leicht gesalzenem Wasser zugedeckt weich kochen. Dann das Wasser abgießen und ausdämpfen lassen.

3. Mit einer Gabel grob zerdrücken. Butter, Käse, Zitronensaft und Zwiebelwürfel untermengen. Mit Salz und Pfeffer abschmecken und mit Schnittlauch bestreuen.

Kartoffeln

mit Wacholder-Pesto

Im Ofen gebackene Kartoffeln schmecken immer gut. Hier werden sie mit einem Wildkräuter-Pesto gemischt, mit dem sie besonders gut zu Wildfleisch passen. Aber sie sind auch eine köstliche Beilage zu Rindersteak, Roastbeef und Hacksteak.

4 Portionen
1 kg kleine Kartoffeln („Drillinge“)
2 EL Rapsöl
Meersalz

Pesto
5 Wacholderbeeren, zerstoßen
3 EL Thymian
½ Bund glatte Petersilie
75 ml Rapsöl
40 g Västerbotten-Käse (alternativ Appenzeller), grob gerieben
Meersalz
frisch gemahlener Pfeffer

1. Den Backofen auf 200 °C vorheizen. Die Kartoffeln waschen, größere einmal teilen. Mit 2 EL Rapsöl und Meersalz einreiben und auf einem mit Backpapier ausgelegten Blech verteilen.

2. Auf der mittleren Schiene des Ofens 25–30 Minuten unter gelegentlichem Wenden backen, bis die Kartoffeln weich sind.

3. Die Petersilie klein schneiden und mit allen weiteren Zutaten für das Pesto zusammenmixen.

4. Das Pesto mit den Kartoffeln vermengen und mit Salz abschmecken.

Ofenkartoffel

mit Sesamkruste

Um Ofenkartoffeln perfekt mit einer knusprigen Kruste zu zaubern, gibt es einen Trick: Man kocht sie zuerst ein paar Minuten in leicht gesalzenem Wasser.

4 Portionen
1 kg Backkartoffeln oder große fest kochende Kartoffeln
2 EL Olivenöl
2 EL schwarze und weiße Sesamkörner
Meersalz

1. Den Backofen auf 250 °C vorheizen. Die Kartoffeln gut abbürsten und jede in 8 Spalten schneiden. Leicht gesalzenes Wasser aufkochen lassen, Kartoffelspalten hineingeben und 3 Minuten köcheln. Herausnehmen und gut abtropfen lassen.

2. Kartoffeln mit Olivenöl, Sesam und Salz vermengen und auf ein mit Backpapier ausgelegtes Blech legen.

3. Im oberen Teil des Backofens 15–20 Minuten backen. Gelegentlich wenden.

Rösti mit Speck und Preiselbeeren

Auch in Schweden zählen Rösti zur klassischen Hausmannskost. Um dieses köstliche Essen noch zu veredeln, serviere ich gern in Butter gebratene Apfelspalten dazu.

4 Portionen
500 g mehlig kochende Kartoffeln
Salz
Butter

Beilage
gebratener Bacon
in Butter gebratene Apfelspalten

Roh gerührte Preiselbeeren
ca. 250 g TK-Preiselbeeren
150 g brauner Zucker

1. Die Kartoffeln schälen und grob reiben, am besten in der Küchenmaschine. Mit etwas Salz vermengen. Die Masse nicht lange stehen lassen, da die Kartoffeln sonst braun werden.

2. Von der Kartoffelmasse 3 EL pro Rösti verwenden. Den Teig dünn ausstreichen, damit die Röstis an den Rändern schön knusprig werden. Bei kleiner Hitze auf beiden Seiten in Butter goldbraun braten. Am besten serviert man die Röstis frisch aus der Pfanne, sie können aber auch im Ofen bei 100 °C eine Weile warmgehalten werden.

3. Preiselbeeren: Die Preiselbeeren auftauen und gut mit dem Zucker vermengen, bis die Beeren zerfallen und der Zucker sich aufgelöst hat.

4. Röstis zusammen mit den Preiselbeeren und Beilagen servieren.

Spaghetti mit Rosenkohl

In der cremigen Gemüsepasta kommt der Rosenkohl einmal ganz neu zur Geltung.

4 Portionen
ca. 500 g Rosenkohl
1 rote Chilischote
3 Knoblauchzehen
1 Msp. Chiliflocken
75 ml Olivenöl
100 ml Weißwein
300 g Sahne
abgeriebene Schale von 1 unbehandelten Zitrone
Meersalz
ca. 400 g Spaghetti
160 g Parmesan, gerieben

1. Einzelne Röschen des Rosenkohls teilen und den Strunk wegschneiden. Kohl in Scheibchen schneiden. Chilischote entkernen und fein hacken. Knoblauch schälen und klein schneiden.

2. Rosenkohl mit Chili, Knoblauch und Chiliflocken ca. 5 Minuten leicht in Öl anbraten – er darf nicht braun werden. Wein, Sahne und Zitronenschale zugeben. Etwa 5 Minuten offen köcheln lassen. Mit Salz abschmecken.

3. Spaghetti laut Packungsanweisung in leicht gesalzenem Wasser kochen, dann abgießen. Dabei etwas von dem Kochwasser auffangen.

4. Die Nudeln zusammen mit ein paar Esslöffeln Kochwasser und der Hälfte des Parmesans in die Sauce geben. Gut verrühren, bis die Spagetti die Sauce aufgenommen haben. Zusammen mit dem restlichen Parmesan servieren.

Geröstete Knoblauchpasta

Cremige Carbonara-Pasta mit mildem Knoblauchgeschmack.

4 Portionen
1 ganze Knoblauchknolle
2 Eier
2 Eigelb
50 ml Olivenöl
1 Bund glatte Petersilie, gehackt
160 g Parmesan, gerieben
Meersalz
frisch gemahlener Pfeffer
400 g Spaghetti

1. Knoblauchknolle im Backofen rösten, siehe Rezept unten. Dann die Knoblauchzehen schälen und pürieren.

2. Eier, Eigelbe, Olivenöl, Knoblauch, Petersilie und die Hälfte des Parmesans miteinander vermengen. Mit Salz und Pfeffer abschmecken.

3. Spaghetti laut Packungsanweisung in leicht gesalzenem Wasser kochen, dann abgießen. Dabei etwas von dem Kochwasser auffangen. Die Spagetti im Kochtopf warmhalten.

4. Die Nudeln zusammen mit ein paar Esslöffeln Kochwasser und der Hälfte des Parmesans in die Sauce geben. Gut verrühren, bis die Spaghetti die Sauce aufgenommen haben. Pfeffer aus der Mühle über die Pasta mahlen und mit dem restlichen Parmesan servieren.

Gerösteter Knoblauch

Der Knoblauch erhält durch das Rösten im Backofen einen aromatisch-milden Geschmack. Er kann im Ganzen zu Fleisch, püriert in Dressings oder als köstliche Zugabe zu Suppen, Saucen verwendet werden. Man kann mehrere Knollen gleichzeitig rösten.

1. Den Backofen auf 200 °C vorheizen. Knoblauchknollen, ganz oder halbiert, auf ein mit Backpapier ausgelegtes Blech legen.

2. Auf der mittleren Schiene ca. 30 Minuten rösten, bis sie weich sind.

Hähnchen-Lasagne mit Bacon und Feta

Eine Lasagne ist immer ein praktisches Essen, wenn viele Leute gemütlich zusammen essen wollen, sei es ein größeres Fest, ein gemütlicher Freitagabend oder ein Abendessen unter der Woche. Bacon und Fetakäse machen diese Lasagne schön würzig und durch das Hähnchenfilet bekommt sie einen leichten Rauchgeschmack.

4 Portionen
400–500 g Hähnchenfilet
140 g Bacon
Olivenöl zum Anbraten
ca. 12 Lasagneplatten, möglichst grüne
200 g Feta
80 g Käse, gerieben

Béchamelsauce
75 g Butter
45 g Mehl
800 ml Milch
1 Msp. gemahlener Muskat
Meersalz
frisch gemahlener Pfeffer

Tomatensauce
1 Zwiebel
2 Knoblauchzehen
Olivenöl zum Anbraten
1 Dose stückige Tomaten (400 g)
2 EL Instant-Geflügelbrühe
2 TL Oregano
Meersalz
frisch gemahlener Pfeffer

1. **Tomatensauce:** Zwiebel und Knoblauch fein hacken und in Olivenöl anschwitzen. Tomaten, Geflügelbrühe und Oregano zugeben und ca. 15 Minuten zugedeckt köcheln lassen. Mit Salz und Pfeffer abschmecken.

2. **Béchamelsauce:** Butter schmelzen und das Mehl einrühren. Milch unter ständigem Rühren zugießen und die Sauce ca. 5 Minuten köcheln lassen. Mit Muskat, Salz und Pfeffer abschmecken.

3. **Hähnchen:** Hähnchenfilets in kleine Stücke schneiden, Bacon in Streifen schneiden. Kurz in Olivenöl anbraten.

4. **Lasagne:** Den Backofen auf 200 °C vorheizen. Eine ofenfeste Form einfetten. Abwechselnd die Béchamelsauce mit Lasagneplatten, Hähnchen- und Baconstücken, zerbröseltem Feta und Tomatensauce schichten. Mit der Béchamelsauce beginnen und abschließen. Zum Schluss mit geriebenem Käse bestreuen.

5. Auf der mittleren Schiene ca. 40 Minuten überbacken.

Blumenkohlpizza mit Bacon

Pizza einmal etwas anders: mit Blumenkohl, Bacon, Chili und Mozzarella wird es die neue Lieblingspizza im Winter.

4 Pizzen

Teig
½ Würfel Hefe (ca. 20 g)
ca. 350 g Weizenmehl

Belag
2 Mozzarella (à 125 g)
½ Kopf Blumenkohl
140 g Bacon
ca. 200 ml Tomatensauce (siehe Rezept)
1 TL Chiliflocken
1 ½ EL Oregano
4 EL Olivenöl

Tomatensauce
1 Zwiebel
2 Knoblauchzehen
Olivenöl zum Anschwitzen
1 Dose passierte Tomaten (400 g)
2 TL Instant-Gemüsebrühe
Meersalz
frisch gemahlener Pfeffer

1. **Teig:** Hefe in 25 ml handwarmen Wasser auflösen und ca. 2 EL Mehl untermischen. Zu einem Teig verrühren und zugedeckt ca. 30 Minuten gehen lassen.

2. 225 ml handwarmes Wasser, Salz und einen Großteil des Mehls zugeben. Einen Rest Mehl zum Ausrollen des Teigs aufheben. Zu einem geschmeidigen Teig verarbeiten und zugedeckt ca. 2 Stunden gehen lassen.

3. **Tomatensauce:** Zwiebel und Knoblauch klein schneiden und in Olivenöl glasig anschwitzen, Tomaten und Brühe zugeben. Die Sauce ca. 20 Minuten offen köcheln lassen, mit Salz und Pfeffer abschmecken.

4. **Pizza:** Den Backofen auf 275 °C vorheizen. Den Teig durchkneten und auf einem bemehlten Brett zu vier dünnen Pizzen ausrollen. Die Pizzen auf mit Backpapier ausgelegte Bleche legen.

5. Mozzarella in dünne Scheiben schneiden, Blumenkohl in kleine Röschen zerpflücken, Bacon in Streifen schneiden.

6. Tomatensauce auf den Pizzen verteilen, mit Mozzarella, Blumenkohlröschen und Bacon belegen. Chili und Oregano darüber streuen, mit Olivenöl beträufeln.

7. Auf der mittleren Schiene 10–12 Minuten backen.

Miesmuscheln in Guinness

Muscheln auf irische Art. Normalerweise kocht man Muscheln in Weißwein. Aber mit einem richtig dunklen Bier erhält die Sauce einen kräftigeren, kernigen Geschmack. Zu diesen Muscheln passt ein frisches Landbrot.

4 Portionen

ca. 2 kg Miesmuscheln
1 Möhre
1 Fenchelknolle
2 Schalotten
4 Knoblauchzehen
150–200 g geräucherter Bauchspeck
Butter zum Anbraten
500 ml Guinness
200 g Sahne
Saft einer Zitrone
Meersalz
frisch gemahlener Pfeffer
1 Bund Petersilie, gehackt

1. Muscheln unter fließendem kalten Wasser abbürsten, den Bart entfernen und Schmutz an den Schalen abkratzen. Bereits geöffnete Muscheln, die sich nicht mehr schließen, wenn man daran klopft, aussortieren und wegwerfen.

2. Die Möhre schälen. Möhre und Fenchel in kleine Würfel schneiden. Schalotten und Knoblauch schälen und klein schneiden. Den Bauchspeck in Streifen schneiden.

3. Gemüse zusammen mit Speck und Butter in einem großen Topf anbraten. Bier, Sahne, Zitronensaft, Salz und Pfeffer zugeben und aufkochen.

4. Muscheln dazugeben und bei geschlossenem Deckel ca. 5 Minuten köcheln lassen, bis sie sich öffnen. Vorsichtig die Petersilie unterrühren.

Pot au feu vom Lamm mit Grünkohlpesto

Ich bin ein Fan des langsamen Garens, das Fleisch bleibt dabei saftig und ist außerordentlich aromatisch. Außerdem ist bereits die Zubereitung eine Form der Entspannung und es verbreitet sich allmählich ein herrlicher Duft. In einem Pot au feu haben das Fleisch, die Bouillon und die Gemüsesorten an sich einen milden Geschmack. Am Tisch darf sich jeder seine Portion selbst mit Grünkohlpesto würzen. Ist noch keine Saison für Grünkohl, kann man stattdessen auch gut Spinat nehmen.

4–6 Portionen

2 kg Lamm mit Knochen (Rücken, Schulter oder Brust)
1 EL Salz pro Liter Wasser
1 Möhre
1 Zwiebel
1 Stück Knollensellerie
Petersilienstängel
10 weiße Pfefferkörner
5 Pimentkörner
2 Gewürznelken
2 Lorbeerblätter

Grünkohlpesto

65 g Mandeln
1 Knoblauchzehe
100 g Grünkohl, in Streifen geschnitten
40 g Käse, grob gerieben
100 ml kaltgepresstes Olivenöl
Meersalz
frisch gemahlener Pfeffer

Gemüseeinlage

1,5 l klare Fleischbrühe
1 Pastinake, in Stifte geschnitten
1 große Möhre, in Stifte geschnitten
2 Kartoffeln, in Stifte geschnitten
5 cm Lauch, in Streifen geschnitten
einige Wirsingblätter, in Stücke geschnitten

1. Das Fleisch in einen Schmortopf mit dickem Boden legen, Wasser darüber gießen, bis es ganz bedeckt ist, und alles einmal aufkochen. Fleisch herausnehmen und unter fließendem Wasser abspülen. Das Kochwasser abgießen und den Topf kurz ausspülen.

2. Dann das Fleisch wieder in den Topf legen, erneut Wasser aufgießen und aufkochen, dabei den Schaum abschöpfen.

3. 1 EL Salz je Liter Wasser sowie zerkleinertes Suppengemüse, Petersilienstängel und Gewürze zugeben.

4. Bei geschlossenem Deckel ca. 1½ Stunden köcheln lassen, bis sich das Fleisch vom Knochen löst. Zwischendurch immer wieder abschäumen, damit die Brühe klar bleibt. Das Fleisch noch ca. 20 Minuten in etwas Brühe ziehen lassen. Währenddessen die Gemüseeinlage kochen.

5. **Gemüseeinlage:** 1,5 l passierte Bouillon aufkochen, Wurzelgemüse und Kartoffeln zugeben und ca. 10 Minuten bei geschlossenem Deckel garen. Lauch und Wirsing dazugeben und weitere 5 Minuten köcheln lassen.

6. **Pesto:** Alle Zutaten pürieren und mit Salz und Pfeffer abschmecken.

7. **Servieren:** Das Fleisch in mundgerechte Stücke teilen, mit Gemüse und Brühe in tiefen Tellern servieren. Jeder darf sich seinen Pot au feu selbst mit dem Pesto würzen.

Apfelhähnchen mit Puy-Linsen

Gerichte, bei denen alles in einen Topf wandert, sind immer sehr praktisch. Dieser Hähnchentopf ist eine Variation von „Coq au vin", aber mit Linsen, Äpfeln und Cidre. Dabei muss man unbedingt richtig trockenen Cidre nehmen, nicht die süßliche Limonadenversion, die man häufig im Laden findet. Durch die Linsen ist der Eintopf sehr sättigend und braucht keine anderen Beilagen als eine Scheibe Brot und einen grünen Salat.

4 Portionen

1 große Maispoularde (ca. 1,5 kg)
Butter zum Anbraten
Meersalz
frisch gemahlener Pfeffer
150 g geräucherter Bauchspeck
2 EL Weizenmehl
600 ml trockener Apfelcidre oder Apfelwein
1 EL Instant-Geflügelbrühe
2 Knoblauchzehen, gehackt
2 TL Thymian
2 Lorbeerblätter
200 g Puy-Linsen
12–16 kleine Perlzwiebeln (alternativ Schalotten)
200 g Champignons
2 kleine rote Äpfel

1. Das Hähnchen zerlegen und die Teile nacheinander in Butter anbraten. Mit Salz und Pfeffer würzen, kurz beiseite stellen.

2. Bauchspeck in Streifen schneiden und mit etwas Butter in einem Schmortopf leicht anbraten. Mehl unterrühren, mit Cidre ablöschen und aufkochen.

3. Geflügelteile hineingeben und Brühe, Knoblauch, Kräuter sowie Linsen zugeben. Bei geringer Hitze und geschlossenem Deckel 35–40 Minuten köcheln lassen, bis das Hähnchen durchgegart ist und die Linsen weich sind.

4. In der Zwischenzeit die Zwiebeln schälen und mit den geputzten Champignons in Butter anbraten. 10 Minuten vor Ende der Garzeit die Zwiebeln und Champignons in den Schmortopf dazugeben.

5. Die Äpfel waschen und in Spalten schneiden. Etwa 5 Minuten vor Ende der Garzeit in den Topf geben, mit Salz und Pfeffer abschmecken.

Gebratener Saibling mit Forellenkaviar-Kartoffeln

Das Einfache ist oft das Beste. Diese cremigen Kartoffeln mit Forellenkaviar und frischen Kräutern wirken edel, sind aber spielend leicht zu machen. Die Kartoffeln passen gut zu den meisten Fischarten, zum Beispiel zu Barsch, Zander, Lachs oder wie hier zu einem Saibling.

4 Portionen
4 Saibling- oder Forellenfilets mit Haut (à 150 g)
Meersalz
frisch gemahlener weißer Pfeffer
Butter zum Braten
Zitronenspalten als Beilage

Kartoffeln
750 g festkochende Kartoffeln
Meersalz
200 g Crème fraîche
100 g Sahne
100 g Forellenkaviar
½ Bund Schnittlauch, gehackt
½ Bund Dill, gehackt
frisch gemahlener weißer Pfeffer

1. **Kartoffeln** waschen und mit Schale in leicht gesalzenem Wasser gar kochen. Abdämpfen und in kleinere Stücke zerteilen.

2. Crème fraîche und Sahne aufkochen. Von der Kochplatte nehmen und Forellenkaviar, Kräuter und Kartoffelstücke unterrühren. Mit Salz und Pfeffer abschmecken und vorsichtig erwärmen.

3. Die **Fischfilets** mit Salz und Pfeffer würzen. Butter in einer Pfanne schmelzen und leicht aufschäumen. Den Fisch mit der Hautseite nach unten hineinlegen und die Hitze reduzieren. Bei geringer Hitze ca. 8 Minuten braten.

4. Den Fisch wenden und 1–2 Minuten fertig braten.

3
6
8
4

Lammbraten mit Sardellen und Speck

Es hat einfach etwas, wenn man gemeinsam einen Braten isst. Dieser saftige Lammbraten erhält sein mediterranes Aroma durch die Kräuter der Provence, Knoblauch, Oliven, Speck und Sardellen. Dazu passt gut das Kartoffelgratin mit Spinat oder das Gratin vom Wurzelgemüse auf Seite 66.

6 Portionen

10 Sardellenfilets in Salzlake
1 Lammbraten mit Knochen (ca. 2 kg)
Olivenöl
Meersalz
frisch gemahlener Pfeffer
4 Strauchtomaten
2 ganze Knoblauchknollen
200 ml Weißwein
3 Lorbeerblätter
100 g schwarze Oliven

Kräutermischung

2 Knoblauchzehen
1 EL Meersalz
1 TL Pfefferkörner
2 TL Kräuter der Provence
2 EL glatte Petersilie, gehackt
100 g geräucherter Bauchspeck

1. **Kräutermischung:** Knoblauch, Gewürze und Kräuter im Mörser zu einem Brei stoßen. Speck fein würfeln und mit der Kräutermasse vermischen.

2. Den Backofen auf 225 °C vorheizen. Sardellenfilets wässern, gut abtropfen lassen und in kleine Stücke schneiden. Lammbraten mit einem spitzen Messer einschneiden und in die Kerbe mit dem kleinen Finger eine Vertiefung drücken. Darin Speckwürfel, Kräutermischung und Sardellenstücke so tief wie möglich hineindrücken.

3. Lammbraten mit Olivenöl einreiben und mit Salz und Pfeffer würzen. In eine ofenfeste Form oder auf ein Blech setzen. Ein Bratenthermometer an der dicksten Stelle hineinstechen, ohne dass es an den Knochen stößt.

4. Das Fleisch auf der mittleren Schiene ca. 20 Minuten garen. Dann die Temperatur auf 175 °C reduzieren.

5. Tomaten abbrühen und enthäuten, Kerne entfernen und das Fruchtfleisch grob hacken.

6. Tomaten mit den ungeschälten Knoblauchzehen, dem Wein und den Lorbeerblättern um den Braten herum verteilen. Weiter garen, bis das Thermometer 60 °C anzeigt, dann ist der Braten innen rosa. Oliven ca. 20 Minuten vor Ende der Bratzeit zugeben.

7. Braten herausnehmen, in Aluminiumfolie wickeln und 10–15 Minuten ruhen lassen. Beim Servieren den Braten in dünne Scheiben aufschneiden. Tomatensauce mit Salz und Pfeffer abschmecken.

Elchtopf mit Wurzelgemüse und Wildbeerengelee

Eine kräftige Sauce aus Rotwein, Thymian, Wacholderbeeren und Wildbeerengelee schmeckt zusammen mit dem Elchfleisch wunderbar. Das gebackene Wurzelgemüse und die Pilze auf dem Fleisch sind nicht nur sehr dekorativ, sondern das Gemüse zerfällt auch nicht so, wie wenn man es mit dem Fleisch zusammen kocht. Servieren Sie zum typisch schwedischen Elchtopf Kartoffelpüree und eingelegte Gurken.

4 Portionen

ca. 1 kg Elchfleisch ohne Knochen (alternativ Hirsch oder Wildschwein)
Butter zum Anbraten
Meersalz
frisch gemahlener Pfeffer
400–500 g gemischtes Wurzelgemüse, z. B. Möhren, Knollensellerie, Pastinaken
1 Zwiebel
400 ml Rotwein
700 ml Fleischbrühe
2 Lorbeerblätter
1 EL Thymian
8 Wacholderbeeren, leicht zerstoßen
2 EL Weizenmehl
3 EL Ebereschen- oder Johannisbeergelee

Garnierung mit Wurzelgemüse
2 Möhren
1 Pastinake
200 g frische Pilze
1 große rote Zwiebel
2 EL Rapsöl
2 TL Thymian
Meersalz

1. **Fleischtopf:** Fleisch in ca. 3 x 3 cm große Würfel schneiden und in einer Pfanne in Butter anbraten. Mit Salz und Pfeffer würzen. Das Fleisch zur Seite stellen.

2. Gemüse schälen und in kleinere Stücke schneiden. Zwiebel schälen und in Viertel schneiden. Alles in einem Schmortopf in Butter anbraten. Den Wein zugießen und köcheln lassen, bis die Hälfte des Weines verkocht ist.

3. Brühe zugeben und das Fleisch hineinlegen. Aufkochen und abschäumen, dann die Gewürze zugeben. Den Fleischtopf bei niedriger Hitze bei geschlossenem Deckel ca. 1,5 Stunden schmoren lassen, bis das Fleisch richtig mürbe ist.

4. Fleisch herausnehmen und die Fleischbrühe passieren.

5. 2 EL Butter im Schmortopf schmelzen. Mehl darüber stäuben und die Brühe nach und nach zugießen. Gelee und Fleischstücke zugeben. 5–10 Minuten schwach köcheln lassen. Mit Salz und Pfeffer abschmecken.

6. **Garnierung:** Den Backofen auf 225 °C vorheizen. Möhren und Pastinaken schälen und in dünne Stifte schneiden. Zwiebel schälen und in Spalten schneiden, die Pilze putzen. Gemüse und Pilze auf ein mit Backpapier belegtes Blech legen. Mit Öl, Thymian und Salz vermengen.

7. Auf der mittleren Schiene ca. 25 Minuten rösten. Den Fleischtopf mit dem gebackenen Wurzelgemüse und den Pilzen anrichten.

Fischburger mit Rote Bete
und Ziegenkäse

Die leckeren Fischburger werden von einem warmen Salat aus Rote Bete, Spinat, Thymian und Ziegenkäse gekrönt. Heutzutage erhält man an fast allen Gemüsetheken gekochte Rote Bete vakuumverpackt, die für ein schnelles Essen sehr praktisch sind. Findet man sie nicht, kann man sie auch selbstverständlich selbst kochen, es dauert nur etwas länger.

4 Portionen
140 g Bacon
4 große Scheiben Toastbrot
ca. 600 g Fischfilet, z. B. Seelachs, Dorsch, Zander
Butter zum Braten
Meersalz
frisch gemahlener weißer Pfeffer

Salat
250 g Rote Bete, gekocht
2 Knoblauchzehen
1 rote Zwiebel
150 g junger Spinat
Olivenöl zum Anbraten
1 EL Thymian
Meersalz
frisch gemahlener Pfeffer
100–150 g Ziegenkäse

1. Bacon knusprig ausbraten, auf Küchenpapier abtropfen lassen. Toastbrotscheiben toasten.

2. Fischfilets in Butter braten, mit Salz und Pfeffer würzen. Den Fisch warmhalten.

3. Rote Bete in kleine Würfel schneiden. Knoblauch klein schneiden, Zwiebel in Ringe schneiden.

4. Rote Bete, Knoblauch und Spinat in Olivenöl leicht anbraten. Mit Thymian, Salz und Pfeffer abschmecken.

5. Baconscheiben und je ein Fischfilet auf eine Toastbrotscheibe legen und mit Rote-Bete-Salat, zerkrümeltem Ziegenkäse und roten Zwiebelringen garnieren.

Grillhähnchen mit Orangen-Fenchel-Füllung

Orangen, Fenchel und aromatische Wintergewürze geben dem Grillhähnchen einen raffinierten Geschmack. Dazu passt gut ein Kartoffelpüree, Rosenkohl oder der geröstete Rotkohl von Seite 118.

4 Portionen

1 große Maispoularde (ca. 1,5 kg)
2 Fenchel
2 Orangen
Butter zum Schmoren
300 ml Rotwein
3 EL Olivenöl
8 Gewürznelken
½ TL Kümmel
½ TL Rosmarin
1 Döschen Safran (0,1 g)
1 Msp. Zimt
2 EL brauner Zucker
Meersalz
frisch gemahlener Pfeffer
Küchengarn zum Abbinden

1. **1. Tag:** Eine der Fenchelknollen in kleine Stücke schneiden und in Butter weich schmoren. Eine der beiden Orangen in 6 Spalten teilen.
2. Das Hähnchen mit dem geschmorten Fenchel und den Orangenspalten füllen und mit Küchengarn abbinden.
3. Wein, Öl, Gewürze und Zucker zu einer Marinade verrühren. Hähnchen in zwei übereinander gezogene Plastikbeutel legen, die Marinade dazugeben und es damit einreiben. Über Nacht im Kühlschrank ziehen lassen.
4. **2. Tag:** Den Backofen auf 175 °C vorheizen. Das Hähnchen in eine ofenfeste Form legen, mit der Marinade begießen und mit Salz und Pfeffer würzen. Die zweite Fenchelknolle und die Orange in Schiffchen schneiden und um das Hähnchen legen.
5. Das Hähnchen auf der mittleren Schiene des Ofens ca. 1¼ Stunden garen, der Fleischsaft sollte dann farblos. Zwischendurch mehrmals mit der Marinade begießen.

Cassoulet

Das traditionelle Eintopfgericht aus dem Languedoc ist ein Muss für alle, die Lammfleisch, herzhafte Wurst und weiße Bohnen lieben. Es ist ideal, wenn viele Leute zu Besuch kommen, weil man nichts dazu braucht – außer frisches Brot und einen grünen Salat.

6 Portionen

200 g große getrocknete weiße Bohnen
2 kg Lammschulter, -rücken oder -brust, mit Knochen
Butter zum Anbraten
250 g geräucherter Bauchspeck
2 Zwiebeln
3 Knoblauchzehen
2 EL Tomatenmark
1 Dose stückige Tomaten (400 g)
1 TL Thymian
1 EL Rosmarin
2 Lorbeerblätter
2 Gewürznelken
abgeriebene Schale von ¼ unbehandelten Orange
1 ½ TL Salz
ca. 400 g kräftig geräucherte Wurst (Mettwurst)
frisch gemahlener Pfeffer

1. Die Bohnen 8–10 Stunden in kaltem Wasser einweichen, am besten über Nacht. Das Einweichwasser abgießen.

2. Den Backofen auf 175 °C vorheizen. Das Fleisch in Stücke schneiden, mit Butter in einer Pfanne anbraten und dann zur Seite stellen.

3. Den Speck in Streifen schneiden, Zwiebeln und Knoblauch schälen und klein schneiden.

4. Speckstreifen in einem Schmortopf in Butter anbraten. Zwiebeln und Knoblauch dazugeben und kurz mitbraten. Tomatenmark, Tomaten, Gewürze und Orangenschale dazugeben.

5. Das Fleisch und die abgetropften Bohnenkerne in den Topf geben. So viel Wasser zugießen, bis alles bedeckt ist. Aufkochen lassen und den Deckel auflegen.

6. Den Schmortopf auf der mittleren Schiene des Backofens ca. 1 ½ Stunden garen, bis Fleisch und Bohnen weich sind.

7. Etwa 30 Minuten vor Ende der Garzeit die Würste im Ganzen dazugeben. Zum Schluss die Würste herausnehmen, in mundgerechte Stücke schneiden und zurück in den Topf geben. Den Eintopf mit Salz und Pfeffer abschmecken.

Rehrouladen mit Preiselbeersauce

Was könnte geeigneter sein als saftige Rehrouladen, wenn man die ganze Familie an einem verregneten Herbst- oder Wintertag einladen will? Wenn man kein Rehfleisch aus der Oberschale bekommt, kann man es auch aus der Nuss nehmen, die aus derselben Zerlegung kommt. Zu den Rouladen gibt es Salzkartoffeln mit Gewürzgurken oder den Gurkensalat von Seite 113.

4 Portionen

8 kleinere Scheiben aus der Oberschale vom Reh (ca. 500 g)
Butter zum Braten
Meersalz
frisch gemahlener Pfeffer
200 ml Preiselbeersaft
300 ml Fleischbrühe
8 Wacholderbeeren, zerstoßen
Zahnstocher

Sauce

500 ml Bratensaft
3 EL Weizenmehl
200 g Sahne
60–90 g TK-Preiselbeeren
2 TL Sojasauce
Meersalz
frisch gemahlener Pfeffer

Füllung

4 Scheiben Bacon
½ Zwiebel
2–3 EL Thymian

1. Die Baconscheiben längs teilen. Die Rouladenscheiben auf einem Brett auslegen. Die Zwiebel fein schneiden und mit Thymian und je einem Streifen Bacon auf die Rouladen geben. Die Rouladen aufrollen, mit einem Zahnstocher fixieren.

2. Rouladen nacheinander in Butter in scharf anbraten. Mit Salz und Pfeffer würzen und in einen Schmortopf geben.

3. Preiselbeersaft, Brühe und Wacholder zugeben. Einmal aufkochen lassen und die Hitze reduzieren. Im geschlossenen Topf 50–60 Minuten sanft schmoren lassen, bis das Fleisch weich ist.

4. Rouladen herausnehmen und warm stellen.

5. Sauce: Den Bratensaft durch ein Sieb passieren. Schmortopf ausspülen, Bratensaft zurück in den Topf geben und aufkochen lassen. Mehl in Sahne anrühren, unter Rühren in den Bratensaft geben und ca. 5 Minuten köcheln lassen. Preiselbeeren und Sojasauce zugeben, mit Salz und Pfeffer abschmecken.

6. Die Rouladen in die Sauce legen und nochmals erwärmen.

Boeuf bourguignon mit Perlzwiebeln und Linsen

Dieser deftige Eintopf aus dem französischen Burgund ist mit geräuchertem Speck, Perlzwiebeln, Thymian, Rotwein und Puy-Linsen schön würzig. Als Beilage eignen sich Salzkartoffeln oder Kartoffelpüree.

4 Portionen

ca. 1 kg Rindfleisch ohne Knochen, am besten von der Hochrippe
Butter zum Anbraten
Meersalz
frisch gemahlener Pfeffer
150 g geräucherter Bauchspeck
750 ml Rotwein
500 ml Rinderbrühe
2 Lorbeerblätter
2 TL Thymian
160 g Puy-Linsen
200 g Perlzwiebeln (alternativ Schalotten)
200 g Champignons
½ EL Rotweinessig
1 EL flüssiger Honig
gehackte Petersilie

1. Das Rindfleisch in Stücke schneiden und in einer Pfanne in Butter anbraten. Mit Salz und Pfeffer würzen und beiseite stellen.

2. Den Speck in Streifen schneiden und mit etwas Butter in einem Schmortopf auslassen.

3. Die angebratenen Fleischstücke in den Schmortopf geben, die Hälfte des Weins zugeben und einkochen lassen. Dann den restlichen Wein und die Brühe zugeben, erneut aufkochen und gründlich abschäumen.

4. Lorbeerblätter und Thymian zugeben und bei niedriger Hitze mit geschlossenem Deckel ca. 1½ Stunden schmoren lassen, bis das Fleisch mürbe und weich ist. Zwischendurch gelegentlich umrühren.

5. 35–40 Minuten vor Ende der Kochzeit die Linsen zugeben.

6. Währenddessen die Zwiebeln schälen und mit den Champignons in Butter anbraten. 10–12 Minuten vor Ende der Kochzeit Zwiebeln und Pilze in den Schmortopf geben.

7. Mit Essig, Honig, Salz und Pfeffer abschmecken, mit Petersilie bestreuen.

Lamm-Pie mit Dinkeldeckel

Eine Variante des englischen Shepherd's Pie mit einem Hauch marokkanischer Schärfe und einem knusprigen Dinkeldeckel anstelle des Kartoffelpürees. Dazu passt gut ein grüner Salat.

4 Portionen

Teig

300 g Dinkelmehl
½ TL Salz
2 Eigelb
50 g flüssige Butter
1 Ei zum Bestreichen

Füllung

1 Zwiebel
2 Knoblauchzehen
1 Möhre
1 kleine Süßkartoffel (150 g)
1 rote Paprika
Butter zum Andünsten
500 g Lammhack
1 TL Paprikapulver
1 Döschen Safran (0,1 g)
1 Zimtstange
1 EL Ingwer, frisch gerieben
1 TL gemahlener Kreuzkümmel
1 Dose stückige Tomaten (400 g)
100 ml Fleischbrühe
1 Dose Kichererbsen (400 g)
150 g Trockenpflaumen
½ TL Harissa
Meersalz

1. **Teig:** Das Mehl sieben und mit Salz und 100 ml Wasser in einer Küchenmaschine verkneten. Eigelbe und Butter zugeben und zu einem Teig verarbeiten. Den Teig auf Frischhaltefolie ausrollen, anschließend den Teig samt Folie einwickeln und in den Kühlschrank legen.

2. **Füllung:** Zwiebel und Knoblauch schälen und klein schneiden. Möhre und Süßkartoffel schälen und in Würfel schneiden, Paprika ebenfalls würfeln.

3. Gemüse in Butter andünsten. Die Temperatur erhöhen, das Hackfleisch dazugeben und braten, bis es fein krümelig ist. Zum Schluss die Gewürze zugeben und mitbraten. Brühe und Tomaten zugeben und bei geschlossenem Deckel 30–35 Minuten köcheln lassen.

4. Kichererbsen abspülen und größere Trockenpflaumen halbieren. Etwa 5 Minuten vor Ende der Garzeit zur Hackfleischfüllung geben. Mit Harissa und Salz abschmecken.

5. Den Backofen auf 200 °C vorheizen. Die Füllung in eine große runde, ofenfeste Form geben. Den Teig so groß ausrollen, dass er als Deckel die Form abdeckt. Die Teigplatte über die Füllung ziehen und die Ränder mit den Fingern zu einem Rand zusammendrücken.

6. Ein paar Löcher dekorativ in den Deckel schneiden, damit der Dampf entweichen kann. Wer mag, kann aus den Teigresten Ornamente zur Verzierung formen und auf den Teig drücken. Mit verquirltem Ei bestreichen. Auf der mittleren Schiene ca. 35 Minuten backen, bis der Deckel goldbraun ist.

Kabeljaufilet mit Rotweinjus und gebratenem Speck

Mit Linsen, Rotweinjus und knusprig gebratenem Speck ergibt es ein kräftiges Fischgericht, zu dem gut in Butter geschwenkter Spinat passt. Statt Linsen kann man auch Kartoffelpüree oder Topinamburpüree mit frischem Thymian dazu servieren.

4 Portionen

4 Kabeljaufilets mit Haut (à 150 g)
Butter zum Braten
Meersalz
frisch gemahlener Pfeffer
150 g geräucherter Bauchspeck

Linsen

160 g Puy-Linsen
1 Schalotte
Butter
500 ml Kalbsbrühe
1 Lorbeerblatt
frische Thymianzweige
1 Bund Petersilie
Meersalz
frisch gemahlener Pfeffer

Rotweinjus

1 Schalotte
200 ml Rotwein
50 ml Kalbsbrühe
½ EL Maisstärke
50 g Butter

1. **Linsen:** Die Linsen waschen. Die Schalotte klein schneiden und in Butter anschwitzen. Brühe, Lorbeerblatt, Thymian und Linsen zugeben. Bei geschlossenem Deckel die Linsen ca. 35–40 Minuten weich kochen. Petersilie klein schneiden und unterrühren, mit Salz und Pfeffer abschmecken.

2. **Jus:** Die Schalotte klein schneiden, zusammen mit Wein und Brühe ca. 5 Minuten köcheln lassen. Die Maisstärke in etwas Wasser anrühren und in den Jus geben. 2 Minuten leicht kochen lassen. Vor dem Servieren den Jus aufwärmen und die Butter stückweise unterrühren.

3. Den Speck in feine Streifen schneiden und knusprig ausbraten. Auf Küchenpapier abtropfen lassen.

4. **Fisch:** Den Backofen auf 150 °C vorheizen. Fischfilets auf der Hautseite kurz in Butter anbraten, salzen und pfeffern. Auf ein mit Backpapier ausgelegtes Blech legen. Ein Bratenthermometer in die Filets hineinstecken und auf der mittleren Schiene im Ofen weitergaren, bis das Thermometer 47 °C anzeigt.

5. Linsen und Kabeljaufilets auf Tellern anrichten, mit Speckstreifen garnieren und mit dem Rotweinjus servieren.

Lammhaxen in Wein mit Knoblauch

Ein Lieblingsgericht unserer Familie ist die Lammkeule, die im Ofen in Wein geschmort wird. Eine Variation davon sind die portionierten Lammhaxen, die genauso wunderbar kräftig schmecken. Das gestampfte Wurzelgemüse von Seite 69 passt ebenso gut dazu wie eines der Gratins von Seite 66.

6 Portionen

6 Lammhaxen
Butter zum Anbraten
Meersalz
frisch gemahlener Pfeffer
2 große Möhren
2 rote Zwiebeln
2 ganze Knoblauchknollen
3 Lorbeerblätter
frische Rosmarinzweige
frische Thymianzweige
1 EL brauner Zucker
400 ml Rotwein

1. Den Backofen auf 200 °C vorheizen. Lammhaxen von allen Seiten mit Butter in einer Pfanne kräftig anbraten, mit Salz und Pfeffer würzen. Die Haxen in eine große ofenfeste Form legen.

2. Möhren schälen und in Stücke schneiden, Zwiebeln schälen und in Ringe schneiden. Die Knoblauchknollen halbieren.

3. Möhren, Zwiebeln, Knoblauchhälften, Lorbeerblätter und Kräuterzweige um die Lammhaxen legen. Den Zucker darüber streuen und mit Wein angießen.

4. Die Form mit Aluminiumfolie abdecken. Das Fleisch ca. 1 ¾ Stunden im Ofen garen, bis es weich ist und sich vom Knochen löst. Dabei die Haxen mehrmals mit dem Sud übergießen.

5. Die Folie entfernen und die Haxen weitere 20-30 Minuten braten, bis sie knusprig braun sind.

Wildbraten mit Schwarzbier-Johannisbeersauce
und Gurkensalat

Zum klassischen Sonntagsbraten gibt es Rahmsauce und Gurkensalat. Als Beilage kann man das geröstete Wurzelgemüse von Seite 69 servieren.

6 Portionen

ca. 1,5 kg Wildfleisch ohne Knochen, z. B. aus der Hüfte, Oberschale,
75 ml Sojasauce
100 ml Schwarzer Johannisbeersirup
1 Flasche Porter (Schwarzbier), 33 cl
1 TL Instant-Fleischbrühe
1 große Zwiebel, in Achtel geschnitten
1 Möhre, in Stücke geschnitten
8 Wacholderbeeren, zerstoßen
10 schwarze Pfefferkörner
1 TL Thymian
Küchengarn zum Abbinden

Johannisbeersauce

800 ml Schmorflüssigkeit
200 g Sahne
4 EL Weizenmehl
3 EL Ebereschen- oder Johannisbeergelee

1. Den Braten mit Küchengarn zusammenbinden.

2. Sojasauce, Saft, Bier und Brühe in einen großen Schmortopf geben. Zwiebel, Möhre und Gewürze ebenfalls zugeben.

3. Den Braten hineinlegen und auf dem Herd aufkochen. Die Hitze reduzieren und bei niedriger Temperatur ca. 1,5 Stunden bei geschlossenem Deckel schmoren lassen. Den Braten gelegentlich mit der Flüssigkeit begießen. Wenn Sie ein Bratenthermometer benutzen, dann an der dicksten Stelle des Bratens einstechen. Bei 75 °C ist der Braten fertig.

4. Mindestens 15 Minuten in der Flüssigkeit ruhen lassen. Den Braten herausnehmen und in Aluminiumfolie einwickeln.

5. **Sauce:** Die Schmorflüssigkeit passieren und abmessen, eventuell mit Wasser auf 800 ml auffüllen. Zusammen mit der Sahne aufkochen. Das Mehl in 100 ml Wasser anrühren, die Sauce damit andicken und ca. 5 Minuten köcheln lassen. Das Gelee unterrühren und mit Salz und Pfeffer abschmecken.

6. Den Braten in dünnen Scheiben aufschneiden und mit Sauce, Salat und dem Wurzelgemüse servieren.

Gurkensalat nach schwedischer Art

6 Portionen

1 Salatgurke
3 TL Salz
2 EL Essigessenz (12 %)
2 EL Zucker
frisch gemahlener weißer Pfeffer
2 EL Petersilie, gehackt

1. Die Gurke in dünne Scheiben hobeln und in eine Schüssel geben, Salz untermengen. Mit einem Teller abdecken und beschweren. Etwa 30 Minuten ziehen lassen, dann die Flüssigkeit auspressen.

2. Essigessenz, 100 ml Wasser, Zucker, Pfeffer und Petersilie verrühren, über die Gurkenscheiben geben und untermengen. Vor dem Servieren 1 Stunde ziehen lassen.

Entenbrust
mit Trockenfrüchten

Früchte sind klassische Begleiter von Geflügelgerichten. Kartoffelpüree oder gebackene Wurzelgemüse von Seite 69 passen gut dazu, ebenso das Gratin auf Seite 66.

4 Portionen
2 Entenbrüste (à 300 g)
Meersalz
frisch gemahlener Pfeffer
Butter

Früchte in Rotwein
250 g gemischte Trockenfrüchte
½ Flasche Rotwein (0,35 l)
12 Perlzwiebeln (alternativ Schalotten)
3 EL Butter und etwas für die Pfanne
Meersalz
frisch gemahlener Pfeffer

1. Trockenfrüchte ca. 24 Stunden in 500 ml Wasser und dem Wein einweichen.

2. Den Backofen auf 200 °C vorheizen. Eingeweichte Früchte mit der Marinade in eine ofenfeste Form geben.

3. Zwiebeln schälen, in Butter anbräunen und ebenfalls in die Form legen. Salzen und pfeffern und 3 EL Butter darüber verteilen.

4. Form mit Aluminiumfolie abdecken und im Ofen auf der mittleren Schiene ca. 35 Minuten garen. Dabei mehrmals die Früchte und Zwiebeln mit der Flüssigkeit gut durchmischen.

5. Mit einem scharfen Messer ein Rautenmuster in die Haut der Entenbrüste schneiden, mit Salz und Pfeffer würzen. Eine Pfanne stark erhitzen, etwas Butter darin schmelzen lassen. Die Temperatur reduzieren und die Entenbrüste mit der Hautseite nach unten hineinlegen. 5 Minuten anbraten, wenden und weitere 3 Minuten braten.

6. Entenbrüste in Aluminiumfolie einwickeln und ca. 5 Minuten ruhen lassen. Dann in dünne Scheiben schneiden und mit Früchten und Sauce anrichten. Mit Püree, Wurzelgemüse oder Gratin servieren.

Fisch aus dem Ofen mit Sesamkruste und Asiasauce

Einen ganzen Fisch im Ofen zu haben, ist immer etwas besonders Schönes. Und wenn es draußen kalt ist und stürmt, tut es gut, sich mit asiatischen Gewürzen aufzuwärmen. Zum Fisch gibt es Reis oder Kartoffelpüree, ganz nach Wunsch.

4 Portionen
2 ganze, küchenfertige Fische, z. B. Zander (à ca. 600 g)
Meersalz
1 Limette
frischer Koriander
Sonnenblumenöl
2–3 EL Sesamsamen
ca. 200 g Brokkoli
ca. 100 g Shiitake-Pilze

Garnierung
3 Frühlingszwiebeln, in Streifen geschnitten
1 rote Chilischote, in feine Streifen geschnitten
Koriandergrün, gehackt
Limettenspalten

Dressing
2 Knoblauchzehen, in Scheiben geschnitten
1 rote Chilischote, entkernt und fein gehackt
2 EL Sonnenblumenöl
3 EL frischer Ingwer, fein gehackt
150 ml Sojasauce
1 EL Reisweinessig
2 TL Fischsauce
1 TL brauner Zucker
2 TL Sesamöl

1. Den Backofen auf 200 °C vorheizen. Die Fische abwaschen und trocken tupfen. Die Haut quer zum Fisch dreimal leicht einschneiden.

2. Salz in das Fischinnere verteilen und Limettenscheiben sowie Korianderzweige hineingeben. Außen mit Öl und Salz einreiben und mit Sesam bestreuen. Dann in eine gebutterte ofenfeste Form legen.

3. Brokkoli in Röschen zerteilen, den Strunk in Scheiben schneiden. Röschen und Pilze mit 2 EL Öl und etwas Salz vermischen und um den Fisch herumlegen. Im Backofen auf der mittleren Schiene ca. 25 Minuten backen, die Gräten sollten sich lösen lassen.

4. **Sauce:** Öl in einem Topf erhitzen, Knoblauch, Chili und Ingwer zugeben und ein paar Minuten leicht anbraten, ohne dass es braun wird. Sojasauce, Essig, Fischsauce, Zucker und Sesamöl zugeben und vorsichtig erhitzen.

5. **Servieren:** Die Fische mit Frühlingszwiebeln, Koriander und Limettenspalten anrichten, zusammen mit Sauce und Reis servieren.

Hackbällchen mit Waldpilzen

Als Schwedin mache ich meine „köttbullar" am liebsten aus Elchfleisch. Um den herrlichen Wildgeschmack zu unterstreichen, würze ich sie mit getrockneten Pilzen, Thymian und Wacholderbeeren. Dazu passt gut eine einfache, mit Gelee abgeschmeckte Sauce sowie gerösteter Rotkohl und Kartoffelpüree oder Salzkartoffeln.

4 Portionen
10 g getrocknete Waldpilze
1 kleine Zwiebel
Butter zum Anschwitzen
400 g Hackfleisch (von Elch oder Rind)
200 g Schweinehack
1 EL Thymian
6 Wacholderbeeren, zerstoßen
1 Ei
½ EL Instant-Fleischbrühe
50 ml Mineralwasser
1 EL Salz
frisch gemahlener Pfeffer

Sauce
400 g Crème fraîche
1 TL Instant-Fleischbrühe
1 TL Sojasauce
3 EL Eberesche- oder Johannisbeergelee

1. Pilze einige Zeit in warmen Wasser einweichen. Dann abgießen und klein schneiden. Zwiebel schälen, fein würfeln und in Butter farblos anschwitzen. Abkühlen lassen.

2. Hackfleisch mit Pilzen, Zwiebel, Gewürzen, Ei, Brühe, Wasser, Salz und Pfeffer vermengen.

3. Die Hände mit kaltem Wasser anfeuchten und die Hackfleischmasse zu kleinen runden Hackbällchen formen. Die Klößchen auf ein mit Wasser abgespültes Brett legen.

4. Hackbällchen in einer Pfanne in mehreren Portionen hintereinander in Butter braten. Dabei öfter wenden. Die Temperatur reduzieren weitere 3–5 Minuten braten.

5. **Sauce:** Crème fraîche mit Brühe, Sojasauce und Gelee verrühren und kurz aufkochen.

Gerösteter Rotkohl mit Äpfeln

Zu dieser Jahreszeit kann man in all den herrlichen Kohlsorten richtig schlemmen. Ich „röste" meinen Kohl auch gerne im Ofen, dann schmeckt er nicht nur schön frisch, sondern ist auch sehr cremig.

4 Portionen
500 g Rotkohl, in Stücke geschnitten
2 rote Zwiebeln, geachtelt
2 EL Rapsöl
Meersalz
3 kleine rote Äpfel, entkernt und geviertelt
75 g Walnüsse

1. Den Backofen auf 225 °C vorheizen. Kohl und Zwiebeln auf ein mit Backpapier ausgelegtes Blech legen, mit Öl und Salz vermischen. Im Backofen auf der mittleren Schiene 20–25 Minuten backen.

2. Äpfel etwa 10 Minuten vor Ende der Garzeit mit den geteilten Walnusskernen auf den Rotkohl legen.

Geschmortes Rinderfilet in 3-Pfeffer-Sauce

Ein Klassiker, mit dem man immer Erfolg hat. Obwohl die Sauce aus drei Pfeffersorten besteht, ist sie nicht scharf, nur schön kräftig. Schauen Sie, dass Sie vom Rinderfilet ein Mittelstück kaufen, damit der Braten gleichmäßig dick ist und überall dieselbe Garzeit benötigt. Dazu passen gut die Gratins von Seite 66 oder auch die Ofenkartoffeln mit Sesamkruste von Seite 71.

4 Portionen
600 g Rinderfilet, vom Mittelstück
Butter zum Anbraten
Meersalz
frisch gemahlener Pfeffer

Pfeffersauce
2 Schalotten
2 Knoblauchzehen
1 kleine Flasche Portwein (37,5 cl)
100 ml Kalbsbrühe
1 TL Sojasauce
2 TL eingelegter grüner Pfeffer
1 TL rosa Pfeffer, grob geschrotet
1 TL schwarzer Pfeffer, grob geschrotet
1 ½ EL Maisstärke
50 g Butter

1. Das Rinderfilet in Butter kräftig anbraten, salzen und pfeffern und ein Bratenthermometer hineinstecken.

2. Zwiebeln und Knoblauch schälen und klein schneiden. Mit Portwein, Brühe, Sojasauce und den Pfeffersorten in einer großen Schmorpfanne aufkochen.

3. Filet hineinlegen und bei schwacher Hitze zugedeckt sanft schmoren lassen, bis das Thermometer 57 °C erreicht hat. Dabei das Fleisch mehrmals begießen.

4. Fleisch herausnehmen und in Aluminiumfolie einwickeln. 10 Minuten ruhen lassen. Vor dem Servieren in Scheiben schneiden.

5. Maisstärke in etwas Wasser auflösen. Bratensauce aufkochen, angerührte Stärke in die Sauce einrühren und 2 Minuten weiter köcheln. Butter in kleinen Stücken in die Sauce einrühren, sie darf nicht mehr kochen.

Putenbrust mit Aprikosenfüllung

Trockenfrüchte gehören zur Winterzeit. Zu dieser Jahreszeit passen gut getrocknete Aprikosen, um Geflügel oder Schweinefleisch zu füllen oder zu spicken. Die klassischen Beilagen zu diesem Sonntagsessen sind Rahmsauce und gekochter Rosenkohl. Gut schmecken dazu auch das Wurzelgemüse aus dem Ofen von Seite 69 oder die Ofenkartoffeln von Seite 71.

6 Portionen

2 Putenbrüste (ca. 1 kg)
Meersalz
frisch gemahlener Pfeffer
25 g zerlassene Butter
140 g Bacon
Küchengarn

Füllung

1 Zwiebel
Butter zum Anbraten
100 g getrocknete Aprikosen
abgeriebene Schale von 1 unbehandelten Zitrone
3 EL Mango-Chutney
2 TL getrockneter Salbei
2 TL Thymian
Meersalz
frisch gemahlener Pfeffer
1 Ei

Sauce

600 ml Hühnerbrühe
3 EL Weizenmehl
100 g Sahne
1 TL Sojasauce
2 EL Sherry oder Madeira
Meersalz
frisch gemahlener Pfeffer

1. **Füllung:** Die Zwiebel schälen, hacken und in Butter anbraten. Abkühlen lassen. Die Aprikosen klein schneiden. Zwiebel, Aprikosen, Zitronenschale, Chutney, Kräuter sowie Salz und Pfeffer miteinander vermengen. Die Füllung soll recht kräftig gewürzt sein. Ein leicht verquirltes Ei unterrühren.

2. **Putenbrust:** Putenbrüste jeweils längs einschneiden, mit Salz und Pfeffer würzen. Die Füllung in die eingeschnittene Tasche geben und mit Küchengarn zubinden.

3. Putenbrüste mit zerlassener Butter bestreichen und mit Baconscheiben umwickeln. Ein Fleischthermometer einstecken. Beachten Sie, dass es im Fleisch und nicht in der Füllung steckt. Wenn das Putenfleisch gar ist, ist der Fleischsaft klar.

4. Den Backofen auf 175 °C vorheizen. Putenbrüste in eine ofenfeste Form legen. Auf der unteren Schiene im Ofen garen, bis das Thermometer 72 °C erreicht hat.

5. Herausnehmen und mit Folie abgedeckt 5–10 Minuten ruhen lassen. Vor dem Servieren in Scheiben aufschneiden.

6. **Sauce:** Wenn sich beim Braten Schmorsaft gebildet hat, diesen entfetten und zur Brühe zugeben.

7. Das Mehl in 100 ml Wasser auflösen. Die Brühe aufkochen und das angerührte Mehl unter Rühren in die Sauce geben. Sahne und Sojasauce unterrühren. Die Sauce noch ca. 5 Minuten köcheln lassen. Dann Sherry oder Madeira zugeben, mit Salz und Pfeffer abschmecken.

Pernod-Fischsuppe mit Safran und Aïoli

Eine Fischsuppe ist immer etwas Gutes. Und sie eignet sich hervorragend als Gästeessen, weil man das Meiste vorher in Ruhe zubereiten kann und vor dem Servieren nur kurz den Fisch und die Schalentiere zugeben muss. Etwas Aïoli ist das Tüpfelchen auf dem i – nicht zu vergessen ein leckeres Brot dazu. Auch geröstete Baguettescheiben mit Olivenöl und Meersalz sind köstlich dazu. Wenn man keine frischen Muscheln findet, nimmt man stattdessen 200 g gepuhlte Krabben. Als besondere Delikatesse kann man obenauf ein paar Meereskrebse zum Garnieren anrichten.

4 Portionen

ca. 500 g weißes Fischfilet mit festem Fleisch, z. B. Seeteufel, Seewolf, Heilbutt
ca. 500 g frische Miesmuscheln
1 Zwiebel
3 Knoblauchzehen
1 Fenchel
4–5 große Tomaten
4 fest kochende Kartoffeln
1 unbehandelte Orange
Olivenöl zum Anbraten
1 Döschen Safran (0,1 g)
3 Lorbeerblätter
1,5 l Fischfond
200 ml Weißwein
Meersalz
Tabasco
2 EL Pernod

Zum Servieren

Die Aïoli von Seite 19, ohne die Orangenschalen. Statt Harissa kann man Tabasco nehmen, wenn man mag

1. Die Aïoli zubereiten.

2. Fischfilets in größere Stück schneiden.

3. Muscheln unter fließendem kalten Wasser abbürsten, den Bart entfernen und eventuellen Schmutz abkratzen. Bereits geöffnete Muscheln und solche, die sich beim Anklopfen nicht mehr schließen, wegwerfen.

4. Zwiebel und Knoblauch schälen und klein schneiden. Fenchel in Streifen schneiden. Tomaten abbrühen und häuten, halbieren, die Kerne entfernen und in Spalten schneiden. Kartoffeln schälen und würfeln. Von der Orange die Hälfte der Schale grob mit dem Kartoffelschäler abschälen.

5. Zwiebeln, Knoblauch und Fenchel in Olivenöl anbraten, ohne dass sie braun werden. Tomaten, Orangenschale, Safran und Lorbeerblätter zugeben, ca. 5 Minuten im geschlossenen Topf köcheln lassen.

6. Fond und Wein zugeben und noch einige Minuten weiterköcheln lassen. Kartoffelwürfel zugeben und 10–15 Minuten mitkochen. Mit Salz und Tabasco abschmecken.

7. Pernod, Fischstücke und Muscheln in die Suppe geben. Im geschlossenen Topf etwa 5 Minuten köcheln, bis die Muscheln sich öffnen.

Winterkompott mit Trockenfrüchten

Kompott aus Trockenfrüchten ist eine liebe Kindheitserinnerung. Dies hier ist eine edle, französisch inspirierte Variante, bei der die Früchte in Rotwein und mit kräftigen Wintergewürzen aufgekocht werden. Genießen Sie das Kompott lauwarm zusammen mit etwas angeschlagener Sahne.

6 Portionen
500 g getrocknete Feigen
200 g getrocknete Aprikosen
200 g getrocknete Pflaumen
700 ml Rotwein
1 Zweig Thymian
4 Gewürznelken
1 Zimtstange
1 Stück frischer Ingwer (50 g)
3 EL brauner Zucker
1 Döschen Safran (0,1 g)
3 EL englische Orangenmarmelade

Zum Servieren
angeschlagene Sahne

1. Früchte, Wein, Thymian, Nelken, Zimt, Ingwer und Zucker in einen Topf geben. Bei kleiner Hitze im geschlossenen Topf ca. 1 Stunde köcheln lassen. Gelegentlich umrühren.

2. Die Früchte mit einem Schaumlöffel herausholen, in eine Schüssel geben und warm halten.

3. Marmelade und Safran mit dem Sud vermischen und einige Minuten zusammen aufkochen, bis der Sud etwas eingedickt ist.

4. Abschmecken und den Sud über die Früchte gießen.

Crème brûlée mit Zimt

Eines meiner Lieblingsdesserts, das mich immer von Frankreich träumen lässt. Während der kalten Jahreszeit gebe ich etwas Zimt an die Zuckerkruste.

4 Portionen
300 g Sahne
100 ml Vollmilch
65 g Zucker
4 Eier (Gr. L)
½ EL Zimt
ca. 2 EL brauner Zucker

1. Den Backofen auf 150 °C vorheizen. Sahne, Milch und Zucker in einem Topf vermischen und aufkochen.

2. Die Eier trennen, die Eigelbe in einer Schüssel verquirlen. Unter kräftigem Rühren die Sahnemilch zugießen und Zimt unterrühren. Die Mischung in vier Schälchen mit je 150 ml Fassungsvermögen gießen.

3. Die Schälchen auf ein tiefes Blech stellen. So viel kochend heißes Wasser auf das Blech gießen, bis die Förmchen halb im Wasser stehen.

4. Im Ofen auf der unteren Schiene 50–60 Minuten stocken lassen. Die Masse sollte in der Mitte noch etwas flüssig sein, sie wird beim Erkalten fest. Die Schälchen einige Stunden abkühlen lassen.

5. **Zum Servieren:** Braunen Zucker auf die Desserts streuen und kurz mit einem Flambierbrenner zur Kruste karamellisieren.

Winterclementinen mit Marzipansahne

Etwas Eingekochtes ist ein dankbarer Vorratsschatz im Kühlschrank, aber auch ein hübsches Geschenk aus der eigenen Küche. Ich serviere die Früchte gern mit cremiger Marzipansahne, aber auch Vanilleeis schmeckt gut dazu.

4 Portionen
8 kleine Clementinen
1 Vanilleschote
140 g Zucker
1 Döschen Safran (0,1 g)
1 Zimtstange
3 Gewürznelken
1 Sternanis

Marzipansahne
300 g Sahne
100 g Marzipanrohmasse

1. Die Clementinen mit einem Messer bis unter die weiße Haut schälen. Die Früchte in eine tiefe Schüssel oder ein Einmachglas legen.

2. Die Vanilleschote längs aufschlitzen und das Mark auskratzen. 600 ml Wasser erhitzen, Zucker, Vanillemark und Gewürze dazugeben und einige Minuten darin köcheln.

3. Die warme Lake über die Clementinen gießen. Abkühlen lassen und bei verschlossenem Deckel mindestens 4 Stunden durchziehen lassen.

4. **Marzipansahne:** Die Sahne steif schlagen. Das Marzipan grob reiben und unter die Sahne mischen.

Lakritz-Brownies

Brownies in Muffinform mit einem raffinierten, milden Lakritzgeschmack. Servieren Sie die Brownies frisch gebacken und lauwarm, damit sie innen noch schön klebrig-feucht sind. Frische Beeren und ein kleiner Löffel Crème fraîche schmecken gut dazu. Wer Lakritze nicht mag, kann sie durch 3 EL Instant-Espressopulver ersetzen.

6 Stück
250 g Bitterschokolade (mind. 70 % Kakaogehalt)
250 g Butter und etwas für die Form
ca. 150 g weiche Lakritzbonbons (ca. 8 Stück)
4 Eigelb
4 Eier
90 g brauner Zucker
50 g Weizenmehl

1. Den Backofen auf 225 °C vorheizen. Ein Muffinblech mit 6 Vertiefungen (mit je 200 ml Fassungsvermögen) einfetten und mit Mehl ausstäuben.

2. Die Schokolade mit der Butter bei schwacher Hitze schmelzen. Lakritzbonbons in möglichst kleine Stücke zerhacken und unter die Schokoladencreme rühren.

3. Eigelbe, Eier und Zucker mit der Hand verrühren, ohne dass Luft eingeschlagen wird. Mehl über die Eiermischung sieben und unterrühren. Die Eiermischung mit der Schokoladencreme verrühren.

4. Den Teig gleichmäßig in die Muffinformen verteilen.

5. Auf der mittleren Schiene ca. 8 Minuten backen. Ein paar Minuten ruhen lassen, dann aus der Form stürzen. Frisch gebacken servieren.

Brownies mit Cognac

Cognac und Bitterschokolade ergänzen sich geschmacklich immer gut, auch in den Schokoladen-Brownies.

6 Stück
250 g Bitterschokolade (mind. 70 % Kakaogehalt)
250 g Butter und etwas für die Form
4 Eigelb
4 Eier
90 g brauner Zucker
2 EL Cognac
50 g Weizenmehl
6 Schokoladentrüffel, am besten mit Cognacgeschmack

1. Den Backofen auf 225 °C vorheizen. Ein Muffinblech mit 6 Vertiefungen (mit je 200 ml Fassungsvermögen) einfetten und mit Mehl ausstäuben.

2. Die Schokolade mit der Butter bei schwacher Hitze schmelzen.

3. Eigelbe, Eier und Zucker mit der Hand verrühren, ohne dass Luft eingeschlagen wird. Das Mehl über die Eiermischung sieben und unterrühren. Die Schokoladencreme mit der Eiermischung verrühren.

4. Den Teig gleichmäßig in die Muffinformen verteilen. In jede Form einen Trüffel drücken.

5. Auf der mittleren Schiene ca. 8 Minuten backen. Ein paar Minuten ruhen lassen, dann aus der Form stürzen. Frisch gebacken servieren.

Orangen-Tiramisu mit Kardamom

Während der kalten Jahreszeit liebe ich es, ein winterliches Tiramisu mit Orangen und frisch zerstoßenen Kardamomsamen zu machen.

6 Portionen

2 Orangen
1 Vanilleschote
3 Eier
90 g Puderzucker
abgeriebene Schale von
1 unbehandelten Orange
1 TL Kardamomsamen
375 g Mascarpone
75 ml kalter Espresso
75 ml Grand Marnier
ca. 15 Löffelbiskuits
Kakaopulver

1. Die Orangen bis unter die weiße Haut schälen und mit einem Messer das Fruchtfleisch zwischen den Trennhäuten herausschneiden.

2. Die Vanilleschote längs aufschlitzen und das Mark auskratzen. Die Eier trennen. Eigelbe mit Puderzucker und dem Vanillemark schaumig aufschlagen. Kardamomsamen im Mörser zerstoßen, zusammen mit der Orangenschale der Eigelbmasse zufügen. Mascarpone vorsichtig unterrühren, bis eine glatte Creme entsteht.

3. Eiweiß zu Schnee schlagen und vorsichtig unter die Creme ziehen.

4. Den Espresso mit dem Likör mischen.

5. Den Boden einer Dessertform mit Löffelbiskuits auslegen. Mit der Hälfte der Espressomischung beträufeln. Eine Schicht Mascarponecreme darauf streichen, Orangenfilets darüber legen. Die Schichten wiederholen: Löffelbiskuits, Espressomischung, Orangen und zum Schluss eine Schicht Mascarponecreme.

6. Kakaopulver über das Tiramisu sieben. Abgedeckt einige Stunden im Kühlschrank durchziehen lassen. Vor dem Servieren nochmals mit etwas Kakao bestäuben.

Mousse au Chocolat
mit Feigen und Meersalz

Kontraste sind einfach spannend. Hier erhält die süße Mousse au Chocolat mit Feigen eine Prise Meersalz.

4 Portionen

Karamellisierte Feigen
3 Feigen
25 g Butter
2 EL brauner Zucker

Mousse
300 g Sahne
150 g Bitterschokolade (mind. 70 % Kakaogehalt)
3 Eigelb
1 TL Meersalz

1. **Mousse:** Die Sahne steif schlagen.

2. Die Schokolade in Stücke brechen und über dem Wasserbad schmelzen.

3. Die Eigelbe in einer Schüssel verrühren. Die geschmolzene Schokolade unter kräftigem Rühren zugeben. Anschließend die Sahne zunächst nur in kleiner Menge, dann den Rest unterheben. Das Salz untermengen.

4. Mousse in Gläsern oder in Tassen verteilen. Vor dem Servieren ein paar Stunden im Kühlschrank steif werden lassen.

5. **Feigen:** Die Feigen in Spalten schneiden. Zusammen mit Butter und Zucker in eine beschichtete Pfanne geben, bei niedriger Temperatur erhitzen, bis die Feigen karamellisieren. Mousse mit den Feigen garnieren.

Mousse au Chocolat
mit karamellisierten Birnen

Eine Mousse au Chocolat ist für mich der reinste Genuss. Diese bekommt ihren raffinierten Geschmack durch Orangen, frischen Ingwer und Pistazien, die gut mit den karamellisierten Birnen harmonieren.

4 Portionen

Karamellisierte Birnen
2 feste Birnen
25 g Butter
2 EL brauner Zucker

Mousse
200 g Sahne
100 g Bitterschokolade (mind. 70% Kakaogehalt)
2 Eigelb
1 TL abgeriebene Schale von 1 unbehandelten Orange
3 EL frischer Ingwer, gerieben
65 g Pistazien, gehackt

1. **Birnen:** Die Birnen schälen und in Spalten schneiden. Bei schwacher Hitze in Butter weich dünsten. Zum Schluss den Zucker unterrühren und weiter erhitzen, bis sie karamellisieren. Erkalten lassen.

2. **Mousse:** Die Sahne steif schlagen.

3. Die Schokolade in Stücke brechen und über dem Wasserbad schmelzen.

4. Die Eigelbe in einer Schüssel verrühren. Die geschmolzene Schokolade unter kräftigem Rühren zugeben. Anschließend die Sahne zunächst nur in kleiner Menge, dann den Rest unterheben. Orangenschale, Ingwer und Pistazien untermengen.

5. Die Birnen (bis auf einige Stücke zum Garnieren) in Gläsern oder in Tassen verteilen. Mousse darüber verteilen. Vor dem Servieren ein paar Stunden im Kühlschrank steif werden lassen. Mit den restlichen Birnenstücken beim Servieren garnieren.

Gratinierte Früchte
mit Mandelsplittern

Auch ein warmer Obstsalat vermittelt ein wenig Wärme zu dieser Jahreszeit. Die Früchte lassen sich gut im Voraus vorbereiten, dann müssen sie nur noch kurz vor dem Servieren in den Ofen. Zu den warmen Früchten passt eine Kugel Vanilleeis, die mit Zimt bestäubt wird.

4 Portionen
2 Kiwis
2 Sharonfrüchte (alternativ Kaki)
1 Papaya
4 Feigen
ca. 20 Weintrauben
3 EL brauner Zucker
1 EL Vanillezucker
50 g Mandelsplitter
Butter für die Form

1. Den Backofen auf 225 °C vorheizen. Kiwi, Sharonfrüchte, Papaya und Feigen in Spalten schneiden. Trauben halbieren und eventuell Kerne entfernen.

2. Kleine ofenfeste Schälchen oder eine große Form mit Butter einfetten. Die Früchte darin verteilen. Zucker, Vanillezucker und Mandelsplitter mischen und über die Früchte streuen.

3. Auf der mittleren Schiene ca. 15 Minuten überbacken.

Orientalischer Obstsalat
mit Granatapfel

Einen frischen Obstsalat kann man immer anbieten. Die Zutaten für diese Mischung kommen aus dem Orient: Granatapfel, Zitrusfrüchte, Datteln, Nüsse und Minze. Dazu schmecken Vanilleeis oder etwas türkischer Joghurt gut.

4 Portionen
1 Granatapfel
3 Orangen
1 rote Grapefruit
2 Kiwis
1 Mango
2 frische Feigen
8 frische Datteln
50 g Walnüsse
2–3 EL Minze, gehackt
1 EL flüssiger Honig

1. Den Granatapfel teilen und die Kerne mit einem kleinen Löffel oder Messer in eine Schüssel herausbröckeln. Die weißen Häutchen abzupfen, denn sie sind bitter.

2. Die Schale der Orangen und Grapefruit bis unter die weiße Haut abschälen. Das Fruchtfleisch zwischen den Trennhäuten herausschneiden. Die Kiwis schälen und in Spalten schneiden, die Mango schälen und in Stücke schneiden.

3. Die Feigen in Spalten schneiden, Datteln entkernen und in kleinere Stücke schneiden. Die Nüsse grob hacken.

4. Die Früchte mit Nüssen, Minze und Honig mischen. Obstsalat anrichten und mit den Granatapfelkernen bestreuen.

Joghurt-Panna-Cotta mit Sanddorn

Viele von uns lieben den italienischen Sahnepudding. Im Sommer mögen wir frische Beeren dazu am liebsten, für die Herbst- und Winterzeit passt eine Glasur aus warmrotem Sanddorngelee und Kardamom am besten. Ich mische gern Joghurt in die Masse, damit die Panna-Cotta nicht so fettreich wird. Aber wer einen klassischen Sahnepudding liebt, lässt den Joghurt weg und nimmt stattdessen 500 g Sahne.

4 Portionen
2 Blatt Gelatine
1 Vanilleschote
200 g Sahne
45 g Zucker
1 TL Kardamomsamen, frisch zerstoßen
300 g Naturjoghurt (3,5 % Fett)

Glasur
7 EL Aprikosenkonfitüre
7 EL TK-Sanddornbeeren
(alternativ anderes Beerenobst)

1. Die Gelatineblätter in kaltem Wasser ca. 5 Minuten einweichen.

2. Die Vanilleschote längs aufschlitzen und das Mark auskratzen. Sahne mit Vanillemark, Zucker und Kardamom einige Minuten sanft köcheln. Von der Kochstelle nehmen, die ausgedrückte Gelatine darin auflösen und den Joghurt unterrühren.

3. Die Panna-Cotta in Gläser oder Tassen verteilen. Mindestens 4 Stunden im Kühlschrank fest werden lassen.

4. Nach der Hälfte der Zeit kann die Glasur darüber gegossen werden. Dazu die Konfitüre vorsichtig in einem kleinen Topf erhitzen. Die Sanddornbeeren einrühren. Abkühlen lassen und mit dem Löffel über die Panna-Cotta geben. Zurück in den Kühlschrank stellen.

Birnen-Tarte mit warmer Espressosauce

Ein Gruß vom Lande ist diese Dinkel-Tarte mit Birnen, Walnüssen und Honig. Zu der lauwarmen Tarte, die frisch aus dem Ofen kommen kann, serviere ich Vanilleeis und eine warme, gehaltvolle Schokoladensauce mit Espressoaroma. Voilà!

8 Stücke

Teig
180 g Dinkelmehl
2 EL brauner Zucker
150 g Butter

Füllung
700 g Birnen
75 g Walnüsse
90 g brauner Zucker
1 EL Kartoffelstärke
2 EL Butter
2 EL flüssiger Honig

1. Das Mehl sieben, mit Zucker und Butter schnell zu einer krümeligen Masse verrühren, am besten mit der Küchenmaschine. 2 EL kaltes Wasser dazugeben und zu einem Teig verarbeiten. In Folie gewickelt ca. 1 Stunde im Kühlschrank ruhen lassen.

2. Die Birnen in kleinere Stücke schneiden, Nüsse grob hacken. Birnenstücke, Nüsse, Zucker und Kartoffelstärke vermischen.

3. Den Backofen auf 225 °C vorheizen. Teig auf einer mit Mehl bestreuten Fläche zu einem Kreis von ca. 35 cm Durchmesser ausrollen.

4. Teig auf ein Nudelholz aufrollen und beim Abrollen in eine gefettete Springform (24–26 cm Durchmesser) legen.

5. Die Füllung auf dem Teig verteilen und überhängende Teigränder zur Mitte hin einschlagen. Mit ein paar Butterflöckchen belegen und mit Honig beträufeln.

6. Auf der mittleren Schiene 30–35 Minuten backen. Vor dem Servieren eine Weile abkühlen lassen und zusammen mit Espressosauce und Vanilleeis servieren.

Espressosauce

8 Portionen
200 g Sahne
1 EL brauner Zucker
150 g Bitterschokolade (mind. 70% Kakaogehalt)
2 TL Instant-Espresso

1. Die Sahne und den Zucker in einen Topf geben. Bei schwacher Hitze unter Rühren aufkochen. Den Topf von der Kochstelle nehmen.

2. Die Schokolade in kleine Stücke zerbrechen und mit dem Instant-Espresso in die Sahne geben. So lange unterrühren, bis die Schokolade geschmolzen ist. Die Sauce warm oder lauwarm servieren.

Tosca-Äpfel

Ein schwedischer Klassiker aus Großmutters Zeiten. Die gratinierten Äpfel werden lauwarm mit angeschlagener Sahne serviert.

4 Portionen

4 Äpfel, geschält, halbiert, Kerngehäuse entfernt
90 g Zucker

Tosca-Masse

50 g Butter und etwas für die Form
50 g Mandelsplitter
45 g Zucker
1 EL Weizenmehl
1 EL Sahne

1. Den Ofen auf 225 °C vorheizen. Den Zucker in 300 ml Wasser aufkochen, die Äpfel darin fast gar dünsten. Herausnehmen und abtropfen lassen. Mit der Schnittfläche nach unten in eine gebutterte ofenfeste Form setzen.

2. Butter schmelzen, Mandeln, Zucker, Mehl und Sahne zugeben. Bei schwacher Hitze kurz köcheln lassen. Die Mandelmasse über die Äpfel verteilen.

3. Auf der oberen Schiene des Ofens ca. 12 Minuten goldbraun überbacken.

Cranberry-Crumble
mit Karamellsauce

Es geht nichts über ein knuspriges Crumble! Zu dieser kalten Jahreszeit mischen wir gefrorene Cranberries oder Blaubeeren unter die Streusel. Zu dem frisch-säuerlichen Beerengeschmack harmoniert die süße Karamellsauce.

4–6 Portionen

Streusel
90 g Dinkelmehl
45 g Dinkelflocken
2 EL brauner Zucker
100 g kalte Butter

Füllung
225 g TK-Cranberries oder TK-Heidelbeeren
1 EL Kartoffelstärke
125 ml Karamellsauce (z. B. Supermarkt)

1. Den Backofen auf 225 °C vorheizen. Das Mehl sieben, Dinkelflocken, Zucker und Butter dazugeben und mit den Fingerspitzen zu Streuseln verarbeiten.

2. Unter die Beeren die Kartoffelstärke mischen, in einer großen ofenfesten Form oder in mehreren Portionsförmchen verteilen. Karamellsauce und Streusel darüber geben.

3. Auf der mittleren Schiene des Ofens ca. 20 Minuten backen.

Apfel-Crumble
mit Brombeeren und Schokolade

Ein Crumble ist wirklich eine kinderleichte Sache. Die Füllung und die Streusel variiere ich je nach Lust und Vorrat. Die Streusel müssen nicht nur aus Butter und Weizenmehl sein, hier habe ich die Zutaten um Dinkelflocken, Mandeln und dunkle Schokolade erweitert. Wer gegen Mandeln und Nüsse allergisch ist, kann sie gut mit Sonnenblumen- oder Kürbiskernen ersetzen.

4–6 Portionen

Streusel
7 EL Mandeln
90 g Dinkelmehl, gesiebt
45 g Dinkelflocken
45 g brauner Zucker
100 g Bitterschokolade (mind. 70 % Kakaogehalt)
100 g kalte Butter

Füllung
4 Äpfel
225 g TK-Brombeeren
90 g brauner Zucker
2 EL Kartoffelstärke

1. Den Backofen auf 225 °C vorheizen. Die Mandeln und Schokolade grob hacken. Mandeln, Mehl, Dinkelflocken, Zucker und Schokolade vermischen. Die Butter zugeben und alles mit den Fingerspitzen zu Streuseln verarbeiten.

2. Die Äpfel schälen und in Spalten schneiden. Äpfel, Beeren, Zucker und Kartoffelstärke in einer großen, ofenfesten Form verteilen. Die Streusel darüber geben.

3. Auf der mittleren Schiene ca. 20 Minuten backen.

Maracuja-Tarte
mit Knusperkruste

Diese cremige Tarte macht man wie eine Crème brûlée. Sie wird direkt aus dem Kühlschrank kalt serviert. Unmittelbar davor flambiert man die Zuckerkruste. Ein Klecks leicht angeschlagene Sahne schmeckt gut zu dieser frischen Tarte.

8 Stücke

Teig
180 g Weizenmehl
2 EL weißer oder brauner Zucker
150 g kalte Butter
1 Ei

Füllung
1 Vanilleschote
300 g Sahne
2 Eier
2 Eigelb
3 EL Zucker
5 frische Maracujas

Kruste
ca. 75 g brauner Zucker

1. Mehl, Zucker und Butter schnell zu einer krümeligen Masse verrühren, am besten mit der Küchenmaschine. Wasser dazugeben und zu einem Teig verarbeiten. Etwa 1 Stunde in Folie gewickelt im Kühlschrank ruhen lassen.

2. Eine gefettete Springform (26 cm Durchmesser) mit dem Teig auskleiden. Den Boden mehrmals mit einer Gabel einstechen, die Form 30 Minuten in den Kühlschrank stellen.

3. Den Backofen auf 200 °C vorheizen. Die Tarte ca. 10 Minuten auf der mittleren Schiene vorbacken, dann die Hitze auf 150 °C reduzieren.

4. Die Vanilleschote längs aufschlitzen und das Mark auskratzen. Sahne, Eier, Eigelbe, Vanillemark und Zucker in einer Schüssel verrühren. Das Fruchtfleisch aus den Maracujas herauskratzen und unter die Füllung rühren. Die Füllung auf dem vorgebackenen Tarteboden verteilen.

5. Die Tarte auf der unteren Schiene im Backofen ca. 35 Minuten backen, bis die Füllung fest geworden ist. Die Tarte abkühlen lassen und bis zum Servieren in den Kühlschrank stellen.

6. **Zum Servieren:** Den Zucker über die Tarte streuen und kurz mit einem Flambierbrenner zur Kruste karamellisieren.

Orangen-Tarte
auf Schokoladenboden

Winter ist die Zeit der Zitrusfrüchte und was kann wohl herrlicher sein, als eine frische Orangen-Tarte zu backen? Am besten bereiten Sie die Tarte bereits am Vortag zu, damit sie noch etwas fester werden kann, innen aber wunderbar cremig bleibt. Ein Klecks leicht angeschlagene Sahne schmeckt gut dazu.

8 Stücke

Teig
50 g gemahlene Haselnüsse
150 g Weizenmehl
2 EL Kakaopulver
2 EL Zucker
150 g kalte Butter
1 Ei

Füllung
2 Eier
270 g Zucker
100 g Butter
abgeriebene Schale und Saft von 2 unbehandelten Orangen

1. Haselnüsse, Mehl, Kakao, Zucker und klein geschnittene Butter zu einer krümeligen Masse verarbeiten. Das Ei zufügen und zu einem Teig verarbeiten. Etwa 1 Stunde in Folie gewickelt im Kühlschrank ruhen lassen.

2. Eine gefettete Springform (26–28 cm Durchmesser) mit dem Teig auskleiden. Den Boden mehrmals mit einer Gabel einstechen, die Form 30 Minuten in den Kühlschrank stellen.

3. Den Backofen auf 175 °C vorheizen. Die Tarte ca. 10 Minuten auf der mittleren Schiene vorbacken.

4. Die Butter schmelzen und etwas abkühlen las-sen. Eier und Zucker schaumig rühren. Die flüs-sige Butter unter Rühren langsam zugeben, Orangenschale und -saft untermischen. Die Füllung auf dem vorgebackenen Tarteboden verteilen.

5. Die Tarte auf der unteren Schiene im Backofen ca. 30 Minuten backen, bis die Füllung fest zu werden beginnt, aber immer noch leicht flüssig ist.

6. Die Tarte abkühlen lassen. Sie muss jetzt einige Stunden ruhen, bis sie die richtige Konsistenz hat. Vor dem Servieren noch mit etwas Puderzucker bestäuben.

Brownie-Trifle mit Grand Marnier

Mit Brownies kann man schnell ein leckeres Dessert zaubern. Mit einem Schuss Likör, köstlicher Schokoladensahne und Beeren ist das Trifle im Nu fertig. Ein Blitzrezept, wenn Sie ein süßer Hunger überfällt.

4 Portionen
200 g Brownies (z. B. vom Bäcker)
50 ml Grand Marnier
300 g Sahne
125 g Heidelbeeren

Trüffelschokolade
100 g Bitterschokolade (mind. 70 % Kakaogehalt)
75 g Sahne
½ EL Honig

1. **Trüffelschokolade:** Die Schokolade grob hacken. Sahne und Honig in einem kleinen Topf aufkochen. Von der Kochstelle nehmen und die Schokolade unterrühren, bis sie geschmolzen ist. Bei Zimmertemperatur ca. 1 Stunde abkühlen lassen.

2. Die Brownies in grobe Stücke schneiden und mit dem Likör beträufeln.

3. Die Sahne leicht anschlagen. 2 EL von der Trüffelschokolade zum Garnieren zur Seite stellen. Die Hälfte der Sahne mit der Trüffelschokolade zu einer Mousse verrühren.

4. Brownies, Schokoladenmousse, restliche Sahne und Heidelbeeren in einer Glasschüssel abwechselnd schichten. Mit der restlichen Trüffelschokolade und einigen Beeren garnieren.

Safrangebäck mit Mandeln und Früchten

Safrangebäck ist ein schwedischer Klassiker zur Weihnachtszeit. Ich knete noch Trockenfrüchte in den Teig und mache eine winterliche Füllung aus Marzipan, Orangen und Zimt dazu.

40 Stücke

Teig

1 Würfel Hefe (42 g)
100 g Butter
500 ml Milch
150 g Trockenfrüchte, z. B. Rosinen, Pflaumen, Aprikosen
250 g Magerquark
1 Döschen Safran (0,1 g)
135 g Zucker
½ TL Salz
ca. 1 kg Weizenmehl

Füllung

75 g weiche Butter
100 g Marzipanrohmasse, gerieben
abgeriebene Schale von 1 Orange
2 TL Zimt

Zum Bestreichen

1 Ei
Mandelsplitter
Hagelzucker

1. Die Hefe in eine Schüssel bröckeln. Die Butter in einem Topf schmelzen. Milch zugießen und handwarm auf 37 °C erwärmen. Die Flüssigkeit zur Hefe geben und diese darin auflösen.

2. Die Trockenfrüchte klein schneiden. Zusammen mit Quark, Safran, Zucker, Salz und einen Großteil des Mehls der Hefemilch unterrühren und zu einem glatten Teig verarbeiten. Abgedeckt ca. 30 Minuten gehen lassen.

3. Alle Zutaten für die Füllung verrühren.

4. Den Teig auf einer bemehlten Arbeitsfläche leicht durchkneten und in zwei Hälften teilen. Jede Hälfte zu einer ca. 25 x 50 cm großen Platte ausrollen.

5. Auf der einen Teighälfte die Füllung verteilen, andere Hälfte darüber schlagen. Den Teig quer in ca. 2 cm breite Streifen schneiden. Diese wiederum in der Hälfte einschneiden, aber so, dass sie noch wie eine Hose oben zusammenhängen. Die beiden Enden zu einem Knoten verschlingen.

6. Die Hefeteilchen auf mit Backpapier ausgelegte Bleche legen. Mit einem Tuch abgedeckt ca. 30 Minuten gehen lassen. Den Backofen auf 225 °C vorheizen.

7. Das Safrangebäck mit verquirltem Ei bestreichen und mit Mandelsplittern und Hagelzucker bestreuen. Auf der mittleren Schiene 8–10 Minuten backen. Das Gebäck auf einem Kuchengitter mit einem Tuch abdecken und abkühlen lassen.

Feigenkuchen
mit Frischkäse-Glasur

In England kommt an Weihnachten traditionell ein Früchtekuchen auf den Tisch. Wer ein wenig Abwechslung mag, kann vielleicht diesen Feigenkuchen zum Weihnachtskaffee servieren?

8–10 Stücke
10 getrocknete Feigen
100 ml Madeira, Portwein oder Cognac
Paniermehl für die Form
150 g weiche Butter und etwas für die Form
225 g brauner Zucker
3 Eier
150 g Weizenmehl
1 TL Backpulver
1 TL Zimt
abgeriebene Schale von 1 unbehandelten Orange

Glasur
100 g Frischkäse, zimmerwarm
50 g weiche Butter
90 g Puderzucker, gesiebt
1 TL Vanillezucker
abgeriebene Schale von ½ unbehandelten Orange

Zum Garnieren
frische und getrocknete Feigen
Orangenspalten

1. Die Feigen in kleine Stücke schneiden und in eine Schüssel geben. Den Wein erhitzen, über die Feigen geben und eine Weile ziehen lassen.

2. Den Backofen auf 175 °C vorheizen. Eine Springform mit 24 cm Durchmesser einfetten und mit Paniermehl ausstreuen.

3. Butter und Zucker schaumig rühren. Die Eier nacheinander einrühren. Mehl, Backpulver und Zimt zufügen und in den Teig einarbeiten, Orangenabrieb und die Feigenstücke unterheben. Den Teig in die Form geben.

4. Den Kuchen auf der unteren Schiene 45–50 Minuten backen. Mit einem Stäbchen testen, ob er durchgebacken ist. Erkalten lassen.

5. **Glasur:** Alle Zutaten verrühren und die Glasur über den Kuchen verteilen. Mit Feigen und Orangenspalten dekorieren.

Möhrenkuchen
mit Safran und Früchten

Ein saftiger Möhrenkuchen hält sich lange frisch. Zu dieser Jahreszeit würze ich ihn mit Safran, Nüssen und Rosinen.

8–10 Stücke
Paniermehl für die Form
3 Eier
360 g brauner Zucker
300 g Möhren, grob gerieben
150 ml Sonnenblumenöl und etwas für Form
abgeriebene Schale von 1 unbehandelten Orange
210 g Weizenmehl
1 TL Salz
1 TL Natron
½ TL Backpulver
1 Döschen Safran (0,1 g)
80 g Walnüsse, grob gehackt
120 g Rosinen
100 g Bitterschokolade (mind. 70 % Kakaogehalt), gehackt

Glasur
100 g Frischkäse, zimmerwarm
50 g weiche Butter
90 g Puderzucker, gesiebt
1 TL Vanillezucker
abgeriebene Schale von ½ unbehandelten Orange

Zum Garnieren
25 g geröstete Mandelsplitter
Orangenspalten

1. Den Backofen auf 175 °C vorheizen. Eine Springform mit 24 cm Durchmesser einfetten und mit Paniermehl ausstreuen. Eier und Zucker schaumig rühren. Möhren, Öl und Orangenabrieb unterrühren.

2. Mehl, Salz, Natron, Backpulver und Safran vermengen und unter die Möhren-Eiermischung rühren. Nüsse, Rosinen und Schokolade zufügen Teig in die Form geben, auf der unteren Schiene ca. 75 Minuten backen. Stäbchenprobe machen und erkalten lassen.

3. **Glasur:** Alle Zutaten verrühren und die Glasur über den Kuchen verteilen. Mit gerösteten Mandelsplittern und Orangenspalten dekorieren.

Apfelkuchen mit Preiselbeeren

Ein saftiger Rührkuchen mit Äpfeln und Beeren, den man „einfach so“ essen kann. Aber etwas Vanillesauce dazu schadet auch nicht!

8–10 Stücke

200 g weiche Butter und etwas für die Form
Paniermehl für die Form
210 g Zucker
1 TL Vanillezucker
4 Eier
240 g Weizenmehl
1 TL Backpulver
100 g Crème fraîche
2 Äpfel
1 TL Zimt
3–4 EL Preiselbeerkonfitüre

1. Den Backofen auf 175 °C vorheizen. Eine Springform mit 26 cm Durchmesser einfetten und mit Paniermehl ausstreuen.

2. Butter und Zucker schaumig rühren, Vanillezucker und die Eier nacheinander unterrühren. Mehl und Backpulver mischen und mit der Crème fraîche in den Teig einarbeiten.

3. Die Äpfel schälen, die Kerngehäuse ausschneiden, in Spalten schneiden und mit dem Zimt mischen.

4. Die Hälfte des Teiges in die Form geben. Die Hälfte der Apfelspalten und die Hälfte der Konfitüre darauf verteilen. Dann den Rest des Teiges, der Apfelspalten und der Konfitüre darüber verteilen. Die Masse vorsichtig verrühren, damit sie sich leicht vermischt.

5. Den Kuchen auf der unteren Schiene des Ofens 50–60 Minuten backen. Mit einem Stäbchen testen, ob er durchgebacken ist.

Mandelmuscheln

mit Feigen und Glögg-Sirup

Schlagsahne, Marmeladen und Beeren sind klassische Füllungen, aber an Weihnachten fülle ich sie mit gebackenen Feigen und Glögg-Sirup.

22 Stück

60 g gemahlene Mandeln
2–3 Tropfen Bittermandelaroma
100 g weiche Butter und etwas für die Formen
45 g Zucker
½ Ei
100 g Weizenmehl

Zum Servieren

frisch geschlagene Sahne
Feigen mit Glögg-Sirup (siehe Rezept)

1. Butter und Zucker schaumig rühren. Mandeln, Ei, Bittermandelaroma sowie Mehl zufügen und zum Teig verkneten. In Folie gewickelt mindestens 30 Minuten im Kühlschrank ruhen lassen.

2. Den Backofen auf 200 °C vorheizen. Tarteletteförmchen einfetten. Den Teig in 22 Stücke portionieren und in die Förmchen drücken. Es ist wichtig, dass der Teig nach oben hin nicht zu dünn wird. Auf ein Blech stellen und auf der mittleren Schiene 8–10 Minuten backen. Etwas abkühlen lassen, dann stürzen und vorsichtig aus den Förmchen lösen.

3. **Zum Servieren:** Das Gebäck mit Schlagsahne füllen. Jeweils mit einem Stück gebackener Feige garnieren und mit etwas Glögg-Sirup beträufeln.

Feigen mit Glögg-Sirup

frische Feigen, geviertelt
300 ml Glögg (Glühwein)

1. Den Backofen auf 225 °C vorheizen. Die Feigen auf ein mit Backpapier ausgelegtes Blech legen. Auf der mittleren Schiene ca.10 Minuten backen. Abkühlen lassen. Den Glögg in einem offenen Topf ca. 25 Minuten köcheln lassen, bis die Flüssigkeit auf 100 ml reduziert ist. Abkühlen lassen.

Haferflockentörtchen

mit Preiselbeersahne

Preiselbeersahne ist ein Winterklassiker, der mit einem Löffel Joghurt besonders frisch schmeckt. Die Haferflocken und der Zimt verleihen dem Teig seinen Wintermantel, der gut zu der Preiselbeersahne passt. Füllen Sie die Törtchen erst kurz vor dem Servieren, damit sie schön knusprig bleiben.

30 Stück

Haferflockentörtchen

85 g Zucker
1 TL Zimt
90 g Haferflocken
100 g Weizenmehl
150 g kalte Butter und etwas für die Formen

Preiselbeersahne

200 g Sahne
100 g griechischer Joghurt
7 EL Preiselbeerkonfitüre
1 TL Vanillezucker
TK-Preiselbeeren zum Garnieren

1. Den Backofen auf 200 °C vorheizen. Geeignete kleine Tarteletteförmchen (rund oder oval) mit Wellenrand einfetten.

2. Alle trockenen Zutaten in einer Schüssel vermengen. Die Butter in kleinen Stücken zugeben und zügig zu einem Teig verkneten. In Folie gewickelt mindestens 30 Minuten im Kühlschrank ruhen lassen.

3. Den Teig in 30 Stücke portionieren und jeweils in die Förmchen drücken. Es ist wichtig, dass der Teig nach oben hin nicht zu dünn wird. Die Förmchen auf ein Blech stellen.

4. Auf der mittleren Schiene 8-10 Minuten im Ofen backen. Etwas abkühlen lassen, dann die Torteletts stürzen und vorsichtig aus den Förmchen lösen.

5. **Sahne:** Die Sahne schlagen, Joghurt, Preiselbeerkonfitüre und Vanillezucker unterrühren. Einen Klecks davon in jedes Törtchen füllen, ein paar Beeren auflegen und möglichst bald servieren.

Cheesecake mit Preiselbeeren

Für mich verkörpern Preiselbeeren und Lebkuchengewürz oder Zimt den typischen Geschmack von Herbst und Winter und sie lassen sich ideal kombinieren.

8–10 Stücke

Boden
250 g Vollkornkekse
100 g Butter, geschmolzen
2 TL Lebkuchengewürz
oder 1 EL Zimt

Füllung
3 Eier
50 g Zucker
200 g Frischkäse
200 g Crème fraîche
2 TL Vanillezucker
5 EL Preiselbeerkonfitüre

Guss
1 Blatt Gelatine
100 ml Preiselbeersaft, Konzentrat
3 EL Preiselbeerkonfitüre

1. Die Kekse zerkleinern, zum Beispiel in der Küchenmaschine. Butter und Lebkuchengewürz zufügen und zu einer krümeligen Masse vermischen. Diese in eine Springform mit 26 cm Durchmesser zu einem Boden ausdrücken. Mindestens 30 Minuten im Kühlschrank ruhen lassen.

2. Den Backofen auf 175 °C vorheizen. Eier und Zucker schaumig rühren, dann die übrigen Zutaten unterrühren. Die Füllung in der Springform verteilen.

3. Auf der mittleren Schiene ca. 35 Minuten im Ofen backen, bis die Füllung fest zu werden beginnt, aber immer noch leicht flüssig ist. Sie wird beim Erkalten noch fester. Abkühlen lassen.

4. Das Gelatineblatt ca. 5 Minuten in kaltem Wasser einweichen. Den Preiselbeersaft erhitzen und den Topf von der Kochstelle nehmen. Die ausgedrückte Gelatine im Saft auflösen. Den Guss etwas abkühlen lassen, bis er sich gut über den Kuchen streichen lässt.

5. Eine dünne Schicht Preiselbeerkonfitüre auf den Kuchen streichen und den Guss vorsichtig darüber verteilen. Den Kuchen bis zum Servieren in den Kühlschrank stellen.

Tarte au Chocolat

mit Weihnachtsgewürzen und Haselnüssen

Die Tarte au Chocolat ist leicht zu backen und bekommt durch die duftenden Gewürze einen weihnachtlichen Geschmack. Servieren Sie den Kuchen frisch gebacken oder machen Sie ihn im Voraus und frieren ihn ein.

8 Stück

200 g Butter und etwas für die Form
Paniermehl für die Form
100 g Haselnüsse
255 g brauner Zucker
50 g Kakaopulver
1 EL Vanillezucker
2 TL Zimt
1 Msp. gemahlene Gewürznelken
2 TL Kardamomsamen, frisch zerstoßen
3 Eier
180 g Weizenmehl

1. Den Backofen auf 175 °C vorheizen. Eine Springform mit 24 cm Durchmesser einfetten und mit Paniermehl ausstreuen.

2. Die Nüsse in einer Pfanne trocken rösten. Die Häutchen mit Küchenpapier abreiben.

3. Die Butter in einem großen Topf schmelzen. Von der Kochstelle nehmen und Zucker, Kakao, Vanillezucker und die Gewürze unterrühren.

4. Die Eier nacheinander einrühren. Mehl und Nüsse mischen, ebenfalls dazugeben und zu einem Teig verrühren. Den Teig in die Form geben und auf der unteren Schiene ca. 25 Minuten im Ofen backen. Den Kuchen abkühlen lassen. Vor dem Servieren nach Belieben mit Kakao bestäuben.

Tarte au Chocolat

mit Cranberries, Nüssen und Zimt

Trockenfrüchte, Nüsse und Zimt machen die Schokoladentorte schön saftig und winterlich. Ein Klecks Schlagsahne darauf ist das i-Tüpfelchen.

8 Stück

200 g Butter und etwas für die Form
Paniermehl für die Form
270 g Zucker
50 g Kakaopulver
2 TL Vanillezucker
2 TL Zimt
3 Eier
180 g Weizenmehl
120 g getrocknete Cranberries
100 g Walnüsse, grob gehackt

1. Den Backofen auf 175 °C vorheizen. Eine Springform mit 24 cm Durchmesser einfetten und mit Paniermehl ausstreuen.

2. Die Butter in einem großen Topf schmelzen. Von der Kochstelle nehmen und Zucker, Kakao, Vanillezucker und Zimt unterrühren.

3. Die Eier nacheinander unterrühren. Mehl, Cranberries und gehackte Walnüsse mischen, ebenfalls dazugeben und zu einem Teig verarbeiten.

4. Den Teig in die Form geben und auf der unteren Schiene ca. 25 Minuten im Ofen backen. Den Kuchen abkühlen lassen. Vor dem Servieren nach Belieben mit Kakao bestäuben und einige gefrorene Preiselbeeren darauflegen.

Dunkler Schokoladen-Pie mit Trockenpflaumen

Die Kombination von Bitterschokolade und Trockenpflaumen schmeckt fantastisch. Und ein Schlückchen Cognac darin verschlechtert den Geschmack keineswegs, das kann ich versprechen! Servieren Sie den Pie zusammen mit leicht angeschlagener Sahne.

8 Stück

Teig
150 g Weizenmehl
2 EL Zucker
2 EL Kakaopulver
150 g kalte Butter
2 Eigelb

Schokoladencreme
300 g Sahne
100 g Bitterschokolade (mind. 70 % Kakaogehalt)
3 Eier
85 g Zucker

Pflaumenpüree
250 g Trockenpflaumen ohne Kern
2 EL Cognac

1. **Teig:** Mehl, Zucker, Kakao und Butter zu einer krümeligen Masse verarbeiten. Das geht am besten in der Küchenmaschine. Eigelbe und 1 EL kaltes Wasser zugeben und zu einem Teig verarbeiten. Etwa 1 Stunde in Folie gewickelt im Kühlschrank ruhen lassen.

2. Eine gefettete Springform (26 cm Durchmesser) mit dem Teig auskleiden. Den Boden mehrmals mit einer Gabel einstechen. Dann die Form nochmals 30 Minuten in den Kühlschrank stellen.

3. Den Backofen auf 200 °C vorheizen. Den Teig im Ofen ca. 10 Minuten auf der mittleren Schiene vorbacken.

4. **Püree:** Die Pflaumen in einen Topf geben und mit Wasser auffüllen, sodass sie gerade bedeckt sind. 5–10 Minuten im geschlossenen Topf köcheln lassen, bis sie weich sind.

5. Die Pflaumen herausnehmen und mit dem Cognac und ca. 2 EL Kochwasser dickflüssig pürieren. Das Püree auf dem vorgebackenen Pie-Boden verteilen.

6. **Schokoladencreme:** Die Schokolade über dem Wasserbad schmelzen, von der Kochstelle nehmen. Die Eier trennen und die Eigelbe nacheinander der Schokolade unterrühren. Die Hälfte der Sahne mit der Schokoladencreme verrühren. Dann die restliche Sahne vorsichtig unterziehen.

7. Die Eiweiße steif schlagen, Zucker zufügen und zu einer glänzenden Masse verrühren. Den Eischnee unter die Schokoladencreme ziehen. Die Schokoladencreme auf dem Pie verteilen.

8. Auf der mittleren Schiene des Ofens 30–35 Minuten backen. Der Pie sollte in der Mitte noch leicht flüssig sein, er wird beim Erkalten fester.

Schokoladen-Cookies
mit Lebkuchengewürz

Cookies sind spielend leicht zu backen und werden immer geschätzt. Zu dieser Jahreszeit knete ich winterliche Gewürze, Bitterschokolade und Walnüsse in den Teig.

24 Stück
100 g Bitterschokolade (mind. 70 % Kakaogehalt)
50 g Walnüsse
75 g Butter
130 g brauner Zucker
1 Ei
1 TL Vanillezucker
½ TL gemahlene Gewürznelken
1 TL gemahlener Ingwer
1 TL Kardamomsamen, zerstoßen
1 TL Zimt
90 g Dinkelmehl, gesiebt
75 g Dinkelflocken
1 Prise Salz
½ TL Backpulver

1. Die Schokolade und die Nüsse grob hacken. Den Safran zusammen mit etwas Zucker im Mörser zerstoßen.

2. Alle Zutaten, außer der Schokolade und den Nüssen, vermengen, am besten in einer Küchenmaschine. Schokolade und Nüsse in den Teig einkneten.

3. Den Teig in zwei Hälften teilen und diese jeweils zu einer ca. 4 cm dicken und 12–15 cm langen Rolle formen. Die Rollen in Folie gewickelt mindestens 1 ½ Stunden in den Kühlschrank geben.

4. Den Backofen auf 200 °C vorheizen. Die Rollen in Scheiben schneiden und diese auf mit Backpapier ausgelegte Bleche legen. Die Taler noch etwas weiter ausrollen, sie gehen beim Backen nicht weiter auseinander.

5. Auf der mittleren Schiene 10–12 Minuten im Ofen backen.

Weiße Schokoladen-Cookies
mit Safran

Zur Weihnachtszeit passen diese Cookies mit weißer Schokolade, Safran, Nüssen und Orangen ausgezeichnet.

24 Stück
100 g weiße Schokolade
50 g Walnüsse
1 Döschen Safran (0,1 g)
130 g brauner Zucker
75 g Butter
abgeriebene Schale von ½ unbehandelten Orange
1 Ei
1TL Vanillezucker
90 g Weizenmehl
100 g Haferflocken
1 Prise Salz
½ TL Backpulver

1. Die Schokolade und die Nüsse grob hacken. Den Safran zusammen mit etwas Zucker im Mörser stoßen.

2. Alle Zutaten bis auf die Schokolade und Nüsse vermischen, am besten in einer Küchenmaschine. Schokolade und Nüsse in den Teig einkneten.

3. Den Teig in zwei Hälften teilen und diese jeweils zu einer ca. 4 cm dicken und 12–15 cm langen Rolle formen. Die Rollen in Folie gewickelt mindestens 1 ½ Stunden in den Kühlschrank geben.

4. Den Backofen auf 200 °C vorheizen. Die Rollen in Scheiben schneiden und diese auf mit Backpapier ausgelegte Bleche legen. Die Taler noch etwas weiter ausrollen, sie gehen beim Backen nicht weiter auseinander.

5. Auf der mittleren Schiene 10–12 Minuten im Ofen backen.

Kardamom-Cantuccini

Wenn unerwarteter Besuch vor der Tür steht, ist es immer gut, wenn man eine Dose selbstgebackene Cantuccini im Haus hat.

ca. 30 Stück
100 g weiche Butter
85 g brauner oder weißer Zucker
1 EL Kardamomsamen, zerstoßen
1 Ei
100 g Sahne
300 g Weizenmehl
1 TL Backpulver

1. Den Backofen auf 200 °C vorheizen. Butter und Zucker schaumig rühren. Kardamom, Ei und Sahne zufügen. Das Mehl mit dem Backpulver mischen und unterrühren, alles zu einem Teig verarbeiten.

2. Den Teig zu drei Rollen formen und auf ein mit Backpapier ausgelegtes Blech legen. Die Rollen auf ca. 4 cm Breite ausrollen.

3. Auf der mittleren Schiene des Ofens ca. 10 Minuten im Ofen backen.

4. Die Rollen in schräge Scheiben schneiden. Mit der Schnittseite nach oben wieder auf das Blech legen.

5. Weitere 5 Minuten backen, bis die Oberfläche braun wird. Den Backofen ausschalten, die Backofentür öffnen und die Cantuccini noch ca. 30 Minuten im Ofen trocknen lassen.

Safran-Biscotti

Italienische Kekse, die mit Safran, Orange und gerösteten Mandeln schön weihnachtlich schmecken. Perfekt zum Espresso, zum Glühwein oder als Geschenk.

ca. 60 Stück
200 g Mandeln
150 g weiche Butter
255 g Zucker
Safran (0,1 g)
2 Eier (Größe S)
2 TL abgeriebene Schale von 1 unbehandelten Orange
ca. 300 g Weizenmehl
2 TL Backpulver
1 EL Vanillezucker

1. Den Backofen auf 200 °C vorheizen. Die Mandeln ca. 20 Minuten im Ofen rösten, die Hälfte davon grob hacken.

2. Butter, Zucker und Safran schaumig schlagen. Ei, Orangenschale, das mit Backpulver vermischte Mehl und Vanillezucker einarbeiten. Die gehackten und ganzen Mandeln unterrühren.

3. Den Teig zu sechs Rollen formen, jeweils so lang wie die schmalere Seite des Blechs. Die Rollen auf zwei mit Backpapier ausgelegte Bleche legen und etwas plattrollen.

4. Auf der mittleren Schiene des Ofens ca. 15 Minuten backen. Herausnehmen und ca. 15 Minuten abkühlen lassen. Dann die Rollen in leicht schräge Scheiben schneiden.

5. Mit der Schnittseite nach oben wieder auf das Blech legen. Auf der mittleren Schiene weitere 8–10 Minuten bräunen lassen.

Französische Pfefferkuchen

Was in Schweden „französische" Pfefferkuchen genannt wird, sind in Frankreich „belgische". Wie auch immer, sie sind einfach lecker und viel einfacher und schneller zu backen als die schwedischen Pfefferkuchen.

ca. 160 Stück
250 g Butter
210 g Zucker
7 EL heller oder dunkler Sirup
50–75 g Mandeln
2 EL Zimt
1 EL gemahlene Gewürznelken
420 g Weizenmehl
½ EL Natron

1. Die Butter schmelzen, Zucker und Sirup einrühren. Die Mischung ganz abkühlen lassen.

2. Die Mandeln fein hacken.

3. Mandeln, Gewürze, Mehl und Natron vermengen. Die erkaltete Buttermischung dazugeben und zu einem Teig verarbeiten.

4. Den Teig zu ca. 4 cm dicken Rollen formen, mit dem Nudelholz noch etwas platt rollen. In Folie gewickelt im Kühlschrank etwa einen Tag ruhen lassen.

5. Den Backofen auf 200 °C vorheizen. Die Rollen in 3–4 mm dünne Scheiben schneiden und auf mit Backpapier ausgelegte Bleche legen.

6. Auf der mittleren Schiene des Ofens ca. 5 Minuten backen.

Echt schwedische Pfefferkuchen

Nicht nur in Bullerbü, sondern in ganz Schweden backen Kinder mit ihren Eltern in der Vorweihnachtszeit die braun-würzigen „Pepparkakor". Und sie schmecken nicht nur gut: Schon beim Backen breitet sich ein herrlicher Duft im Haus aus.

ca. 150 Stück

150 g Butter
210 g Zucker
3–4 EL heller oder dunkler Sirup
1 EL gemahlener Ingwer
1 EL Zimt
½ EL gemahlene Gewürznelken
1 TL Kardamomsamen, zerstoßen
1 ½ TL Natron
ca. 480 g Weizenmehl

1. Die Butter in Stücke schneiden. Alle Zutaten sowie 100 ml Wasser, bis auf einen Rest Mehl, miteinander vermengen. Den Teig auf die Arbeitsfläche legen und so viel Mehl unterkneten, dass es ein glatter, geschmeidiger Teig wird.

2. Den Teig in Folie gewickelt mindestens einen Tag im Kühlschrank ruhen lassen.

3. Den Backofen auf 200 °C vorheizen. Den Teig auf einer bemehlten Arbeitsfläche geschmeidig kneten und dünn ausrollen. Mit Ausstechförmchen Figuren ausstechen und auf ein gefettetes oder mit Backpapier ausgelegtes Blech legen.

4. Auf der mittleren Schiene des Ofens ca. 5 Minuten backen. Noch etwas auf dem Blech auskühlen lassen.

Mit Pfefferkuchen dekorieren oder ein Pfefferkuchenhaus backen

Für ein Pfefferkuchenhaus oder zur Dekoration eignet sich dieser fettarme, feste Teig gut. Für mürbes Pfefferkuchengebäck ist er hingegen nicht geeignet.

Teig

130 g Zucker
7 EL Sirup
50 g Butter
½ EL Zimt
½ EL gemahlener Ingwer
½ EL gemahlene Gewürznelken
150 ml Milch
½ EL Natron
480–540 g Weizenmehl

1. Zucker, Sirup und Butter erhitzen, bis die Butter geschmolzen ist. Gewürze und Milch unterrühren und abkühlen lassen.

2. Mehl mit Natron in einer Schüssel vermischen. Die abgekühlte Buttermischung zugeben und alles zusammen auf einer bemehlten Arbeitsfläche zu einem Teig verarbeiten.

3. Den Teig in Folie gewickelt mindestens einen Tag kühl stellen. Dann ausrollen und Figuren ausstechen.

4. Bei 175 °C auf der mittleren Schiene des Ofens, je nach Größe der Figuren, etwa 5–15 Minuten backen.

Glasur zum Verzieren der Pfefferkuchen

250 g Puderzucker
1 Eiweiß
1 EL Zitronensaft
Speisefarbe nach Belieben

1. Das Puderzucker sieben, mit Eiweiß und Zitronensaft zu einer glatten Glasur verrühren. Nach Belieben mit Speisefarbe einfärben. Die Glasur mit einem Spritzbeutel auf die Pfefferkuchen auftragen.

Tipps

- Mit Pfefferkuchen kann man fantastische Weihnachtsdekorationen machen. Nehmen Sie fertige Ausstechförmchen oder gestalten Sie eigene Schablonen.

- Bohren Sie vor dem Backen ein Loch in die Pfefferkuchen. Ziehen Sie danach ein Band durch das Loch und binden Sie es zu einer schönen Schleife. Spritzen Sie mit Glasur Namen auf die Pfefferkuchen und machen Sie daraus Tischkärtchen.

- Formen Sie ein extra großes Pfefferkuchenherz oder andere Figuren, die ebenfalls ein Loch erhalten. Ziehen Sie nach dem Backen ein Band durch und hängen Sie die Dekoration in den Türrahmen.

- Heißen Sie Ihre Gäste vor dem Haus mit Dekorationen aus Pfefferkuchen willkommen.

- Hängen Sie schöne Figuren aus Pfefferkuchen zusammen mit Tannenzweigen an einen Kronleuchter.

Baklava

Typisch für die kalte Jahreszeit ist es, viel mit Nüssen und Gewürzen zu backen, die einen so richtig aufwärmen. Eine Baklava eignet sich ausgezeichnet für die langen Festtage, weil man sie 1–2 Wochen im Kühlschrank aufbewahren kann. Man kann sie gut 10 Minuten vor dem Servieren bei 100 °C im Ofen aufbacken.

ca. 30 Stück
3 Packungen TK-Blätterteig
2 EL Butter

Füllung
250 g gemischte Nüsse, z. B. 100 g Walnüsse, 100 g Mandeln, 50 g Pistazien
3 EL Zucker
½ TL Kardamomsamen, zerstoßen
1 Msp. gemahlene Gewürznelken
2 TL Zimt

Zuckersirup
130 g Zucker
1 EL Honig
1 EL Zitronensaft
1 EL Rosenwasser (z. B. Apotheke)

1. Nüsse und Mandeln zerhacken und mit Zucker und den Gewürzen vermischen.

2. Den Blätterteig ungefähr 10 Minuten auftauen lassen, zu drei Teigplatten von ca. 20 x 20 cm ausrollen. Die erste Blätterteigplatte in eine mit Backpapier ausgelegte Form legen, die ungefähr die gleiche Größe hat.

3. Die Hälfte der Nussmischung über den Teig streuen. Eine weitere Teigplatte darauf legen und den Rest der Nussmischung darauf verteilen. Mit der letzten Teigplatte abdecken.

4. Die oberste Teigplatte rautenförmig ca. 3 x 3 cm einschneiden. Die Butter in einem Topf schmelzen, den Teig mit der flüssigen Butter bestreichen.

5. Den Backofen auf 200 °C vorheizen. Das Gebäck auf der unteren Schiene des Ofens ca. 15 Minuten backen. Dann die Temperatur auf 175 °C reduzieren. Weitere 35 Minuten backen, bis die Oberfläche eine goldbraune Farbe hat.

6. Zucker in 100 ml Wasser aufkochen und ca. 10 Minuten köcheln lassen, bis er zu einem Sirup eingedickt ist. Honig und Zitronensaft dazugeben und von der Kochstelle nehmen. Wenn der Zuckersirup abgekühlt ist, das Rosenwasser zugeben.

7. Die Baklava einige Minuten abkühlen lassen. Mit einem Holzstäbchen in das warme Gebäck einstechen und den Zuckersirup nach und nach darüber träufeln. Das Gebäck sollte die Flüssigkeit erst aufnehmen, bevor weiter Sirup zugegeben wird. Die Baklava einige Stunden im Kühlschrank ziehen lassen, dann in Rauten aufschneiden.

Daim-Trüffel

ca. 40 Stück
100 g Sahne
50 g Butter
300 g Bitterschokolade (mind. 70 % Kakaogehalt)
2 EL Whisky
2 EL Quark
100 g Daim (alternativ anderes Krokantkonfekt)
Kakaopulver zum Garnieren

1. Sahne und Butter aufkochen, von der Kochstelle nehmen. Die Schokolade in Stücke brechen und in der heißen Sahne-Butter-Mischung schmelzen. Whisky und Quark unterrühren, die Masse erkalten lassen.

2. Das Daim-Konfekt klein hacken und der Masse unterrühren. In den Kühlschrank geben und fest werden lassen. Anschließend zu kleinen Kugeln formen.

3. Die Trüffel im Kühlschrank fest werden lassen. Vor dem Servieren mit Kakao bestäuben.

Dunkle Espressotrüffel

ca. 40 Stück
100 g Sahne
50 g Butter
300 g Bitterschokolade (mind. 70 % Kakaogehalt)
2 EL Instant-Espresso
2 EL Quark
Kakaopulver zum Garnieren

1. Sahne und Butter aufkochen, von der Kochstelle nehmen. Die Schokolade in Stücke brechen und in der heißen Sahne-Butter-Mischung schmelzen. Espresso und Quark unterrühren.

2. Die Masse in den Kühlschrank geben und fest werden lassen. Anschließend zu kleinen Kugeln formen.

3. Die Trüffel im Kühlschrank fest werden lassen. Vor dem Servieren mit Kakao bestäuben.

Rumtrüffel mit Chili

ca. 40 Stück
100 g Sahne
50 g Butter
300 g Bitterschokolade (mind. 70 % Kakaogehalt)
2 EL brauner Rum
2 EL Quark
½ TL gemahlener Chili
Kakaopulver zum Garnieren

1. Sahne und Butter aufkochen, von der Kochstelle nehmen. Die Schokolade in Stücke brechen und in der heißen Sahne-Butter-Mischung schmelzen. Rum, Quark und Chilipulver unterrühren.

2. Die Masse in den Kühlschrank geben und fest werden lassen. Anschließend zu kleinen Kugeln formen.

3. Die Trüffel im Kühlschrank fest werden lassen. Vor dem Servieren mit Kakao bestäuben.

Pfefferkuchentrüffel

ca. 40 Stück
100 g Sahne
50 g Butter
300 g Bitterschokolade (mind. 70 % Kakaogehalt)
2 EL Quark
1 TL Zimt
1 gestr. TL Kardamomsamen, zerstoßen
1 gestr. TL gemahlener Ingwer
1 gestr. TL gemahlene Gewürznelken
Kakaopulver zum Garnieren

1. Sahne und Butter aufkochen. Von der Kochstelle nehmen. Die Schokolade in Stücke brechen und in der heißen Sahne-Butter-Mischung schmelzen. Quark und die Gewürze unterrühren.

2. Die Masse in den Kühlschrank geben und fest werden lassen. Anschließend zu kleinen Kugeln formen.

3. Die Trüffel im Kühlschrank fest werden lassen. Vor dem Servieren mit Kakao bestäuben.

Register

Bezugsquellen für besondere Zutaten:

Den Västerbotten-Käse, ein würziger schwedischer Hartkäse, ist im gut sortierten Käsefachgeschäft zu haben oder im Internetshop z. B. bei www.onfos.de.

Die Entenlebermousse für die Crostini mit Entenleber von Seite 46 gibt es im Delikatessengeschäft oder im Internetshop z. B. bei www.gourmondo.de. Die in Cognac eingelegten Feigen für das Chutney finden Sie z. B. bei www.bibis-chuchi.ch/shop/pi.php/Cognac-Feigen.html.

Das Elchfleisch für den Elchtopf mit Wurzelgemüse von Seite 94 sowie Elchhackfleisch für die Hackbällchen mit Waldpilzen von Seite 118 erhalten Sie z. B. bei www.schweden-markt.de.